立法评论 第5卷 第1辑

中山大学法学院 主办
中山大学中国立法研究大平台 承办
中山大学立法研究中心 协办

主编 刘诚

中国法制出版社
CHINA LEGAL PUBLISHING HOUSE

图书在版编目（CIP）数据

立法评论．第5卷．第1辑 / 刘诚主编．—北京：中国法制出版社，2021.8

ISBN 978-7-5216-2116-7

Ⅰ．①立…　Ⅱ．①刘…　Ⅲ．①地方法规—立法—研究—中国　Ⅳ．①D927

中国版本图书馆CIP数据核字（2021）第164576号

责任编辑：王佩琳（wangpeilin@zgfzs.com）　　封面设计：杨泽江

立法评论．第5卷．第1辑

LIFA PINGLUN．DI-5 JUAN．DI-1 JI

主编 / 刘诚

经销 / 新华书店

印刷 / 北京虎彩文化传播有限公司

开本 / 710毫米×1000毫米　16开　　印张 / 16.5　字数 / 229千

版次 / 2021年8月第1版　　2021年8月第1次印刷

中国法制出版社出版

书号 ISBN 978-7-5216-2116-7　　定价：68.00元

北京市西城区西便门西里甲16号西便门办公区　邮政编码 100053　传真：010-63141852

网址：http://www.zgfzs.com　　**编辑部电话：010-63141801**

市场营销部电话：010-63141612　　**印务部电话：010-63141606**

（如有印装质量问题，请与本社印务部联系。）

目　录

专题研讨：数字时代的立法与规制

立法评析

制度反思

Content

Monographic Study: Legislation and Regulation in the Digital Age

Analysis on The Legislative

Reflections on The System

PART 1

专题研讨：数字时代的立法与规制

Monographic Study: Legislation and Regulation in the Digital Age

pp.001-108

数据国家及其立法者

——兼论数据时代的公法难题

邬　蕾*

摘要： 数据时代，公法学研究的国家概念陷入危机。国家概念的数据化包括前后递进的两个步骤：其一是国家的数据化，其二是数据国家的形成。在数据时代，作为国家三要素的领土、人口和主权概念发生了实质性变化，主权国家的概念丧失物质性基础，国家被数据化并呈现为数据国家的秩序形态。数据国家的权力是算力与数据的整合能力与控制力。立法者作为规范输出的生产者以及让规范得以实施的执行者，数据国家的可能立法者是作为匿名利维坦的资本、作为技术自动化的人工智能以及作为政治空间的人类自主性。以此，以人之尊严为

* 邬蕾，西南政法大学行政法学院讲师，西南政法大学法学博士后研究人员，北京大学哲学博士。

目标的公法学研究要以人的数据化和数据的人化为基础，思索秩序与人的自主性同时成立的可能性与条件，数据时代的公法研究应当回应这些难题。

关键词：数据权力　数据国家　立法者　资本　技术　自主性

引言

“凡可联接的，都要联网；凡可收集的，都是数据。”[1]随着数字和网络技术的进步，在真实的物理空间外渐渐生成了一个全新的空间，即互联网空间或者赛博空间。由于赛博空间对社会生活无所不在的影响力，它的鼓吹者们甚至以宣言的形式主张网络主权，号召“全世界的网民联合起来”。[2]不同于传统的管制领域，网络世界具有虚拟性、开放性、共享性、传播性等诸多新特点，因此现有的政府监管工具无法毫无阻碍地用之于日渐数据化的网络世界，从而导致互联网的治理成为问题，[3]而现有治理方式甚至超出了传统法治的框架。[4]然而，互联网空间治理反映的只是国家治理问题的一个侧面，更深刻的危机在于，人、事件与活动的数据化推动国家自身的数据化，从而导致治理手段、方式和对象的内在呈现一致化趋势。世界的数据化让国家治理处于双重困境：其一，基于虚拟世界与现实世界的二元区分而采用的传统治理工具对数据治理失去控制力；其二，随着数据化的进程，作为手段的数据治理与治理对象的数据相混淆，使得治理活动无从入手。治理理论依托国家理论，而国家理论与治理对象的扞格让我们不得不反思治理活动所赖以成立的前提，

〔1〕冯象：《我是阿尔法：论法与人工智能》，中国政法大学出版社2018年版，第180页。

〔2〕互联网主权这一概念诞生自1996年约翰·巴洛（John P.Barlow）在达沃斯论坛上发表的《网络空间独立宣言》（*A Declaration of Independence of Cyberspace*），该宣言宣称网络空间不受政府统治，应该自治。见［美］约翰·巴洛：《网络独立宣言》，李旭、李小武译，高鸿钧校，载高鸿钧主编：《清华法治论衡》（第四辑），清华大学出版社2004年版。

〔3〕关于数据治理中的问题，参见张宁、袁勤俭：《数据治理研究述评》，载《情报杂志》2017年第5期。

〔4〕王锡锌：《数据治理不能忽视法治原则》，载《经济参考报》2019年7月24日，第8版。

即传统的主权国家理论。这一理论认为，国家的核心要素是领土、主权和人口。然而，万物互联的数据洪流淹没了主权国家的疆域，数据时代的国家概念疑窦丛生。换言之，可能并非数据、算法与人工智能出了问题而需要治理，而是国家概念不适应时代的变迁。问题不是国家没有足够的手段治理数据世界，而是没有将国家理解为数据国家。

康德在认识论上实现了“哥白尼式革命”，未经批判的理性之所以在认识上频繁出现问题是因为它总是假设认识主体要符合认识对象。正如康德说，“我们不妨试一试，假定对象必须以我们的知识为转移看看这样一来我们在形而上学的任务中是不是有更好的进展”。[5]康德调换了知识与对象的关系，从“知识必须符合对象”翻转为“对象必须符合知识”，从而使知识的客观性问题迎刃而解。与之相对，在数据治理的问题上，或许不是数据治理本身存在问题，而是主体解决数据治理时所依赖的国家概念出了问题。反之，若形成了正确的国家概念，面对数据治理问题可能会有全新的视野和方法。在社会学意义上，现代国家被理解为领土、人口与主权。近代政治哲学将国家理解为所有自由人通过契约的政治联合。马克思主义者则认为，国家是阶级统治的工具。这些国家概念都可以回到基本秩序要素，国家无非是人的联合以及人对人的统治。在数据时代，人以及对人的统治转变为数据以及对数据的处理，由此，在高度数据化以及算力极大扩张的时代，基于技术对人类生存的干预，数据国家的观念有助于反思今天的数据治理。本文将以传统国家的数据化为基础，思考数据国家的理念及其立法者，为数据治理提供一个框架性的国家观念。为此，本文首先从历史视角梳理技术与国家观念的关系，提出数据国家乃是技术对国家进行塑造的产物。其次，以数据国家的理念为前提，阐述数据国家的基本结构及其特征。再次，立足于数据国家探讨数据国家的立法者问题，数据国家的立法者不同于传统的主权国家的主

〔5〕［德］康德:《纯粹理性批判》（第二版）导言，邓晓芒译，杨祖陶校，人民出版社 2004 年版，第 21–23 页。

权者，它是算法、资本和人类政治空间的角逐，本文将以其为依据对数据国家的立法者进行综合分析。最后，本文认为，数据时代的国家问题，其本质是在一切被数据化的趋势面前，如何捍卫人类命运共同体的自主性的问题。

一、古典国家的淡出与数据国家的兴起

马克思理论承认生产力对社会秩序的改变是决定性的，从根本上来说，决定历史进程的还是技术。技术的创新导致秩序结构的深刻变革。如果没有技术参与社会秩序的塑造，很难想象，刀耕火种的民族会将自身组织成强大的利维坦。技术的可普遍化，首先意味着人与人之间的联系方式得以改进。设若没有互联网、物联网以及各种通用的技术标准，全球化几乎是不可能的。〔6〕若无全球化，民族国家危机就不再是需要认真对待的问题。从西方历史上观察，对国家观念形成重大影响的依然是技术。在技术的意义上，国家制度和形态就可以被理解为生产方式的具体表现形式。西方历史上古典社会和封建社会都可以从技术的角度来解释，古典时代的奴隶制妨碍了农业和工业技术的发展从而限定了罗马扩张的极限，而封建制度的形成根源于农业技术所限定的庄园经济，由此导致主权的碎片化。〔7〕从古典国家向现代国家的转型依然遵循了类似的技术逻辑，不仅技术理性参与了国家的建构，而且技术自身构成了国家的结构以及治理的手段。受到技术与理性的影响，国家呈现出两种并存的趋势：世俗化和理性化。这一历史过程被施米特把握为国家从神学阶段走向伦理—人文阶段到中立化时代的技术国家。〔8〕国家是一种人造的

〔6〕 赵汀阳：《全球化之势：普遍技术与关系理性》，载《探索与争鸣》2017年第3期。

〔7〕 技术的进步是社会进步的物质手段，若没有耕地的铁犁、机械的水磨以及改良土地的泥灰肥料，封建社会的形成不是不可想象的，关于技术进步对社会关系的普遍影响，参见［英］佩里·安德森：《从古代到封建主义的过渡》，郭方、刘健译，上海人民出版社2001年版，第194–206页。

〔8〕 施米特关于国家观念的历史进程的论述，参见［德］施米特：《政治的概念》，刘宗坤等译，上海人民出版社2004年版，第3–4页。

机器，现代法治国家已经初步具备了某种数据化的特征，正如韦伯所分析的，“现代法官是自动售货机，投进去的是诉状和诉讼费，吐出来的是判决和从法典上抄下的理由”。[9]然而随着数据化与万物互联时代的到来，设想一种新的国家形态就是可能的。有人甚至可以设想当今文明与以往文明的区别是本质上的，在碳基文明时代（工业和农业阶段），权力和价值体现在空间上，暴力对短缺资源的极限控制；而在硅基文明时代（算力即权力），权力和价值体现在对算力资源的无限供给，从时间维度对概率的极限压制。

（一）主权国家与数据权力

若以主权作为识别国家的标志，那么依赖主权概念来认识的国家可以统称为古典国家。随着信息和数据化的进行，权力多元化和碎片化使得主权概念不足以分析数据时代的国家形态，曾经为君主或者人民掌握的权力逐渐流失。在数据时代，掌握权力变得越来越困难，正如美国《外交政策》的前编辑所言，国家对暴力的合法垄断已陷入危机，“在21世纪，获得权力更容易了，行使权力更难了，丧失权力更常见了”。[10]主权国家表达了权力集中性和独立性的国家图景，而进入数据时代，主权概念被国家用来捍卫自身的独立性，以主权反对数据对主权的侵蚀，从而形成了奇特的主权观念，即数据主权。[11]数据主权的提法分享了传统主权国家的逻辑，其实质依然是以主权概念来实现对数据的独占。这种防守性的主权概念日益无法适应大量数据的生产、控制与争夺。一个弱国与一个数据公司相比，到底何者更享有主权已经不再清晰可辨。

自博丹提出主权概念以来，现代国家才呈现出“统治与服从”的秩

〔9〕［德］马克斯·韦伯：《论经济与社会中的法律》，张乃根译，中国大百科全书出版社1998年版，第62页。

〔10〕 Moises Naim，*The End of Power: From Boardrooms to Battlefields and Churches to States, Why Being In Charge Isn't What It Used to Be*，New York：Basic Books，2013，p.14.

〔11〕 参见翟志勇：《数据主权的兴起及其双重属性》，载《中国法律评论》2018年第6期；齐爱民、盘佳：《数据权、数据主权的确立与大数据保护的基本原则》，载《苏州大学学报》（哲学社会科学版）2015年第1期。

序结构，在主权的概念下，一切政治冲突才得以被相对化，国家之内取消了私斗，主权者保证国内的和平、安宁和秩序。现代国家既是世俗的也是理性的，以人之尊严作为世俗时代的法权基础，将自身建构为法治国家。科技的进步加速了国家能力的建设，工业进步、资本主义、社会控制以及军事力量的极大强化是现代民族国家发展中的现代特征。〔12〕从蒸汽时代到电气化时代，从电气化时代进入信息化时代，一方面现代国家不断被科技所塑造，另一方面国家使用权力的手段开始多元化。从职能最小化的守夜人国家向介入社会领域的福利国家转型，国家不仅要负责社会秩序和安全，还有承担推动经济增长的职能，更进一步，国家必须发展高科技以应对国家间的竞争。由此，国家对社会的干预广泛而深入。国家并非借助于暴力对社会进行治理而是利用统计学的宏观手段对社会加以控制。权力显示出对信息的高度依赖性，国家不断发展和利用统计体系和统计技术，而信息以及对信息的处理能力则是国家权力的重要来源。

（二）数据主权与数据国家

随着信息与通信技术的发展，人、物以及组织被嵌入万物互联的网络之中，对数据进行收集、存储以及使用的组织和企业逐渐进入传统的被公共权力控制的领域，公权与私权之间的界限日益模糊，从而导致国家治理面临着前所未有的挑战。为捍卫国家在数据领域的优势地位，作为一个防守性的概念，数据主权的理论应运而生。与具有实体物理空间管辖领域的主权观念不同，数据主权并无清晰的边界，它指向的是大地、海洋和天空之外的虚拟空间。有论者认为，数据主权是传统主权在网络世界的体现，或者数据主权可以理解为国家对本国数据进行管理和利用的权利，也有人将数据主权等同于一种能力，即对数据占有、处置和使

〔12〕［英］安东尼·吉登斯：《民族－国家与暴力》，胡宗泽、赵涛译，三联书店 1998 年版，第 338 页。

用的能力。[13]撇开数据主权的具体定义，从主权的独占性与最高性来看，它无非意味着传统主权在信息时代的困境：第一，主权概念表现出国家对权力的垄断，而数据主权则意味着国家不再是数据的唯一拥有者，个人、组织和其他国家都可以参与数据的争夺和处置；第二，数据主权表达了公权与私权之边界意识的模糊与消失，不同于属人或属地的权力管辖，数据是流动的，而数据空间是没有界限的；第三，传统主权所建立的秩序观念不复存在，主权概念的内涵是统治与服从关系，但是在数据领域和虚拟空间更多的是"无秩序的状态"，各个组织都参与数据的争夺。在大数据时代，国家理论试图在数据主权概念中寻求避风港，恢复往日独占和最高地位的荣光。然而，若以传统主权观念来理解国家，国家难以走出数据安全的艰难处境。随着数据化进程的加剧，移动互联网、人工智能以及机器自我学习的技术崭露锋芒，以防守性姿态来应对大数据时代的挑战越发显得苍白无力，因此有必要反思传统的国家概念。当穷尽主权国家所蕴含的所有治理内涵，尚不足以应对数据上的无序和数据争夺的不利地位的时候，从思维上我们就应当转向对国家理论的反思。应对数字时代的挑战，就需要一种数据国家的理念来回应。与传统国家理论将国家理解为领土、主权和人口的三要素不同，数据国家将国家理解为数据、算力与算法。领土有疆界，而数据无远弗届，是自由流动的信息之流；主权是对封闭空间的独占与控制，而算力并非在封闭空间运作，它是基于算力的比拼与协作；传统主权国家的管理对象是个体与组织，而数据国家则需要对自动化的决策程序即算法进行整体协调。[14]

（三）技术改变国家形态

技术的进步是数据国家理念形成的物质基础，当人、物和事件以数据的形式被网络、传感器和智能设备记录、处理，并以高速运动的光电

〔13〕孙南翔、张晓君：《论数据主权——基于虚拟空间的博弈与合作的考察》，载《太平洋学报》2015年第23卷第2期。

〔14〕张欣：《算法解释权与算法治理路径研究》，载《中外法学》2019年第6期。

之流传输，可以说世界就被数据化了。数据国家理念的物质基础是数字技术。技术及相关的基础设施是数据国家理念得以可能的物质条件。在数据国家中，诸如政府、法律以及价值流通等领域都将以数字化形式表现出来。而且数据国家与传统国家的巨大不同是，人与人关系模式的改变。在技术尚不成熟的时期，空间距离构成了无法逾越的交往限制，然而在数据互联的数据化时代，借助数字技术，人挨人和人挤人的交往并非唯一的交往形式，甚至可以说并非必要的交往形式。这种技术数字交往的社会使得人际交往的无接触成为可能。

1. 作为数据国家定在的基础设施

基础设施是国家行动的定在，〔15〕国家凭借强大的基础设施获得人、财、物快速流动的能力。基础设施构筑了主体存在方式的物质基础。在主权国家时代，基础设施体现为工业能力，它是经济概念。基础设施是道路、桥梁、输电线路以及油气管道等。工业时代的基础设施有其自身的特点：第一，它具有附着性，即人的观念和行动只有附着于物质基础才是可能的；第二，它在物理上是有界限的，基础设施受到领土边界的限制，各国因其基础设施水平的不同而体现出物流与工业能力的差异；第三，它具有人与对象之间不可通约性，人与物之间不会以基础设施为中介相互化约为数据。进入信息时代后，基础设施的概念发生了实质性的变化。基础设施作为客体及其承载者可能化约为数据，数据承载着能量、价值甚至人的行动。与工业文明的基础设施相比较，数据时代的基础设施则具有其无法比拟的特性，它超越了具体物理形态。数据基础设施不再是中立性的技术手段，它实现了以价值承载者的形式来完成自我迭代与更新。而且数据基础设施是实时性的，即产生即使用，以即时性取消了空间的限制。由于互联网的普及，基础设施的布置不再以特定中心为基础，而是多元、分布的去中心化结构。以区块链为例，每个数据

〔15〕“定在”这一概念来自黑格尔，在《法哲学原理》中，黑格尔说，“财产是自由最初的定在”。参见［德］黑格尔：《法哲学原理》，范扬、张企泰译，商务印书馆2009年版，第54页。

节点都是数据存储点和生产点。基础设施的转变意味着一种文明形态的生成。[16] 而奠定数据时代之基础设施的乃是5G、大数据、云计算、人工智能和物联网等，这种技术变革被称为人类社会的第四次工业革命。

随着5G设备的铺设，其低延时、广连接和大宽带的技术特性，满足了客观世界数据化进程的要求。以此，人类开始迎接第四次工业革命带来的文明形态的转型，人类开始以技术植入来实现与数据的直接对接，数字化身份和认证取代了生物特征的认证，数字货币的流动超越物理性限制，从而使得商业活动无所不在，万物互联的前景成为可能。[17] 展望未来，人类从未在文明意义上实现如此之高的一体化程度。

2. 作为算法的法律

法律的产生来源于对秩序的需求，传统法律的逻辑起点是个人。法律以个人为其逻辑起点来构造秩序，并以理性的立法让所有个人的欲望与意志得以共存。[18] 然而，在数据时代，构造秩序起点的个人逐渐向数据转变，技术正在使人、物和事件得以被数据化，从而形成各式各样的描写、区分和评价。在秩序意义上，数据时代的“真实自我”显得越来越无关紧要。以此，立法者往往认为现代法律体系面对数据时代的命题是如何以法律来规制数据。以此命题为前提，引发诸多关于个人信息保护、平台规制以及数据使用权等法律问题。这些法律问题的产生，究其原因，在于以传统主权国家理念来指导数据的治理。相反，若以数据国家的逻辑来思考数据时代的法律问题，那么，根据其权力形态的变化，

〔16〕 如有学者就认为：“如同农耕文明之于古代文明，工业革命之于现代文明，数据将催生一种全新的文明形态。”参见徐子沛：《数文明——大数据如何重塑人类文明、商业形态和个人世界》，中信出版集团有限公司2018年版，第20页。

〔17〕 世界经济论坛创始人兼执行主席施瓦布先生提出以数字革命为基础的第四次工业革命中可能出现的23项深刻改变世界的变革，参见［德］克劳斯·施瓦布：《第四次工业革命：转型的力量》，世界经济论坛北京代表处李菁译，中信出版社2016年版，第124–179页。

〔18〕 康德的法概念指的是“一个人的任性能够在其下按照一个普遍自由法则与另一方的任性保持一致的那些条件的总和”。见［德］康德：《道德形而上学》，李秋零编译，中国人民大学出版社2007年版，第238页。

就应该以数据来理解法律。既然法律被理解为规则及其适用，那么对数据以及数据的收集、整理与运算过程而言，法律就可以被理解为一种认知的计算及其处置。若将法律和算法都理解为实现特定目的而构造出来的符号指令的集合，那么一旦实现对法律规则的符号化，就可以得出全新的法律形态，这就是法律的算法化。〔19〕既然在数据时代，谁掌握数据挖掘和整理的能力谁就在输出社会规范，由此，立法者也就不一定限于垄断传统公权力的国家。

3. 作为财产的数据

生活世界数据化的另一个显著的结果就是财富形态的改变。财富形态从具有物质特征的贵重金属、自然资源开始向知识、数据和信息形态转变。数据成为继土地、资本和劳动力之后的财产形态，也有人将其称为数据时代的“石油”。〔20〕虽然在人类历史上信息一旦被公开就进入了人人皆可以取用的公共领域，从而不再具有财产的排他性特征，但是数据时代的数据财产形式不受此限制。如德姆塞茨认为，“当内部化收益大于成本时，产权就会产生”，而数据之所以被认为是一种财产，可以从产权经济学的角度予以理解。因为拥有数据并对数据进行分析，从而为决策提供依据。拥有数据和数据的分析能力则可以有效地降低成本，从而可以被产权化。从法学上观察，在财产上数据显示出与一般财产权相似的权利特征，即财产客体的经济性、可特定性和可转让性。〔21〕由于知识产权的出现以及数据生产和挖掘的算力技术的提升，尤其是大数据的出现，数据将成为一种重要的资源。人类通过移动终端而被接入互联网，海量的信息被生产和收集，通过强大算力的数据加工，具有价值的数据

---

〔19〕关于以算法来强化法律形成的法律算法化的未来法治图景，参见郑戈：《算法的法律与法律的算法》，载《中国法律评论》2018年第2期。

〔20〕*Regulating the Internet Giants*: *The World's Most Valuable Resource Is No Longer Oil*, *But Data*, Economist, May 6, 2017, p.7.

〔21〕许可：《数据权属：经济性与法学的双重视角》，载《电子知识产权》2018年第11期。

被生产出来。[22]大数据技术让零散的、海量的、看似无关联的数据整合为有价值的信息。而从实践上看，数据财产的确权以及交易规则也逐渐被承认。[23]数据财产权作为数字秩序的重要构成部分，构成数据国家的价值流通的基础，而这种数据集中性的财产形式就是数字货币。与以银行记账为基础的支付工具的电子货币不同的是，数字货币可以去中心化的方式存在，从而做到价值的代码化。数字货币将成为匿名的、可编辑的和算法性的账本技术。由此，在数据时代，数字货币突破了传统以主权国家为担保的货币信用制度，仅凭虚拟的数字、去中心化的记账机制而自动发行，从而逃避主权国家的追踪。法定货币作为主权国家的重要标志在数字时代被虚拟的一串数字所突破。

4. 无接触的社会

技术的进步使社会交往模式发生变化，数据时代的到来使得无接触的社会到来成为可能。社会构成需要人际之前的交往，受制于技术限制，人际交往通常需要相互接触，无接触的社会既无法建构人际信任，也无法传达生活世界的共同态度、共识和团结精神。传统社会建构身份认同的方式就是通过接触来实现情感、认知和态度上的连接。群际社会接触理论认为频繁的社会接触有助于人们之间的信息交换、相互了解、增强信任从而消除冲突。因此，对于消除偏见和建构社会联系来说，即使是在物理上无接触的群体，也要想象性地接触来建构情感联系。由于技术的进步使人际交往的范围极大扩张，从传统的熟人社会向陌生人的社会转变，当人际交往借助数据媒体而得以完成时，面对面的模式转变为无接触的数码媒体模式，社会信任并不一定以面对面的交往为前提。[24]人

---

〔22〕 数据作为资源是被生产出来的，对数据对象的描述并不是天然的而是需要加工，这一过程可以被概括为原始数据的采集、数据集生产以及数据分析三个行为。关于数据生产理论，参见高富平：《数据生产理论——数据资源权利配置的基础理论》，载《交大法学》2019年第4期。

〔23〕 龙卫球：《数据新型财产权建构及其体系化研究》，载《政法论坛》2017年第4期。

〔24〕 韩波：《熟人社会：大数据背景下网络诚信建构的一种可能进路》，载《新疆社会科学》2019年第1期。

际交往呈现不接触的虚拟特征，在AR技术的支持下，人们得以通过数据媒介分享观点、传达感受，虚拟和现实之间的界限开始模糊，而生存之所需可以通过不接触而直接以网络的方式提供。绝大多数需要人挨人、人碰人才得以完成的社会活动，借助及时高效的数据网络就可以完成。

二、数据国家的特征

国家作为一种秩序形态，它受制于人类的认识能力。在人类历史早期，人们凭借感性直观和想象来理解秩序，国家乃是人神共居的秩序形态。在秩序被理性化之前，人神关系构成人类理解秩序的基本框架，从瞬间神到专职神最后以基督教上帝为代表的单一神，它们都是人类构造秩序的精神支点。[25]哲学兴起后，人成为哲学的第一原理，柏拉图创建了理念王国，中世纪的上帝代替理性，世俗国家依旧处在上帝的神圣秩序之下。在马基雅维利之后，国家获得独立性，历史取代理性成为第一原则。[26]黑格尔将历史与理性结合起来，国家不仅是绝对精神的承担者，更是历史的最终形式。现代国家理论总是围绕着权力的组织形式也就是政体状态展开。到马克斯·韦伯为止，国家获得其现代形态，即理性国家。理性国家是现代国家的理想类型，启蒙时代以来人们希望以理性的方式来垄断暴力，并支配其疆域内的居民。国家可以理解为被垄断的暴力、被暴力支配的个人以及特定疆域的秩序之状态。现代国家总体上呈现出一种理性构筑的金字塔结构，顶端是被国家垄断的暴力，作为法理型支配类型，合法性是其支配的正当性来源，国家行使暴力的方式是形式化的法律，借助于官僚制层级性运作，国家权力得以运用于个体与社会诸领域。在这种国家图景当中，“政治”就被理解为社会团体分享权力或影响权力的努力。[27]但是，一旦进入数据时代，在人、物和事件被数

---

〔25〕［德］恩斯特·卡西尔：《语言与神话》，于晓译，北京三联书店1988年版，第46–48页。

〔26〕［德］恩斯特·卡西尔：《国家的神话》，范进译，华夏出版社1990年版，第137页。

〔27〕［德］马克斯·韦伯：《学术与政治：韦伯两篇演说》，冯克利译，北京三联书店1998年版，第55页。

据化的世界中，人类理性的能力不足以处理海量的数据，由此就发生了围绕国家三要素的变革，受到秩序支配的不再是公民个体而是数据，而处理数据的不是理性而是算法，算法的能力依赖于强大的算力，谁掌握算力谁就拥有了主导数据国家的权力。在数据的世界中，空间概念不再依附于物理性的疆域，它展现出一幅数据海洋的形态，而传统国家就好像漂浮于数据海洋中的小舟。

（一）人的数据化与人工智能

在古典时代，人被分解为灵魂与身体的二元结构，灵魂与身体的二分被设想为秩序的起点，以受理性支配的灵魂来约束受感性支配的身体，在内心中的约束力是道德，而外在的强制规则是法律。[28] 自由的理性存在者是国家秩序得以成立的逻辑起点，而让理性存在者符合规则也是秩序得以可能的终点。但是，在数据时代，在人、物和实践都被数据化之后，人作为不可分的对象[29] 并非无可置疑，随着技术的进步，秩序的最小单元是否为人已经疑窦丛生。事到如今，人的身体可以通过技术而直接接入数据系统，支配人类行为的法律和道德模式从而不再构成秩序生成的唯一方式。古典秩序的起点是灵魂与身体不可分割的个体，而现代秩序的起点则是诸多以数据化的方式呈现出来的对象。数据国家的统治对象不再是作为个体的人，而是数据。导致这一结果的是两个同时发生的过程，即人的数据化与数据的人化。伴随着这两种趋势同时发生的是万物的互联，这导致数据国家的统治对象的网络化，人类秩序的结构不再是金字塔式的层级结构，而是由算力联结在一起的网状结构。

第一是人的数据化。人的数据化既是一种技术导致的必然发生的历史过程，也是人自身地位逐渐丧失的伦理处境。人的数据化包括由浅入深的三个层次：人的身份的数据化、人机融合以及意识的数据化。人的身份的数据化是人的“自然人”形象的转变，人类活动痕迹的数据化可

〔28〕［德］康德：《道德形而上学》，李秋零编译，中国人民大学出版社2007年版，第226页。

〔29〕个体在英文的表述是“individual”，以“individ”为词根，即“不可分”之意。

以让人在数据世界中拥有自身的数据身份，这也构成识别和支配人的数据基础。接着是人机融合，新技术革命使得机器与人脑的连接不仅是可能的而且正在变为现实。瑞典的某科技公司以半无痛的方式，在一分钟之内向其员工植入如米粒般大小的芯片。虽然在人体内植入芯片在伦理上引发了诸多争议，[30]但是在人体中植入芯片从技术上已经开始应用于医学、金融以及军事等领域。除此之外，借助于芯片技术，人可以直接接入数据以达成人机互联的效果。而更令人恐惧的是人的意识的数据化过程。以身心二元论的哲学前提来建构秩序的逻辑面临失效的风险，若人类意识可以无须经由语言作为交流的中介，而是借由数据的通信网络来实现传输，那么毫无疑问，这不仅将使秩序的模式发生根本性的改变，甚至以语言为基础的文化概念也可能遭到颠覆性的变革。

第二是数据的人化。与人逐渐被数据化的过程相伴，算法、数据以及高传输性能的提升导致的另一个趋势就是数据的人化，这就是数据时代的人工智能。以 Alpha Go 为代表的人工智能已经展示出在人类擅长的领域中的卓越性，随着展望人工智能在定位、导航、家居服务，以及模仿人类心智等领域所带来的便利性，人工智能所造成的威胁值得警惕。人工智能已经从一个知识论问题转变为一个存在问题，[31]当人工智能突破奇点而获得自由意志和情感能力，人就并非参与政治秩序塑造的唯一主体。一旦人工智能在存在论层面参与秩序的构造过程，将大幅度修改影响公平、公正、权利等习以为常的社会游戏规则。

第三是万物互联。万物互联的本质性变革在于从物与物的互联转变为人与物的互联，物具有更强的敏感性而非毫无生命的客观对象，当物与人相连接就产生万物数据化的后果。“物”与“物”可以通过高速传输的数据而彼此“感知”对方的存在，主体客体的关系不再清晰可辨，人

---

〔30〕 宋歌:《论人体芯片植入技术的伦理问题——以 Epicenter 公司对员工进行人体芯片植入为例进行伦理分析》，载《科技视界》2018 年第 21 期。

〔31〕 赵汀阳:《终极问题：智能分叉》，载《世界哲学》2016 年第 5 期。

类社会正在迈向万物互联（Internet of things，IoT）的时代。[32]纯粹的自然性在消失，主体和客体相互嵌入，一切化约为数据流、代码以及分布式网络，而海量数据依赖分布式的云计算来处理，基于理性与自由的平等交易模式将发生根本性的变化。从国家权力支配的对象上看，人类社会的组织形态也将依赖于日渐重要的人工智能与复杂算法，面对海量的数据资源，国家秩序和安全面临着前所未有的挑战。

（二）从权力到算力

在大数据时代，公权力的地位不断受到侵蚀，具备自主学习和决策能力的人工智能因在数据占有和技术上的优势，逐渐形成一种算法权力。算法权力的出现不仅与理性国家的公权力形成竞争关系，而且由于算法权力无需任何正当性资源，尤其是其过度的资本化和不透明性使得现代国家的公共权力面临前所未有的危机。

权力，就其本质来说无非是实现目的之手段。韦伯认为，“权力意指行动者在一定的社会关系中，可以贯彻其意志的机会，而不论这种机会的社会基础是什么”。[33]当这种权力用于捍卫公共利益之时，这样的权力才可以被称为公权力。公权力的来源、构成及其运用是现代国家的核心议题。一般来说，被国家独占的公权力，在来源上要具备正当性，在使用目的上应该指向公共利益，而为了使公权力不至于滥用，现代政治采取一种将公权力之所有权与行使权予以区分的做法，并且还对行使权力的主体施加相当严格的法律程序条件和政治责任。而算法权力最早作为一种依附于资本的科技力量逐渐具备了“准公权力”的特征，它直接介入社会治理的各个领域，它不以直接的暴力来实现自身的目的，它对数据网络的控制是通过接口控制、数据信号、程序演算等隐蔽手段来实现对公共议程的支配。算法权力是没有正当性来源的匿名权力，权力的

〔32〕施巍宋、孙辉、曹杰等：《边缘计算：万物互联时代新型计算模型》，载《计算机研究与发展》2017年第5期。

〔33〕［德］马克斯·韦伯：《社会学的基本概念》，顾中华译，广西师范大学出版社2005年版，第71–72页。

运作不服从人为设定的规范，它不遵守规范和程序，甚至自身就可以生产规范。算法权力对公权力的侵蚀和异化，既无迹可寻，又自由无碍。作为一种戴着自由贸易的商业面具的权力，其商业逻辑先于治理，利益偏好无视平等原则，奉行技术理性高于价值理性，在秩序生成上隐性运行取代公权力的赤裸暴力。〔34〕

人类建构国家与公共权力是为了在不确定性的海洋中构筑确定性的岛屿，人们诉诸法律的客观性以寻求秩序的稳定性。然而，在数据时代，当算法权力介入人类的法律事务，由于其自身的黑箱化和“透明社会”，算法是否会发展成为一种更为独裁专断的力量，使人类追求客观性和确定性的努力滑向绝对主观性的算法独裁，这一点尤其值得警惕。〔35〕

（三）从律法到算法

以法律规范来实现社会治理是现代国家理性成熟的标志，然而以人定法制定规范以约束数据时代的算法并予以规制，则日益显得捉襟见肘。面对海量的数据，法律既不可能对算法的内容进行道德审查，也无法根据权利原则确定其内容是否属于言论自由的范畴，亦不可能就其制定标准和算力进行技术限制。因为技术上的门槛和壁垒极有可能使公权力的监控努力付诸流水。〔36〕面对算法自主性的生成，出现了两种思路来处理算法与法律规范的关系：一是将法律与算法视为两种本质上不同的事物，并以法律对算法施加规制，这种看法可以称为法律与算法的二元论；二是从规制的本质出发，认为法律与算法都是规则，这种观点可以称为法律与算法的一元论。

算法与法律二元论的目的是以法律来规制算法，从而达到法律捍卫

---

〔34〕 关于算法权力的论述，参见张爱军、李园：《人工智能时代的算法权力：逻辑、风险及规制》，载《河海大学学报（哲学社会科学版）》2019年第6期。

〔35〕 关于算法独裁的议论，参见高奇琦：《人工智能——驯服赛维坦》，上海交通大学出版社2018年版。

〔36〕 关于如何从法律规则、伦理以及政策角度来对人工智能进行规制的讨论，参见季卫东：《人工智能开发的理念、法律以及政策》，载《东方法学》2019年第5期。

政治社会客观价值的目的。这一思路认为，算法的运用将导致人的主体性丧失、公权力被侵蚀以及社会偏离公正等恶果，一言以蔽之，算法将带来社会秩序的危机。为此，二元论者呼吁从法律的角度对算法进行治理。[37]在法律实践上，如欧盟通过强化个体权利来对自动化决策程序进行约束，具体做法上赋予个体以新型的数据权利来控制自动化决策的干预能力。而在美国，立法者通过立法来对算法进行问责，从而实现对平台与算法的监管。与欧美不同，我国对算法治理的模式是将治理对象设定为平台，以设定算法义务和权利的方式来落实对算法的多元化治理。[38]二元论得以成立的前提是算法本身的可治理性，穷尽法律技术的可能性来规制算法。不过，应该考虑到的是，当算法的自主性在技术和数据量级上超越了法律的技术水平和知识能力，则法律不仅无法规制算法，反倒有可能遭遇到算法的反制。由此，有观察者指出，“人工智能技术可能不只是理工科专业人士的领域，法律人士以及其他治理者也需要学习人工智能知识，这对法律人士和其他治理者提出了技术要求”。[39]

算法与法律一元论的观点打破了法律规范和算法之间的区别，它承认了算法具有规范的生产能力。在最表面的意义上，算法与法律都是为实现特定目标构造的指令集，二者都可以成为社会治理的技术手段。[40]更进一步，当法律以符号化的方式予以制定和运作时，那么法律与算法之间不再泾渭分明，二者的区别逐渐消融。既然认知可以通过符号化的方式进行计算，那么作为人类意识成果的立法、执行和司法就不是不可取代的。这一过程正在被技术进步所强化，不仅法律知识作为被编码的符号可以被存贮和运算，甚至算法可以在事实与规范之间流转，而且可

〔37〕张欣：《从算法危机到算法信任：算法治理的多元方案和本土化路径》，载《华东政法大学学报》2019年第6期。

〔38〕刘权：《网络平台的公共性及其实现——以电商平台的法律规则为视角》，载《法学研究》2020年第2期。

〔39〕李彦宏等：《智能革命：迎接人工智能时代的社会、经济和文化变革》，中信出版社2017年版，第312页。

〔40〕蒋舸：《作为算法的法律》，载《清华法学》2019年第1期。

以转化为确定性的法律效果。[41]算法作为规范的生产者，不仅不是一个想象的产物，而且正在成为一个现实性的后果。从平台的人工智能操作对用户进行打分的实践来看，算法权力正以规范的形式来对用户施加控制力。[42]从其整个制定标准、打分和惩罚的过程来看，几乎与一个司法过程相当。

（四）从领土到数据

在确定的疆域内垄断至高无上的权力，这是现代主权国家的基本特征。而所谓疆域，即英文的 territory，来自拉丁文的 territorium，而 terra 就是土地，“Terra 意味着土地、大地、营养、给养，让人感受到是一种历久弥坚的介质”，而其最早的含义是“恐吓、吓唬”，由此 territorium 意旨“人们受到警告的地方”。[43]领土最初的形式是以政治权力控制城镇周边的领地，随着航海技术的进步，国家的边界从陆地伸向海洋，而当人类以航空器翱翔天际的时候，国家的疆域从陆地到海洋再到伸向天空。国家权力必然要在确定性的空间享有最高的支配权，随着信息与大数据时代的到来，让所有的物理空间不再适用，尤其是当虚拟空间与真实空间界限不分的时候，国家如何再次集中权力以构造秩序就显得疑问重重。值得反思的是，技术是导致国家疆域变更的根本原因，技术不仅塑造疆域的类型（领土、领海和领空，以及数据世界），还决定了国家主权的辐射范围。[44]

网络空间的形成对传统国家主权观念下的领土观念构成挑战，与领土、领海和领空不同的是，网络空间的构成既有实体性的基础设施又有虚拟性的数据流动。构成互联网结构的是作为底层的物理层，中间的逻

〔41〕郑戈：《算法的法律与法律的算法》，载《中国法律评论》2018 年第 2 期。

〔42〕胡凌：《数字社会权力的来源：评分，算法与规范的再生产》，载《交大法学》2019 年第 1 期。

〔43〕William E.Connolly，*Tocqueville*，*Territory and Violence*，Theory，Culture&Society，1994，Vo1.11，No.1，pp.23-24.

〔44〕关于技术对国家主权的形塑，参见刘连泰：《信息技术与主权概念》，载《中外法学》2015 年第 2 期。

辑层以及作为顶层的内容层。[45]国家权力对互联网领域的控制也就表现为根据三个不同层次进行分类干预以及立法。[46]由于互联网关系到国家整体的安全和秩序，由此诞生了数据主权的概念。这一概念试图将领土主权时代的主权观念无差别地运用于互联网空间。它预设了互联网空间作为虚拟空间是国家领土在互联网世界的延伸。然而，真正让国家主权观念遭受到巨大挑战的不是虚拟空间与真实空间的二元区分，而是所谓虚拟的空间已与现实空间无法区分。换言之，国家面对的治理空间，不再是真实可见的物理存在，而是数据之流。

这就导致了另一个概念的产生，即数据主权。数据主权认为，网络空间只是国家领土向虚拟世界的延伸。然而，在数据时代，当人、物以及事件被数据化之后，不仅国家权力被数据化了，其权力运作对象同样也被数据化了。在历史上，领土概念构成了国家存在的物质基础以及国家权力行使的封闭空间，是“法律秩序的属地效力范围”。[47]按照领土对国家的构成性特征，领土具有完整性、排他性以及人民自决原则。[48]与领土概念相比，数据空间具有全然不同的特性。首先，数据空间是非物理性的，即没有可供辨识的实体。其次，领土的完整性要求权力上的统一性和不可分割，而数据空间各国共享基础设施并且借由网络而相互联结和渗透，它既是可以分割的又是相互依赖的。为此，各国试图以局域网的方式来保持自身的独立性，然而在一般条件下，局域网的断开是不可设想的。[49]再次，领土的排他性决定了同一片土地上不可能出现相

〔45〕关于互联的技术架构的论述，参见［美］劳伦斯·莱斯格：《思想的未来：网络时代公共知识领域的警示预言》，李旭译，中信出版社2004年版，第23页。

〔46〕周汉华：《论互联网法》，载《中国法学》2015年第3期。

〔47〕［美］凯尔森：《法与国家的一般理论》，沈宗灵译，中国大百科全书出版社1996年版，第233–234页。

〔48〕吴晓秋：《论宪法上的领土原则》，载《政法论坛》2015年第3期。

〔49〕俄罗斯一度实施断网测试，以验证自身网络的独立性，从而造成孤立状态，见《俄罗斯实施“断网”测试　德媒：无可奈何的选择》，载人民网，http://military.people.com.cn/n1/2019/0214/c1011-30671364.html，最后访问时间：2020年4月2日。

互竞争的权力，它必然专属于一个权力主体。然而在数据空间当中，对数据的独占和享有不仅在技术上可能逃避了国家的管控，而且在算力水平上，商业机构和云计算等因其技术上的唯一性，使得数据空间中的诸多领域成为国家权力无法触及的空间。最后，领土由民族之自决以决定其归属，而在数据空间当中，既无法识别哪些是被团结起来的政治意志，也无法在民主原则上解决数据归属问题，甚至数据归属本身也不具有确定的边界。数据无法确定其边界，它是流动性的存在。

三、数据国家的立法者

网络空间是物理空间在互联网世界的延伸，由此产生的问题是，传统的民族国家在网络空间中如何寻找自身的角色和定位。这样的命题可以表述为：如何以旧国家来治理新世界。而回到理性国家的诞生之初，古典的主权国家无非是人为建构的秩序共同体。正如霍布斯将国家比喻为复杂的机器，它是“人造的有朽的上帝”。[50]制造国家之材料也是人，而其制作方式是在理性中赋予契约的因素。与现代国家的构造方式不同的是，网络空间亦是人造之物，制造它的材料是数据，而制造的方式是算法与编码。由此可以推论，网络空间并非主权者治理之对象，而是网络构成数据国家之外表。作为有自主性生成逻辑与运行规律的数据国家，它在权力主体、运作方式和对象上与传统主权国家存在诸多不同。仅从数据的外观尚不足以使得数据相互关联的状态获得国家的政治性和整体性，而必然触及国家的一个关键性概念：数据国家中谁说了算。数据国家依赖新科技革命的技术成就，在数据世界中，国家的统一性、完整性以及至上性的消失，也就造成了对权力垄断的唯一性的丧失。由此，围绕技术本身产生三种立法者：一是控制技术的立法者——资本；二是技术自主性的立法者——人工智能；三是抵制技术捍卫人类主体性的立法者——政治国家。

〔50〕［英］霍布斯：《利维坦》，黎思复、黎廷弼译，商务印书馆2008年版，第131-132页。

（一）资本作为立法者

一般来说，技术作为达成人类目的的手段，是中性的，无所谓善恶。然而，随着技术对人类生活方式的深刻改造，这种技术中立论已经在伦理检讨面前无法自证清白。事实上，技术是人类设计和构造的，创造之初并非没有特定的目的。而驱动技术进步的最直接因素，无疑是资本的逐利性。马克思以惊人的见识很早就意识到技术的革命性影响，第一次工业革命后，马克思犀利地指出，“蒸汽、电力和自动纺机甚至是比巴尔贝斯、拉斯拜尔和布朗基诸位公民更危险万分的革命家”。〔51〕以人工智能、大数据、云计算等技术为主导的第四次工业革命不仅深刻地改变了社会运行的方式，而且让资本开始深入社会的几乎每一个领域。具有资本优势的大型技术公司不仅利用资本占据了技术的制高点，而且深度介入了公权力的运行过程。

诸如苹果、谷歌、阿里巴巴、腾讯等大型科技公司，这些以资本集聚为特征的超级行为体，由于掌握了大量的数据以及强大的计算能力，它们完全有能力局部修改社会生活规则，由此衍生出“新的政治空间”，不仅压缩了传统公权力的覆盖范围和监管能力，而且还在持续地重塑“国家与社会”的关系。〔52〕资本与数据的结合构成全新的权力运作形态，它以数据资本主义的形式为数据国家立法。这一过程的发生机制是，资本通过对技术投入而掌握算法，算法作为一种权力形态向秩序领域渗透，而操纵算法权力的正是民族国家难以识别的匿名资本。资本权力穿透民族国家的边界，由于其掌握海量的数据以及强大的算力，在这场与民族国的竞争中逐渐显现出优势。如果资本垄断数据以及算法而形成算法垄断权，那么数据国家运行的规则自然具有资本特征。资本作为算法的设计者，其意图将决定算法运作的结果，这一过程既谈不上科学，也不可能客观。由此，算法及其所谓自主性决策将以研发者和设计者的利益为

〔51〕《马克思恩格斯全集》第12卷，人民出版社1962年版，第3页。
〔52〕樊鹏：《利维坦遭遇独角兽：新技术的政治影响》，载《文化纵横》2018年第4期。

依归，若如此，这意味着数据国家的立法将体现出前所未有的主观性。

首先，资本作为数据国家的立法者体现为反民主特征。在民族国家时代，立法的权威来源于全体人民的授权，它要满足统治正当性的最低条件。而在数据时代，国家形态发生变化，构造秩序的权力来源不再是奠定于自由而平等的个体，而是立法根据其掌握数据的数量与能力来行使控制权。其次，立法意志的客观性沦为彻底的主观性。在民族国家时代，立法者乃是以普遍意志或者人民意志为立法根据，即表现为立法意志的客观性。然而，当资本控制算法，算法输出的规范将完成服从资本所有者的主观安排，它以立法的形式设定需求，并满足立法对象的需求。再次，立法内容将完全丧失普遍性而沦为特殊性。民族国家的立法形态是以立法主体的普遍性对立法对象的普遍性进行立法，不区分立法对象的特殊性。在数据国家，从所有人对所有人的立法转向资本对个体的立法，立法者不仅可以根据大数据分析个体的特征，并且可以引导个体按照立法者的意志行动。最后，立法从相互关联转向彼此孤立。虽然海量的数据以及数据传输的及时性让人类前所未有地感到联系在一起，然而面对海量的信息，其实个体只不过是数据海洋的一片孤舟，算法可以通过操纵个体的偏好而将其从人群中孤立出来，造成“大数据杀熟”以及“数据蛹茧”的效果。

如果说在传统民主国家，资本统治还以自由和平等的面目来偷偷摸摸挟制个体的话，那么在数据国家，资本将以数据和算法为中介无所不用其极，其结果无非就是由资本主导的数据霸权，原始的暴力形态显得苍白无力，以资本掌握算力，它既不是民主的，也不服从自由交易的原则，而是以算力与数据上的不对等来行使对个体的暴力。算法权力并不将治理对象当作主体看待，它也不会分享人文主义精神、价值关怀与人的尊严，它将对象看成是可计算、可预测和可控制的客体。

（二）人工智能作为立法者

资本凭借着对技术的掌控来对数据国家实施立法，这意味着人类尚处于垄断政治领域的状态，只不过资本以匿名的形式躲藏于数据之下实施匿名统治。而当技术发展到自主性的领域并且迈过“奇点”,〔53〕那么人类就有理由担忧政治统治的消失，取而代之的是技术的统治，而作为其统治对象的人逐步完成在身心关系上的非自然化和技术化。相应的文明形态也就从自然人类文明过渡到“类人文明”,〔54〕一方面通过环境和基因工程，人类的体质被技术化；另一方面通过算法和数据数据化，人类的精神也成为可以被操作的对象。〔55〕这时数据国家的立法者就是终极形态的超级人工智能。因此，有人认为“智能技术”将是人类最后的发明，即作为人类智力造物的人工智能开始逆向地运用它的造物主，颠覆和翻转两者的依存关系。

即使奇点尚未到来，人工智能也对人类社会造成了诸多需要面对的伦理问题，如自动驾驶、大失业以及人类劳动意义的丧失等。为此，从立法上赋予人工智能以法律人格成为处理人工智能问题的一种方法进路。〔56〕然而，无论是通过立法来处理人工智能的伦理问题，还是以人工智能为工具来辅助人类实施自我管理都建立在“弱”人工智能的前提下。但是，当超级人工智能成为可能的时候，人工智能是否会终结人类的政治领域才是值得担忧的。一旦人工智能演化出反思能力和意志，并行使

〔53〕 奇点（Technological Singularity）被认为是技术加速回报的结果，是可以进行自我改进的人造智能超越人类智能的时刻，这一概念由乌拉姆提出，“在（与冯·诺依曼）一次谈话中，我们集中讨论了技术的不断加速发展与人类生活方式的变化……这在人类历史中接近了一些关键的奇点，正如我们所知，人类事务将无法继续下去”。见 Ulam，S.，*John von Neumann 1903–1957*. Bulletin of the American Mathematical Society，64（3），1958，pp.1–50.

〔54〕 凯文·凯利认为，人与机器之间的关系最终会改变文明形态，并且形成一种更为复杂的超过现存生命和感知水平的文明现象。参见［美］凯文·凯利：《必然》，周峰等译，电子工业出版社2016年，第338页。

〔55〕 孙周兴：《技术统治与类人文明》，载《开放时代》2018年第6期。

〔56〕 2016年欧洲议会向欧盟委员会就提出“机器人法”立法建议报告，报告第50（f）项建议：“从长远来看要创设机器人的特殊法律地位、以确保至少最复杂的自动化机器人可以被确认享有电子人（electronic persons）的法律地位，有责任弥补自己所造成的损害，并且可能在机器人作出自主决策或以其他方式与第三人独立交往的案件中适用电子人格（electronic personality）。”参见《就机器人民事法律规则向欧盟委员会提出立法建议的报告草案》（Draft Report with Recommendation to the Commission on Civil Law Rules on Robotics）。

权力，在某种意义上也意味着人类历史的终结。诸如埃隆·马斯克及已故的物理学家霍金都表达了对人工智能失控可能带来的人类危机的担忧。就目前而言，算法和大数据的结合只是在人类预先颁布的指令之下采取行动完成人类交付的任务，而其自身并无反思能力也无法知道为什么要完成这项任务。不过，担忧人工智能可能超越图灵机水平进而演化为具有“我思”能力的超级图灵机是可以想象的。一旦人工智能具有了自我意识和自由意志，从而具备自我改进和修改自身程序的能力，那么这种超级人工智能将具有等价于人类的智力。一旦人工智能发展出语言，那么它将具备为自身和整个系统构造规则的能力。由此，语言、规则和文明乃是数据化的，有学者将这种构造一个全新的世界人工智能称之为“仓颉机”。[57]若仓颉机作为立法者，那么这种立法图景将完全区别于人类世界的立法情景，它就是硅基文明意义上的立法。尽管出现“仓颉机”作为立法者的前景依然非常遥远，但是从理论上未雨绸缪地予以预先设想依然是可能的，并且由此可以提醒人类文明前路中的危险。

首先，仓颉机超越了存在的意义上的限制，它可能不再是实体意义上的个体存在，而是一个以数据和网络形式存在的一个系统。它不是以零件组装而成的可被摧毁的机器人，数据国家也不会呈现为机器人的联合，而是一种无法识别和查证的数据形态，它无处不在，因此也无法从物理意义上被打击和摧毁。其次，仓颉机不再区分语言和法律，或者换言之，它的语言就是法律。人们关于未来人工智能的想象往往建立在人工智能对人的模仿的类比想象的意义上，实际上超级人工智能并不会模仿人类的作品。因为但凡人类之造物都是受制于各种外在形式限制的人类作品。仓颉机会直接命令并执行，立法和执法的分离不复存在，会重新合并运用。最后，仓颉机的立法权威不再遵循人的模式而是以上帝的

〔57〕 赵汀阳将语言能力等同于构造世界的能力，并根据维特根斯坦的理论认为，语言的界限决定世界的界限，当人工智能具备了语言这种反思自身能力的万能系统，那么超级图灵机也就是“仓颉机”，见赵汀阳:《人工智能的“革命”的“近忧”和“远虑”——一种伦理学和存在论的分析》，载《哲学动态》2018年第4期。

模式进行，它是超越人存在层次的系统升级，它不是工具性的进步而是存在性的革命。这一革命性的过程被称为“存在的彻底技术化”。

关于存在意义上的升级将是人类历史的终结，它是基于人自身丧失其存在价值的文明终结，未来将失去人类控制，人类的双手虚弱无力，他们已经无法掌控自身的命运而被命运操纵。若是果真出现超级人工智能，这就意味着人类的自我否定。世界将不会再有人类相互争夺的政治空间，而超级计算机之间的战争会以何种方式发生已经超出了想象的范畴。

（三）人类的自主性作为立法者

实际上，从现有的科技水平来看，虽然数据国家已经初步显现出其雏形，但是究其实质数据化的世界依然还在人类政治领域的掌控之中。既然数据国家的未来在侵蚀人类的主体性，面对此情此景，人类需要捍卫自身的存在价值和政治空间，以求人工智能与人类的和谐共存。从其本质而言，这不是主权国家在网络空间中争夺数据主权的问题，而是国家间如何通过协作而共同面对人类文明的未来议题。数据国家的敌人既包括垄断技术的匿名资本也包括人工智能失控后出现的仓颉机。由此，数据国家的立法者不是特定的国家，而是作为人类存在依据的政治自主性，它是保留人性和人类主体性的领域。

在大数据和算法高度发达的时代，人类陷入前所未有的尴尬处境。人类在诸多领域已经输给了人工智能，由神经元组成的“生物化学算法”的人脑在处理数据方面的能力和速度处于极其不利的地位。随着人工智能大规模介入劳动、生产和服务领域，在不远的未来，人类将面临大失业潮。在文明史的尺度上，人类第一次出现全面的“不被需要”的困境。而更为糟糕的是，当极少数人掌握技术与资本，攫取海量的数据资源，以其绝对的主观性来行使数据霸权之时，人类自身的立法者地位就面临前所未有的挑战。在数据霸权对秩序塑造的革命性变革当中，人自身的参与显得无足轻重，人的主体性被彻底地边缘化。数据世界将是一个高度同质化和可计算的世界，它不仅造成了无用的人，而且会敉平人类的创造力和个性。当技术成为最大的政治，未来人类使命的首要课题就是在数据国家中如何捍卫人类存在的自主性。这种政治空间以人类的意志为主导来保护人类自身的创造力，它反对技术统治与数据霸权。以此，人类必须以政治自主性来为数据国家立法。其中，主要的敌人有两个：把持技术的高度集中的匿名资本和逾越奇点的超级人工智能。

面对资本对数据的控制所形成的数据资本主义，必须从伦理和法律两个方向对其加以限制。以技术来侵占政治空间，本质是资本以数据的合法形式来实施统治。在数据国家中，这种统治具有更少的意识形态特征，表面上它呈现出更少的压迫性以及在自我辩护上的非政治化。然而，只要资本是私有的和逐利的，它依然会行使数据霸权，并以绝对的主观性实施数据专政。为此，以政治自主性为数据国家立法则应该确立以下伦理和法律原则：其一，资本没有祖国，但是数据必须公有。算力与数据作为权力和资源必须共享，而不能由资本所独占和操纵，自由市场原则并不适用于技术极差急剧扩大的数据时代。其二，形成共商机制，对技术、数据和算法的未来发展和进程达成共识。既然技术与政治空间的对立是人类共同面临的疑难问题，那么只有建立全球共商机制才有可能阻止技术向少数集体或组织集聚。

对仓颉机进行预防性立法，必须为其设定最低的安全标准。面对技术迭代意义上的人工智能演进，人类必须保持高度警惕，掌握对数据和技术的主导权，让技术有节制地为人类所用，从而达到和谐共存。既然仓颉机还只是一种理论上的可能性，那么对其要采取一种预防性立法，以防止超级人工智能的时空。具体言之：（1）保证人类与人工智能之间在资源分配上不构成生存的竞争关系，让人类生存资源无虞；（2）人类必须为人工智能预装自毁装置，如果人工智能脱离人类意志控制而自我进化，则启动自毁装置；（3）为了防止人工智能的进化而将其技术予以锁定，即任何试图突破奇点的技术尝试都应该予以禁绝。

大数据、算法以及人工智能的治理问题，绝非任何组织和政治团体所能单独完成，任何组织和个体也不可能置身事外，它需要全球的共同合作。然而遗憾的是，就人类的政治处境而言，全球合作的最低政治条件尚不具备。为此，阿西莫夫提出机器人的三个原则：其一，机器人不得伤害人类个体，或者对人类个体受到伤害而坐视不理；其二，机器人要服从人类；其三，在不违反第一和第二原则下保存自我。这三项原则设定了人与机器共存的最低条件，当人工智能试图逾越界限时，这三个原则可以让人类时时自省。

结语

信息技术与生物技术的进展深刻地改变了人类的历史处境，从文明意义上碳基文明所支撑的人之价值的政治条件被侵蚀，而硅基文明所带来的威胁和挑战才刚刚开始。根据数据主义的主张，一切皆可以还原为数据，身心之间的区别并不具有根本性，生物体只不过是生物算法，当数据可以模拟这种算法，身心关系的区隔将不复存在。基于人类主体性建构的现代国家秩序将遭到前所未有的挑战。现代公民与民族国家的秩序奠定于主体性的发明，以个人为单位不仅建构了现代政治秩序逻辑的起点，而且设定了民族国家的疆域。在边界内，公民可以享受国家的庇佑，并且伸张个性和创造力。然而，科技尤其是新科技革命导致人、物和事件的数据化，数据和算力深刻的改变了秩序生成模式。在数据国家形态中，所谓民主只不过是一种相当粗疏的数据算法的统治，它只不过将诸多个体的琐碎的爱好、意见、情绪转化为统治的意志和权力而已，而凭借海量的数据和自动决策的复杂算法则可以根本性地颠覆秩序和统治模式。数据代替了真理，权威不再是自由个体的联合而凝结成的公共意志，而是谁掌握了数据和终极算法。由此，现代国家的数据治理，不是以数据为对象的治理而是以国家自身的数据化为前提，也就是说，数据的治理乃是数据国家的治理。而在新科技革命的塑造下，国家概念的实质已经开始慢慢发生变化，从传统的基于人之主体性的民族国家向以数据为基础的数据国家转变。以数据国家的理念为前提，数据时代的公法问题才能找到一个恰当的参考系。

我国电子商务平台法律责任探析

——以网络交易信息披露的立法完善为视角

梁馨丹*

摘要：互联网的迅速发展加剧了交易中的信息不对称，由于网络购物中消费者无法实际接触交易相对人，更无法实际检查产品，加之网络经营者的进入和退出障碍较低，导致网络购物各环节不同程度地存在着侵犯消费者知情权的情形，如刷单炒信和搜索引擎的竞价排名问题。保护消费者知情权要求经营者充分披露信息，电子商务平台作为联系消费者与平台内销售商的桥梁，有能力也有责任为网络交易营造一个公正健康的平台环境，而我国网络消费者保护法律体系一直缺乏对经营者信息披露义务的具体规定，司法实践中对侵犯消费者知情权的行为认定标准不一。欧盟及美国关于信息披露方

* 梁馨丹，中山大学法学院2019级研究生。

面的电子商务立法较为成熟，欧盟通过指令详细规定了经营者在网络交易各环节应向消费者提供的信息，美国则通过联邦贸易委员会制定的指导性文件重点规制在线广告领域的欺诈行为，对经营者信息披露的方式作出了具体要求。我国可在结合自身电子商务的发展状况下适当借鉴他国经验，完善电子商务立法，明确电子商务平台及其内部经营者信息披露的内容，完善信息披露的方式并建构违反信息披露义务时的责任制度，增强法条的司法适用性，从而促进网络交易中消费者知情权的有效保护。

关键词：电子商务平台　信息披露　消费者知情权

引言

2019年8月国务院办公厅发布了《关于促进平台经济规范健康发展的指导意见》，使“平台经济”一词进入公众视野。平台经济系利用互联网、物联网、大数据等现代信息技术，围绕集聚资源、便利交易、提升效率，构建平台产业生态，推动商品生产、流通及配套服务高效融合、创新发展的新型经济形态。[1]而电商平台作为平台经济的重要表现形式，正在深刻改变我国产业和消费格局。

据CNNIC中国互联网发展状况统计调查数据分析，截至2020年12月，我国网络交易消费者规模已经达到7.82亿，较2018年底增长了1.7亿，占全体网民比例的79.1%。[2]在如此庞大的网络消费群体以及日益成熟的互联网技术的加持下，我国电子商务产业在20年间呈现出了爆发性的增长，引领了中国的消费数字化革命。随着新零售时代的到来，快速发展的电子商务在给市场经济带来活力的同时，也面临着由互联网所加剧的信息不对称导致的消费者权益侵犯。2019年1月1日开始施行的《电子商务法》正是在这一背景下出台的，作为我国电子商务领域的基本法，它不仅

〔1〕参见《商务部等12部门关于推进商品交易市场发展平台经济的指导意见》(商建函〔2019〕61号)。

〔2〕参见《第47次中国互联网发展状况统计报告》，载中华人民共和国国家互联网信息办公室，http://www.cac.gov.cn/2021-02/03/c_1613923423079314.htm，最后访问时间：2021年8月20日。

为电商行业的发展构建了制度框架，也针对消费者集中反映的侵权情形进行了规制。其中，无论是第17条与第39条对虚构交易、编造或删除用户评价的禁止，还是第15条、第21条以及第40条等关于企业身份信息披露、押金退还方式以及搜索引擎竞价排名商品的规定，均直接或间接地体现了立法者对网络消费者知情权保护和网络经营者信息披露要求的重视。

网络交易流程三方——消费者、电商平台经营者以及平台内经营者中，电商平台所掌握的信息资源以及平台本身的技术优势对经营者入驻平台的资质审查、消费者权益的保护以及营造健康的电子商务生态模式至关重要，因而更应承担相应的责任。国外一则研究报告显示，中国是网络购物市场规模最大且发展最快的国家，但同时也是产品损坏和产品欺诈发生率最高的国家，这正在限制电子商务的长远发展。〔3〕网络购物风险的大小决定了消费者对网络购物的信心，而消费者能在多大程度上获取与其所购买的商品或服务有关的信息，是影响其购物风险的首要因素，本文希望通过对我国电子商务发展的研究，总结网络交易中规制信息披露的法律政策现状以及分析其中存在的不足，结合国外立法与判例，为国内电子商务在经营者信息披露方面的立法与完善提供参考，从而遏制网络交易中严重的信息不对称，促进网络交易消费者知情权的有效实现、电商行业自律意识的提高以及公正网络市场秩序的建立。

一、我国电子商务平台分类及运营模式探析

数字化平台是一种为供需及相关主体提供连接、交互、匹配与价值创造的媒介组织，是一种基于数字化技术的新型资源配置方式。〔4〕2010年《侵权责任法》第36条（对应《民法典》第194条）将涉及平台的网

〔3〕 See Eric K. Clemons & Josh Wilson, *Online Trust: An International Study of Subject's Willingness to Shop at Online Merchants, Including the Effects of Promises and of Third Party Guarantees*, Computer Society, HICSS. 2016. 646, p.52 20.

〔4〕《魏际刚：数字化时代的平台经济》，载人民政协网，http://www.rmzxb.com.cn/c/2019-09-27/2434103.shtml，最后访问时间：2019年9月27日。

络侵权责任主体称为“网络服务提供者”，2013年修改的《消费者权益保护法》第44条提出了“网络交易平台提供者”的概念，同年国家工商行政管理总局公布的《网络交易管理办法》则称“第三方交易平台经营者”，而直到2018年《电子商务法》发布，电子商务平台的责任主体概念才最终明确为“电子商务平台经营者”，且在第9条参考《网络交易管理办法》给出了其具体定义，即在电子商务中为交易双方或者多方提供网络经营场所、交易撮合、信息发布等服务，供交易双方或者多方独立开展交易活动的法人或者非法人组织。

我国电子商务目前仍处在迅猛发展阶段，业态模式创新层出不穷，各电商平台有其自身独特的运营模式，加之数字经济、信息技术、电子支付等领域的专业性与革新性，学者往往难以对当下我国电商平台进行精准分类，但只有了解电子商务背后的平台运作机制，才能探知当下网络交易流程中存在的信息披露不足，提出相应的完善建议。下文表1、表2仅为笔者尝试，且只选取与本文研究主题相关的内容。

表1　我国主要电子商务类型

类型	简介	例子
B2C	（Business to Consumer）企业通过互联网向消费者销售产品和服务	京东、天猫、当当、盒马鲜生
C2C	（Consumer to Consumer）个人间的网上买卖	淘宝、闲鱼、拼多多、云集
ODM	（Original Design Manufacture）平台直接从具有设计和技术版权的制造商中采购产品出售，产品去除了品牌溢价和分销成本	网易严选、淘宝心选、京东京造、小米有品

与欧美品牌商和传统零售商普遍采取官网自营不同，我国几大电商平台高度汇集流量。其中，B2C和C2C是网络消费者最密切接触的电商模式，ODM则是近几年发展起来的相对成熟的电商模式，此外，还有诸如F2C、C2B和C2M模式等。但我国互联网电商平台并非采用单一模式，而是多种模式的集合，且并非固定不变，而是随着技术革新、市场风向以及消费者需求的多样化而不断变动以求生存，如近年发展起来的精品

电商平台网易严选，其 ODM 模式便被阿里巴巴采用，发展成“淘宝心选”，并引入其 B2C 平台——天猫之中。

以上 B2C 和 C2C 等是以电子商务交易主体为标准对交易类型的区分，若电子商务平台在其中只是提供交易撮合的平台服务，通过吸引商家入驻，收取商家一定费用实现盈利，则属于纯粹平台型经营模式，而若电子商务平台经营者同时又是商品或服务供应商，则为自营性经营模式。早期京东和小米有品便是纯自营电商，平台经营者同时负责商品的采购、销售乃至自建物流体系，但后期也开始引入第三方品牌入驻。如今我国只有极少数做纯自营业务的电子商务平台，更多的是两种模式的混合和渗透，因此在探讨电商平台信息披露责任时，平台内经营者的信息披露责任也须涉及，因为当自营业务出现纠纷时，电子商务平台经营者的责任与其相同。

表 2　电子商务营销方式

营销方式		简介	例子
传统电商		传统线下交易流程的电子化、数字化。消费者在购物前已有基本购买目标，通过平台搜索并购买其目标商品	淘宝、天猫、京东、当当、亚马逊
社交电商	分销型	平台负责选品、物流和售后，店主通过其社交网络分享商品信息吸引人群消费，产品一旦售出店主即可获得佣金收入	云集微店、贝店
	拼团型	借助社交软件作为推广平台，以低价吸引、拼团方式实现用户积累	拼多多
	导购型 / 内容型	用户通过社区交流互动和评价，分享高质量资讯，实现内容与产品的流通，激活流量，引导消费	小红书、蘑菇街、美丽说

商业模式需要市场营销的促进。随着社交网络优势的不断显现，尤其是拼多多凭借社交软件以拼团砍价形式迅速吸引流量异军突起，各大传统电商如淘宝、京东等都在积极布局自身的社区建设，传统电商的社交化成为必然趋势，整个网络交易过程也势必更为纷繁复杂。

当下消费者网络购物有两个路径——有目的性选择以及无目的性浏览。

电商平台利用大数据，精准预测消费者兴趣所在或潜在需求，进而通过首页个性化推荐等方式，利用图片展示来刺激无目的性浏览者的购物欲望，从而点击进入特定经营者的产品页面。而针对有目的性购物的消费者则通过提供搜索引擎服务，由消费者键入目标商品的关键词，平台按照权重高低进行产品展示位置排序，这一界面涉及竞价排名问题，下文将具体阐述。消费者通过浏览商品的详情和评价，查看商家的信誉情况，向客服询问产品或服务的相关信息，再经过移动支付、物流配送收到商品，检查无误后确认收货，这是通常情况下的网络购物流程。在传统线下销售中，消费者亲自到店，对商家的整体环境和运营状况有所感知，且能够实际接触商品和服务，但在电子商务环境中，由于介入了以上诸多环节而加剧了交易过程的信息不对称，从而波及消费者的利益、市场交易的效率以及正常秩序。

电子商务平台作为电子商务经营者与消费者之间衔接的桥梁，拥有着强大的数据库、信息技术以及经济实力，有能力也有必要承担起相应的责任，其中，除以经营者身份进行自营业务时的信息披露责任外，电子商务经营者还应承担其独特的信息披露责任。首先，对经营者的了解是消费者知情权的首要内容[5]，电商平台应规范和监控平台内经营者信息披露的情况，在产生纠纷时，应消费者或法院要求提供经营者身份信息；其次，电商平台须保证其搜索引擎竞价排名以及广告投放的清晰显示；最后，电商平台的促销活动信息公示以及自动续费问题产生的一系列纠纷，甚至是消费争议的处理方式等，均应包含在平台的信息披露范畴之内。

二、我国网络交易信息披露的立法现状和不足

（一）我国网络交易经营者信息披露的立法现状

在电子商务立法完善前，我国网络交易中涉及经营者信息披露的规定主要依托于传统线下购物的信息披露法律体系，除下文表3所列外，还包括《食品安全法》《药品管理法》《商标法》等适用于特定类型商品或服务

〔5〕 齐爱民：《电子商务法原论》，武汉大学出版社2010年版，第242页。

信息披露的法律规定。笔者通过检索2017年1月1日至2020年1月1日涉及消费者知情权的网络购物合同纠纷案件发现，消费者起诉原因大多与产品宣传用语不当相关，案件争议焦点普遍在于对网络经营者欺诈行为的认定，《最高人民法院关于贯彻执行〈中华人民共和国民法通则〉若干问题的意见（试行）》第68条（现已失效）是司法裁判中最常适用的法律依据，〔6〕此外还有《民法总则》第148条（对应《民法典》第148条）及《合同法》（对应《民法典》合同编）等中关于欺诈的认定。〔7〕

表3　我国电子商务平台及其经营者信息披露的立法状况

	立法	主要内容
网络交易	《消费者权益保护法》第28条	采取列举方式规定了网络经营者信息披露的内容
	〔部委规章〕《网络交易管理办法》第8条、第11条、第14条、第17条、第19条、第23条、第25条、第29条	网络商品经营者营业执照信息公示、虚构交易、删除评价的禁止；第三方交易平台对经营主体身份信息的公示、交易规则等制度的公示、平台自营业务与其他经营者经营部分的区分标记
	〔部委规章〕《网络商品和服务集中促销活动管理暂行规定》第8条、第12条、第13条	网络集中促销经营者的促销期限、方式和规则公示、促销广告的真实准确、页面清晰完整表述
	〔部委规章〕《互联网广告管理暂行办法》第7条、第10条、第13条	广告的可识别性、付费搜索广告应与自然搜索结果明显区分；平台经营者清晰标明广告来源
	《电子商务法》第15条、第17条、第19条、第33条、第37条、第40条	营业执照信息、电商平台服务协议和交易规则的显著位置公示、区分标记自营业务；虚构交易、编造评价、搭售或默认同意的禁止；竞价排名商品的广告标识

〔6〕参见江西省南昌市中级人民法院（2017）赣01民终2386号民事判决书；江苏省南通市中级人民法院（2018）苏06民终936号民事判决书。

〔7〕参见天津市津南区人民法院（2017）津0112民初10088号民事判决书；广东省广州市中级人民法院（2018）粤01民终3363号民事判决书；山东省济南市中级人民法院（2019）鲁01民终6033号民事判决书。

续表

	立法	主要内容
线下交易	《消费者权益保护法》第 8 条、第 20 条	对消费者知情权的确认，强调经营者披露信息的真实全面；答复真实明确；明码标价
	《消费者权益保护法》第 55 条	关于欺诈行为的三倍赔偿
	《最高人民法院关于贯彻执行〈中华人民共和国民法通则〉若干问题的意见（试行）》第 68 条（现已失效）	关于欺诈的认定
	《民法总则》第 148 条（对应《民法典》第 148 条）	关于欺诈后果的规定
	《反不正当竞争法》第 8 条	禁止虚假交易
	《广告法》第 4 条、第 8 条、第 11 条、第 28 条	强调广告内容的真实性和明确性，以及虚假广告的认定
	《产品质量法》第 27 条	对产品包装的标识要求

2013 年修改的《消费者权益保护法》在第 28 条中增加了专门针对网络经营者的规定，列举了网络经营者应主动向消费者提供的信息，是适应网络购物的发展而对《消费者权益保护法》第 8 条的补充和完善。之后三年，国家工商行政管理总局针对网络交易出台的四个部门规章以及规范性文件是电商立法的开端，均涉及网络经营者的信息披露要求，且开始包含对电商平台进行规制——2014 年发布的《网络交易管理办法》[8] 首次明确了经营者的营业执照信息公示，并强调应放置在“网站首页的醒目位置”；首次明确对虚构交易、删除评价的禁止；关于电子合同格式条款问题则与《合同法》（现《民法典》合同编）相衔接；此外还对第三方交易平台经营者进行了专节规定，包括对平台内商品和服务信息的检查监控制度，以及自营业务与其他经营者业务的显著区分问题。2015 年的《网络商品和服务集中促销活动管理暂行规定》（现已废止）针

〔8〕 本法已被 2021 年 5 月 1 日起施行的《网络交易监督管理办法》所废止。

对电商购物节中的虚假促销予以规制，要求促销组织者及经营者将促销的期限、方式和规则在网站显著位置、以显著方式公示。2016年的《互联网广告管理暂行办法》则规定“广告”标识应显著并强调广告主对内容真实性负责。此外，当年发布的《工商总局关于加强互联网领域消费者权益保护工作的意见》提及了推动消费侵权案件公示工作。〔9〕

2017年修订的《反不正当竞争法》第8条将虚假交易作为不正当宣传方式予以规制，而2018年通过的《电子商务法》作为我国电子商务领域的第一部正式法律，也是首部对电子商务平台作出较为详细规定的法律，以维护电子商务交易过程的公正为核心之一，是对之前法规的综合。其第17条在《消费者权益保护法》第20条“真实、全面”的基础上增加了“准确、及时”的要求，是对经营者信息披露方式的一大完善。此外，第17条还针对近年来刷单炒信的愈演愈烈而明确禁止经营者“虚构交易、编造用户评价”。

（二）我国网络交易经营者信息披露的立法不足

首先，以民事立法中欺诈规定为核心的消费者知情权保护已经无法满足网络交易的迅速发展而催生的特定侵权情形，尽管近几年我国的电商立法开始强调网络经营者主动提供信息的义务，但这些规定较为分散，即使是整合性的《电子商务法》也仍然无法避免疏漏。〔10〕其次，法条的规定过于原则性，缺乏相应标准和细化规定，司法实践中适用性不高，许多侵犯网络消费者知情权的情形难以得到有效认定。此外，对电子商务平台作为信息披露主体的强调缺乏，导致电子商务平台的信息披露内容、范围界限以及对应的责任仍较为模糊。我国网络交易经营者信息披露的立法不足可归纳为对网络经营者信息披露内容的规定不明确、对经营者信息披露方式

〔9〕参见《工商总局关于加强互联网领域消费者权益保护工作的意见》第五点“坚持信息公开，推进网络经营者诚信自律体系建设”的具体内容。

〔10〕相对于《网络交易管理办法》第19条的“虚构交易、删除不利评价”，《电子商务法》第17条规定为“虚构交易、编造用户评价”。删除不利评价是删除对自己的不利评价，编造用户评价则指通过虚构交易，编造对自己的有利评价或对其他经营者不利的评价，二者是不同的情形，但都是网络经营者常使用的方式，应该同时予以明确规制。

的规定尚不合理，以及信息披露责任制度尚不健全三个方面。

1. 网络交易经营者信息披露的内容不明确

我国法律中普遍缺乏对经营者信息披露内容，尤其是电子商务平台信息披露要求的详细规定，《消费者权益保护法》第 28 条等将披露内容概括为提供商品或者服务的经营者的“联系方式”“数量与质量”“价款或者费用”等，而缺乏对其具体要求作出说明，导致现实中许多经营者往往只提供十分有限的联系方式，以简要或模糊的语言描述商品的质量，对各项价款的披露也不够完全。此外，针对网络经营者身份的披露，相关法条也仅规定为“营业执照信息”，而经营者在网上公示的营业执照住所地可能与其实际营业地不一致，无法掌握交易相对人的信息将加剧消费者的维权困难。披露内容不具体也将导致法条无法得到有效适用，据笔者在中国裁判文书网以及北大法宝进行检索发现，《消费者权益保护法》第 28 条以及《电子商务法》中关于竞价排名商品广告标识、虚构交易、默认同意等规定在网络纠纷案件中极少适用，2019 年以来才逐渐有个别法院选择适用，绝大多数法院仍然依据传统购物适用法律裁判，网络交易中特有的侵犯消费者知情权的情形难以得到法院的支持，甚至在立案阶段就不予受理。

由于《消费者权益保护法》第 28 条采取的是非完全列举的方式规定网络经营者的信息披露内容，加之实务中消费者由于找不到合同相对方而普遍将网络平台作为共同被告，因此若对电子商务平台的披露内容不作出明确规定，实际上是给予法官自由裁量权，根据法条精神来判断特定情形是否侵犯了消费者的知情权，然而这对法官的知识素养及说理能力要求较高，司法实践中法官往往倾向于不予认定。以近年来愈演愈烈的网络购物平台刷单炒信现象为例，在 2017 年《反不正当竞争法》修改之前，用户评价无法被认定为属于网络交易消费者知情权的内容，刷单炒信问题迟迟缺乏直接的法律规制依据，只能依靠电商平台或其他卖家以侵权起诉。浙江淘宝网络有限公司便曾以刷单炒信的行为欺骗误导消费者、破坏淘宝建立的评价机制并损害了其声誉和市场竞争力为由，在 2016 年与 2017 年两次起诉刷单炒信平台及个人，而法院则只能适用原

《反不正当竞争法》与《合同法》中的诚实信用规定进行裁判。对此,《电子商务法》第39条明确了电子商务平台经营者建立健全信用评价制度的义务，禁止电商平台经营者删除消费者评价，是一大完善，但对平台内经营者雇人刷单以及编造评价的现象仍缺乏对应的解决方式。

2. 网络交易经营者信息披露的方式不合理

首先,《消费者权益保护法》第20条规定经营者应当“真实、全面”提供信息,《电子商务法》第17条在此基础上增加了“准确、及时”，虽然进一步完善了网络经营者信息披露的方式，但仍不充足。欧盟2011/83/EU指令第6条除要求网络经营者“清楚明确”地披露外，还强调应以消费者“可理解的”方式告知其产品或服务的信息。美国联邦贸易委员会关于在线广告的指导性文件则将此表述为从“一般消费者”的角度考察，同时指出如果调查显示普通消费者中也有部分消费者会产生误解，则法院在评估经营者是否进行了有效信息披露时会持谨慎态度，这些规定无疑照顾到广大普通消费者群体的认知能力，维护了其知情权。现实网络购物中，尤其在家用电器、数码产品甚至是美妆护肤品领域，经营者在商品或服务的描述中往往使用诸多专业术语，而消费者一般并不具备其所要购买的产品领域的专业知识和经验，又由于网络购物的特殊性，消费者对产品的了解只能依靠经营者对各项参数的披露，若经营者不在影响消费决策的关键术语中作出阐明，极易导致消费者在误解的情况下购买产品，侵害其知情权。〔11〕

其次,《消费者权益保护法》及《电子商务法》中多处提到的应该“以显著方式”提请消费者注意也一直缺乏具体标准，导致网络交易中极少经营者会予以遵循，如据公益投诉平台在《电子商务法》施行后对在线旅游平台的调查显示，携程系平台的智行、铁友等购票软件至今仍存

〔11〕 如上海苏宁云商销售有限公司与杨成铁网络购物合同纠纷中，原告购买一台商品页面显示为“存储容量32GB”的平板电脑，到货后发现包装上标注内存为8GB，苏宁公司表示涉案商品“存储容量”的意思为“最大扩容量”。

在默认勾选40元/人加速包的服务，价格标注的字体极小且颜色较浅，融入了背景色之中，极易被忽略；[12]各大购物网站的竞价排名广告标识问题也是如此，三大电商之一的拼多多后台虽存在商品搜索推广的服务，然而在搜索排名界面内并未有商品显示“广告”，而淘宝与京东虽然有广告标识，但以最小字号灰色字体放置在产品标题及特征介绍下方，远远达不到“显著”的程度。又如，《电子商务法》第37条规定的电子商务平台经营者应以显著方式区分标记自营业务与平台内经营者开展的业务。而根据笔者在威科先行检索到的与该条最为密切的案例中，关于消费者（多为各校大学生）起诉惠普（重庆）有限公司、武汉京东公司以及北京京东叁佰陆拾度电子商务有限公司（京东商城平台经营者）的案例所占比重最大。这些案例中法院判决普遍认为京东叁佰陆拾度公司在京东商城首页底部不同位置分别公示了公司的营业执照和京东商城自营商品经营者目录及营业执照，此种公示方式“较为明确地区分了京东自营商品的经营主体”，尽到了《消费者权益保护法》第44条规定的平台经营者的信息披露义务，因此不需承担相应责任，[13]但据笔者登录京东网站首页，并未找到其“显著”公示的自营商品经营者目录。另一个案例中，一审法院认为因涉案商品销售商“国文京东自营旗舰店”标记为京东自营，认定京东平台未以显著方式将其区分标记，应当承担责任。[14]由此可见由于缺乏具体标准而导致了实务中法律适用混乱的情形。

此外，国家商务部研究院发布的《2020年中国消费市场发展报告》显示，随着政府持续的基础设施投资，网络购物模式向农村地区的扩展，农

---

〔12〕袁庭岚:《携程旗下智行app投诉量“霸榜”搭售加速包成顽疾》，载搜狐网，https://www.sohu.com/a/301490031_100001551，最后访问时间：2020年3月12日。

〔13〕参见北京互联网法院(2019)京0491民初1322号民事判决书、(2019)京0491民初2083号民事判决书。

〔14〕参见广西壮族自治区梧州市中级人民法院（2019）桂04民终1490号民事判决书，该案二审法院推翻一审判决，但并未针对责任主体说理，而是依据《消费者权益保护法》第2条，认定原告并非为生活消费而驳回其诉讼请求。

村居民消费潜力被持续释放，农村消费品零售的市场增速已经超过城镇，[15]农村电商的发展已然使农村地区成为线上消费新的增长源，而据统计分析，2020年农村地区网购用户数增长达到近3年来最高，[16]农村网购消费者在今后网络消费者群体中势必占据极大比重，而由于科技的进步，未来市场必将出现越来越多伴随着复杂参数的新型产品及服务，若网络经营者的信息披露方式不随之改变，消费者的知情权将难以得到保障。

3. 网络交易经营者信息披露的责任制度不健全

我国消费者知情权法律体系中长期缺乏对网络经营者违反信息披露义务的责任承担与后果规定，《消费者权益保护法》第20条虽然规定了网络经营者的信息披露范围，却无违反该义务时的责任规定，仅有第55条对欺诈行为的三倍赔偿问题，因此审判实践自然将其与合同法中关于欺诈的认定相衔接。《电子商务法》针对营业执照信息公示、搭售、押金退还以及竞价排名商品四类问题在专章中规定了行政处罚[17]，虚假促销问题仍然缺乏相应的责任规定。而仅规定行政处罚也是不足够的，这意味着对消费者知情权的保护完全依赖于市场监督管理部门的执法工作上，难以与司法审判相衔。责任制度不健全的后果是，所有涉及网络消费者知情权受损案件的争议焦点最终均为对经营者是否构成欺诈的认定，而那些虽然未实行欺诈抑或尚未被司法实践接受为“欺诈”但确实侵害了消费者知情权的“中间行为”，由于缺乏认定标准和相应的后果而缺乏裁判依据，很难被法院认可进而受理，对消费者维权造成阻碍。缺乏具体责任制度的规定也使得相关法条不具备司法适用性，逐渐成为“僵尸条款”，无法对网络经营者产生实在的震慑作用。相关平台应对《电子商务法》的措施为保持原有的页面设置，只要消费者投诉便主动退款，以此来解决个别纠纷，行业对信息披露责任承担的自律意识无从谈起。

---

〔15〕参见《2020年中国消费市场发展报告》第16页，载商务部国际贸易经济合作研究院网，https://www.caitec.org.cn/n6/sy_xsyj_yjbg/json/5610.html，最后访问时间：2021年8月20日。

〔16〕《农村地区成为线上消费新增长点》，载中国政府网，http://www.gov.cn/xinwen/2021-02/08/content_5585806.htm，最后访问时间：2021年8月21日。

〔17〕2019年4月23日修改的《反不正当竞争法》第20条针对虚假交易规定了行政处罚。

三、国外电子商务平台信息披露的政策与立法介绍

根据 eMarketer 的调查数据，由于疫情使越来越多消费者习惯网上购物，2020 年到 2023 年全球在线零售销售额将以两位数的速度高速增长，电商市场规模仅次于我国的欧美市场在线销售亦呈现出了强劲增长趋势，如 2020 年美国电商销售额便增长了 41.4%，2021 年将再增长 15.2%，[18] 电商巨头亚马逊的市场份额也从 2018 年的 36.5% 增长至 38%，[19] 作为早期电商，欧美电商立法较早但呈现出了极强的兼容性，互联网消费兴起之前，欧美线下零售已经相当成熟，各类品牌得以积累了忠实的消费群体，开启线上经营不需要过度依赖电商平台，加之相关立法对网络购物不同环节中经营者的信息披露义务有详细的规定，消费者知情权在当下也得到了较为有效的保护。

（一）欧盟

欧盟消费者权益的法律保护体系是以信息披露战略为核心的，由 90 条指令（Directives）和一些条例（Regulation）组成。[20] 1975 年 4 月 14 日欧洲经济共同体发表的《理事会决议》（The council Resolution）是欧盟首个消费者保护和信息政策。此后，数字技术的不断发展从根本上改变了消费者与经营者的互动方式，消费者保护政策开始涵盖数字市场领域，甚至成为欧洲政策制定者的优先事项[21]，许多一般性立法都包含了电子商务消费者保护的相关内容。其中，2000 年颁布的《信息社会服务指令》（2000/31/EC，也称《电子商务指令》）[22] 为欧盟成员国电子商务

---

〔18〕 武帅：《未来两年，全球电商销售额将保持两位数增长》，载亿恩网，https://www.ennews.com/article-23005-1.html，最后访问时间：2021 年 8 月 21 日。

〔19〕 参见市场研究机构 eMarketer 发布的 2020 年美国电商市场研究报告，载中文互联网数据资讯网，http://www.199it.com/archives/1087153.html，最后访问时间：2021 年 8 月 21 日。

〔20〕 Jana Valant，*Consumer Protection in the EU*. European Parliamentary Research Service，September 2015，p.1.

〔21〕 European Commission website：*The European Commission's priorities*，Internal market，https://ec.europa. eu /commission/index_en.

〔22〕 Directive 2000/31/EC of the European Parliament and of the Council of 8 June 2000 on certain legal aspects of information society services，in particular electronic commerce，in the Internal Market.

领域构建了基本法律框架，指令第2章第5条第1款明确了服务提供者（包括电子商务平台经营者、平台内经营者在内）对其身份信息的披露义务——即应“容易、直接和永久地（easily，directly and permanently）”向消费者以及主管当局提供企业名称、地址、联系方式、商业登记机构、主营业务的信息；第2款则明确经营者应“清楚明白地”（clearly and unambiguously）告知消费者产品或服务总价中所包含的税费、运费及其他费用，默认搭售被禁止。为了保护消费者进行公平交易的利益，第6条则规定了包括折扣、促销优惠和促销竞争在内的商业通讯（Commercial communications）必须满足一定的透明度要求。

2011年颁布的新《消费者权益保护指令》（2011/83/EU），取代了1985年的《场外合同指令》（1985/577/EEC）以及1997年的《远距离合同中的消费者权益保护指令》（1997/7/EC），着重保护网络消费者的知情权和撤销权。1997/7/EC指令第4条第1款曾将经营者的信息披露义务概括为“一切与合同有关的信息”，显然已经无法满足现今远距离购物的发展，因此2011/83/EU指令在第3章第6条中规定了在远距离交易[23]（distance contract）与场外交易[24]（off-premises contract）情形下经营者应以“清楚”且“可被消费者理解”的方式告知消费者，并详细列举了披露的信息范围，主要有如下内容：（1）商品或服务的主要特征，该特征的描述应与产品或服务本身相符，且达到适应其传播媒介的程度；（2）经营者的身份，如商号；（3）能够使消费者迅速且有效地与其取得联系的一切方式，如经营者的地址、电话号码、邮箱等；（4）商品或服务的总价及其所包含的税费、运费，当所需税费或其他费用因为合同本身的性质（如订阅合同、无固定期限合同）而无法提前确定时，应明确告知消费者所有可能额外产生的费用并提供计算方式；（5）付款方式、快递物流、合同

〔23〕远距离交易指消费者使用一种或多种远程通信方式（如邮购、互联网、电话或传真）与远程产品销售商或服务提供商订立合同的情况。

〔24〕场外交易指贸易商和消费者在非商业交易场所（如消费者的家中或工作场所）订立合同的情况。

的履行、经营者保证发货或提供服务的时间以及经营者对投诉的处理政策；（6）在允许消费者行使撤销权的交易中，告知消费者权利的行使程序和时间限制；（7）在不允许消费者行使撤销权的交易中，明确告知消费者无撤销权；（8）产品的符合性声明（a legal guarantee of conformity for goods）；（9）产品的售后服务；（10）合同订立、终止的条件以及合同的存续时间；（11）消费者进行庭外投诉和采取其他救济方式的渠道。[25]第8条则规定了远距离交易时，网站应在订购过程开始前，清楚表明可接受的付款方式以及是否有任何交货限制。[26]

为了适应数字领域的发展，应对不断增多的跨境在线交易风险，确保企业与消费者之间关系的公平透明，欧盟委员会于2018年4月11日通过了关于修改93/13/EEC、98/6/EC、2005/29/EC以及2011/83/EU四项指令的提案[27]，促进规则的现代化，强调增强网络交易市场的透明度。作为对上文2011/83/EU指令信息披露内容的补充，提案首次明确了在线平台（online platforms）的概念及责任。首先，针对搜索引擎的竞价排名问题，要求电商平台明确告知消费者搜索结果包含“付费展示”内容，并公开平台确定最终排名结果的主要参数依据；其次，针对在线市场的促销活动和销售优惠，平台应明确告知消费者其实际交易对象（即合同相对方）是平台自身、平台内其他经营者还是第三方供应商，消费者保护法律能否适用以及产生争议时由哪一方承担责任；最后，以上信息的提供应以消费者清晰易懂的方式，强调不仅仅是通过标准条款或格式合同的引用来提供。但该提案也提出，在线市场的信息需求和信息披露应该相称，因此不要求在线市场列出特定的消费者权利，要提供的确保消

〔25〕 Directive 2011/83/EU of the European Parliament and of the Council of 25 October 2011 on consumer rights: Article 6 Information requirements for distance and off-premises contracts.

〔26〕 Directive 2011/83/EU of the European Parliament and of the Council of 25 October 2011 on consumer rights: Article 8 Formal requirement for distance contracts.

〔27〕 Proposal for a Directive of the European Parliament and of the Council as regards better enforcement and modernization of EU consumer protection rules.

费者权利的责任的信息范围取决于电商平台与平台内经营者之间的合同安排等，以在高水平的消费者保护和保持在线市场的竞争力之间取得平衡。该提案目前已通过，并以指令的形式2020年1月生效。

（二）美国

与欧盟立法明确围绕网络消费者信息取得（the right to information）展开不同，美国网络交易信息披露的规定散落在联邦、各州的法律以及地方政府的规定中，而这些法律规定主要针对欺诈和在线广告进行特别规制。2000年出台的《全球和国家商务电子签名法》是联邦层面关于州际或海外贸易电子合同最重要的法律规定。[28]它承认了电子合同的效力，并明确规定了消费者披露（consumer disclosure）。其第101条（c）（1）（B）款规定在交易完成前，应为消费者提供一份“清楚”且“显而易见”（conspicuous）的声明，具体包括以下内容：消费者有要求经营者提供交易凭证或书面合同的权利；消费者在任何情形下都具备撤销权；消费者行使撤销权的程序以及是否需要收费。该法在101条（c）（1）（C）（ii）款中规定，经营者应以合理方式证明消费者能够获取并浏览电子合同中的信息。[29]针对网络交易中合同的默认同意选项问题，美国法院在认定合同的有效性方面往往持谨慎态度[30]，如果商家在消费者购买商品时，没有设置要求消费者浏览网络服务协议或合同条款后点击“接受”选项，而是仅仅以超链接或文件形式附在交易界面，那么从现任最高法院大法官 Sonia Sotomayor 在 Sprecht v. Netscape 案中的裁定可知，消费者是不受该协议不利条款的拘束的，且在 Nguyen v Barnes & Noble，Inc. and In re Zappos.com，Inc 等案例中也都反映了美国法院对经营者合理告知

〔28〕 The Electronic Signatures in Global and National Commerce Act，https://www.fdic.gov/resources/supervision-and-examinations/consumer-compliance-examination-manual/documents/10/x-3-1.pdf.

〔29〕 Electronic Signatures in Global and National Commerce Act，https://www.govinfo.gov/content/pkg/PLAW-106publ229/pdf/PLAW-106publ229. pdf.

〔30〕 E-Commerce：United States，Getting the Deal Through，March，2018，https://gettingthedealthrough.com /area/11/ jurisdiction/23/e-commerce-united-states/#link-1.

消费者的义务的强调。

美国电子商务法律体系强调对市场欺诈行为的规制。1914 年美国联邦贸易委员会法案（FTCA）创立了美国消费者权益保护的主管机构——美国联邦贸易委员会，其消费者保护部门（Bureau of Consumer Protection）的职责是接受消费者投诉和启动调查，制止市场交易中经营者的欺诈行为，制定维持市场公平交易环境的规则。〔31〕根据联邦贸易委员会法案，如果经营者虚假披露或者遗漏信息，而这些信息可能误导消费者在当时情况下作出合理决策，那么这一行为将被视为具有欺骗性。

在线广告是美国联邦贸易委员的重点立法领域，规定美国的在线广告与传统广告都遵循相同的 FTC 规则。为了适应现今社交电商的发展，联邦贸易委员会在 2013 年 3 月发布了《如何在数字广告中进行有效披露》的指导性文件〔32〕，针对网络经营者如何进行"清楚明确地"广告披露，从内容的清晰度、信息的放置与突出三个方面作了详细规定：（1）披露应避免使用行业术语，尽可能使用简单的术语，如"广告""付费广告""赞助"等，禁止使用模棱两可的术语，如"推荐"，以免使消费者误认为该广告产品受到了发布网站的官方认可。（2）放置位置应尽可能接近与之相关的原生广告。经营者应假设消费者不会查看网站上的所有内容，而将披露置于原生广告的标题附近以增加消费者注意的可能性（若原生广告为图像，则直接将披露内容放于图像中才能被认定为有效披露）。（3）披露信息应该"足够大且可见"，若使用了字号较小、字体颜色较浅或字体背景较暗而使消费者不太可能阅读的文本，则披露无效。

此外，该文件还明确网络经营者是否进行了清楚明确的信息披露的认定标准在于"消费者在整个过程中是否实际感知并理解了该披露"，即如果网络消费者并未理解甚至未注意到经营者披露的信息，则可认定经

〔31〕 Spencer Weber Waller & Jillian G. Brady, *Consumer protection in the United States: An Overview*, p.3.

〔32〕 United States of America, Federal Trade Commission, WASHINGTON, D. C. 20580. Commission Enforcement Policy Statement on Deceptively Formatted Advertisements.

营者没有合理履行其披露义务。此外，在评估披露的有效性时，应从一般消费者的角度考虑[33]，如果有迹象表明该群体中有部分消费者没有注意或者理解披露的信息，则经营者应该及时改善其披露方式。

四、我国网络交易信息披露的立法完善

（一）明确网络交易经营者信息披露的内容

欧盟 2011/83/EU 指令花了极大篇幅对远距离合同中网络经营者信息披露的内容要求作了描述，如披露产品或服务的主要特征所应该达到的程度，认定经营者是否合理地披露了身份信息取决于消费者是否能够快速且有效与其取得联系，商品总价中所包含的其他费用及计算方式应一并公开，甚至针对未来可能出现的情形也规定了具体的披露内容。这些将原则性规定具体化的解释极大地促进了司法实践的适用，为裁判提供了明确的参考依据。此外，指令第 6 条采用完全列举的方式将消费者在网购过程中可能需要获取信息的情形逐一涵盖在（a）至（t）20 项信息披露中，而且在（g）以及（t）项均提出了经营者应在适当情况下告知消费者产生纠纷时的解决方式以及消费者能够进行维权的途径，政策制定者在这里甚至将消费者的维权方式也纳入了经营者信息告知的范围，体现其披露内容的划定侧重于消费者知情权的全面保护。我国可由最高人民法院出台关于电子商务经营者信息披露的指导意见或司法解释，也可在后续电商立法中推进《互联网信息服务法》的立法进程，将《消费者权益保护法》中网络经营者尤其是电子商务平台经营者信息披露的内容予以明确和细化，参考欧盟 2011/83/EU 指令及 2018 年提案的规定，以强制性披露为主、非强制性披露为辅的形式，将消费者网络购物过程中可能遇到的知情权损害情形列入经营者的信息披露义务中，具体可划

〔33〕 Deception Policy Statement at 178. 该声明亦明确规定，当网上购物的经营者“信息公示与销售行为针对的是特定群体（如儿童、老人或身患绝症的人）时，由委员会确定该销售方式对该群体合理数量成员的影响”。

分为三大部分：交易相对人、交易标的以及交易条件。

1. 交易相对人的披露

"名称"是指法人及特殊的自然人组合等主体在社会活动中，用以确定和代表自身，并区别于他人的文字符号和标记。[34]包括电子商务平台经营者在内的网络经营者首先应当披露其法定名称，当存在第三方供应商或网络经营者仅作为中间采购商时，更应向消费者披露其实际交易对象，不仅便于工商部门监管，也有利于在产生争议时消费者能够确定投诉对象。其次，网络经营者不仅应该披露其注册地，还应提供其实际营业地以及包括电话、邮箱、传真等一切能使消费者迅速、有效与其取得联系的方式。此外，参考欧盟指令的规定，可考虑要求网络经营者注明其所在的专业协会和直接监管机关，[35]这本属于消费者知情权的一部分，也有利于消费者利用其自主选择权来促进纠纷的解决。

2. 交易标的的披露

商品或服务是否属于竞价排名商品，数量、质量、特性、价格以及用户评价都是网络购物中关于交易标的的重要信息，因此，应要求网络平台经营者在搜索引擎存在竞价排名情况时告知消费者，除对竞价排名商品予以明确外，还应披露影响最终排名结果的各因素占比，而对于商品主要特征的披露是否达到法定程度，认定标准应为该信息对消费者决策是否起到重要影响。此外，在产品和服务的网上销售中，价格优势是吸引消费者的主要信息，针对近年来经营者利用网络购物狂欢节虚假促销的情形，应规定其阐明划线价格与销售标价的区别，并明确显示产品或服务总价中所包含的税费、邮费及相关费用，提前告知消费者将来可能存在的收费情形并提供计算方式，具体可参考我国台湾地区的"电子

〔34〕杨立新:《人身权法论》，人民法院出版社 2002 年版，第 441 页。

〔35〕赵秋雁:《电子商务中消费者权益的法律保护：国际比较研究》，人民出版社 2010 年版，第 163 页。

商务消费者保护纲领”中的相关内容。[36]

3. 交易条件的披露

关于交易条件，首先应要求网络经营者在合同订立前向消费者提供合同的一般条款，尤其是其中涉及消费者实际权益的内容。其次，虽然我国《民法典》基本采纳了《电子商务法》对交付时间的特殊规定，并将其范围扩充到通过互联网等信息网络订立的所有电子合同，在极大程度上规范了网络交易行为，但鉴于约定优先，且目前网络交易合同内容尚未有统一指导规范，各网络交易平台合同设置较为混乱冗杂，因此网络经营者仍应对合同的成立和终止条件、产品的发货时间或服务的履行期限等予以明确。而商品或服务存在瑕疵时经营者的处理方式，产生争议时消费者可采取的救济途径以及投诉的程序、方式，可作为非强制性的信息披露，要求经营者在消费者询问时提供，从而建构起一个从消费者网络购物决策到合同履行完毕产生争议后的知情权法律保护网。

（二）完善网络交易经营者信息披露的方式

欧盟93/13/EEC指令第5条针对经营者的信息披露建立了一个透明度和解释规则（transparency and interpretation rule），它要求经营者以“简明易懂的语言”（transparent，plain and intelligible language）起草合同条款，且强调经营者使用的术语的含义若存在争议，则以对消费者最有利的解释为准。[37]这一立法精神影响了之后的电商立法，如2011/83/EU指令中规定的以“清楚且可被理解”的方式（in a clear and comprehensible manner）为消费者提供信息。此外，欧盟指令和美国联邦委员会指导文件中也都提到信息的可理解性应以“普通消费者”

〔36〕参见我国台湾地区“电子商务消费者保护纲领”第三节线上信息披露中关于价格的披露要求：企业经营者所收取之全部价款明细，包括安装、处理、递送及相关费用，并明确告知使用之货币种类；其他非企业经营者收取但可能发生之费用，如货物税、关税、保险、安装、处理、递送及相关费用；付款方式及是否开立交易收据等。

〔37〕Council Directive 93/13/EEC of 5 April 1993 on unfair terms in consumer contracts，OJ 1993，L 95/29.

（average consumer test）的知识水平为认定标准。为了解决消费者群体中存在的差异，学者 Johan Vannerom 还提出第二步应该建立“多层次消费者”（Multi-Layered）的认定标准，将消费者划分成不同类型，针对不同类型的消费者提供不同程度的保护。我国可借鉴以上经验，首先，在《电子商务法》第 17 条“全面、真实、准确、及时”的基础上，强调以“可被消费者理解”的方式进行信息披露。且笔者注意到，目前国内电子平台隐私协议大多是参考 2017 年国家标准化管理委员会《信息安全技术　个人信息安全规范》中的附录起草的，该规范在第 5.6 节隐私政策的内容和发布中也规定了隐私政策的内容应“清晰易懂，符合通用的语言习惯，避免使用有歧义的语言”，〔38〕而 2021 年 8 月 20 日刚通过的《个人信息保护法》第 17 条中亦明确应当以“显著方式、清晰易懂的语言”向个人告知特定事项。隐私政策的信息披露要求一向严格，且与网络交易合同有共通性，因此更体现出消费者可理解性在信息披露方式中的关键性。对于特定领域的产品或服务，不仅要求经营者清楚公布产品的各项参数，在使用了专业术语或可能使消费者产生误解的表述，而该信息又对消费者决策具有重要影响时，还应辅之以相应声明和阐释。

其次，应补充完善“显著方式”的认定标准。可由最高人民法院出台司法解释或指导意见，也可先在《电子商务信息公示管理办法》等即将出台的《电子商务法》配套规章中予以明确。〔39〕目前《电子商务信息公示管理办法》的征求意见稿中首次尝试回应《电子商务法》中涉及的“首页显著位置”的含义，即“经营活动的初始页面的经营者名称、经营者标识区域。在其他位置公示的，应当更加符合用户习惯、信息获取更加便利”。〔40〕但仍较简略，又引入了用户习惯以及信息获取便利性这两个缺乏具体认定

〔38〕 2020 年 3 月国家标准化管理委员会颁布了新版《信息安全技术　个人信息安全规范》，相关内容在第 5.5 节个人信息保护政策中。

〔39〕 为了保护电子商务各方主体的知情权，商务部在 2020 年 2 月 16 日发布了《电子商务信息公示管理办法（征求意见稿）》，尝试对电子商务经营者的信息公示义务作出更为详细的规定。

〔40〕《电子商务信息公示管理办法（征求意见稿）》第 5 条。

标准的要求，还有待具体的执法与监管实践予以明确。我国网络消费者知情权保护的法律法规中提及“显著方式”的情形主要为经营者身份信息的披露、电子合同格式条款、在线广告、竞价排名商品标识四类。笔者认为，从保护消费者知情权以及交易公平的角度出发，对“显著”的认定标准可趋于严格，即要求经营者首先假设消费者不会查看其披露的所有信息，从而通过能够吸引消费者注意力的方式进行披露。如在电子合同的情形中，由于合同格式条款主要通过超链接的形式提供给消费者，因此应要求电商平台及经营者通过技术设置，使消费者在确认同意前必须先浏览该协议，涉及消费者重要权益的内容通过加粗等形式表现，并为消费者浏览设置一定的时间，完毕才能够进行下一步操作，既是确保其解交易内容，也能作为此后网络经营者解决相应纠纷时提出抗辩的有利依据。

对此，英国判例法院在一个网络交易合同案中也表明，网络经营者必须确保其披露的信息确实到达了消费者，仅仅证明消费者有获取信息的途径（如案例中经营者使用超链接）是不足以达到披露标准的。〔41〕而格式条款中的重要信息与其余三类情形的显著披露则可参考美国联邦贸易委员会关于在线广告的指导文件，为网络经营者营业执照信息、自动续费选项以及竞价排名商品的广告标识的放置位置、字体大小、颜色以及背景等作出详尽而统一的规定。〔42〕可包括：（1）披露的信息应尽可能接近与之相关的内容及消费者注意力的焦点，如标题的前面或上方；（2）如果披露的对象是图片，则信息应直接放置在图像本身；（3）采用音频披露时应该保证足够的音量和节奏；（4）采用视频披露则应保证信息在屏幕上显示足够长的时间，以便普通消费者能够听到并理解。网络平台经营者还应考虑到消费者用于网络购物的电子设备的屏幕大小和配置，采用适当的字号和背景，除使用饱和背景外，还可考虑通过边框来

〔41〕 CJEU 5 July 2012，case C-49/11，ECLI：EU：C：2012：419.

〔42〕 Federal Trade Commission，Native Advertising：A Guide for Businesses，https：// www. ftc. gov/ tips-advice/ business-center /guidance/native-advertising-guide-businesses.

突出披露的内容等。最后，对于学者提出的针对不同消费者群体而给予不同程度保护的观点，还需要立法者、社会学家以及经济学家等进行研究，才能制定出合理划分的依据，而这在现阶段国内的经济发展状况以及电商立法尚不健全的情况下是难以实现的，因此笔者认为还是应以“普通消费者”的日常生活习惯及经验来判断是否达到“显著”，并结合我国庞大的农村消费者群体实际情况而适当提高“显著”的认定标准，才能最大限度地保护我国网络消费者的知情权。

（三）构建网络交易经营者信息披露的责任体系

以行政处罚规制网络交易中违反信息披露义务的行为仍是有效的方式，因此，首先应完善《电子商务法》中所缺乏的网络经营者虚假促销问题的行政处罚规定。其次，近年来出现地方法院依据《刑法》判处网络经营者与刷单炒信平台的组织者以破坏生产经营罪〔43〕或非法经营罪〔44〕的案例。法学界中反对意见较为普遍，一是对罪名的认定存在争议，二是认为将刷单炒信行为定罪是一种司法犯罪化，违反了刑法的谦抑性原则。〔45〕笔者认为，刷单炒信侵害的法益是消费者的知情权、网络交易平台以及其他经营者的信誉，从而扰乱了网络交易市场的公平秩序，如果刷单炒信组织者的行为符合刑法的规定，自然可以对其适用刑罚，且《刑法》第 221 条规定的损害商业信誉、商品信誉罪便可以作为规制特定刷单炒信行为的依据，此外最高人民法院还可考虑以解释或补充规定的形式明确对严重的网络欺诈行为的定罪及刑罚的适用，使对严重违反信息披露义务的网络经营者的定罪处罚具有直接的法律依据，而这也是各国的网络消费者保护的趋势。〔46〕

〔43〕参见江苏省南京市雨花台区人民法院刑事判决书，（2015）雨刑二初字第 29 号。

〔44〕参见浙江省杭州市余抗区人民法院刑事判决书，（2016）浙 0110 刑初 726 号。

〔45〕叶良芳：《刷单炒信行为的规范分析及其治理路径》，载《法学》2018 年第 3 期。

〔46〕Levinl.（n.d.），Securing Cyber Space：A Comparative Review of Strategies Worldwide，Toronto：Ted Rogers School of Management，Ryerson University，Privacy and Cyber Crime Institute，https:// www.ryerson. ca / content / dam/ tedrogersschool / privacy/ AODAforms / Ryerson_ cyber_ crime_ final_report% 20AODA.pdf.

但总的来说，刑法责任机制常常意味着更多的时间和金钱成本以及更繁杂的诉讼程序，也并非大多数网络交易消费者知情权案所能适用的，相比较而言，民事诉讼程序在制止经营者的不法行为和及时救济消费者方面还是最为有效的。我国可在今后的电商立法中以《信息服务法》明确网络经营者信息披露义务时规定相应的责任制度。首先与《消费者权益保护法》第58条对接，规定因网络经营者侵犯消费者的知情权而使其受有损失时，应当承担民事赔偿责任，当民事赔偿与罚款无法同时支付时，先行承担民事责任。为了适应国内电子商务秩序混乱的发展现状，可考虑与第55条针对欺诈行为的三倍赔偿对接，扩大惩罚性赔偿的适用范围，进而促进行业自律。

消费者虽未遭到实际损失，但认为其知情权受侵犯时，网络经营者对消费者询问有作出及时、准确答复的义务，且应规定经营者为消费者提供重新选择的机会并改进信息披露的方式。澳大利亚消费者权益保护执法过程中的“缓刑令”（probation orders）以及负面宣传（adverse publicity）被视为促进网络经营者自愿承担义务的重要方式[47]，我国在2016年《工商总局关于加强互联网领域消费者权益保护工作的意见》也提及了推动消费侵权案件的公示，可在此基础上在进一步完善后出台相关规定。

此外，针对各类侵犯消费者知情权的情形，还应明确网络平台与经营者之间责任的认定方式，如当平台与经营者签订的合同中有相应规定时，按照其约定分配责任；搜索引擎的竞价排名商品广告标识未显著披露时，应认定为电商平台的责任等。

结语

未来我国互联网用户的消费潜力将被持续激发，网络消费者知情权的保护对消费者权益的实现以及电子商务的持续健康发展至关重要，然而从

〔47〕 Best Pravtices for Consumer Policy，Report on the Effectiveness of Enforcement Regimes. Case Studies，DSTI / CP（2006）21/FINAL，p.5.

诚信社会氛围的培养到公平网络交易市场秩序的维护，从法律制度的改进到主体意识的提高，是一个漫长且艰巨的过程，需要整个社会的合力。

网络交易中消费知情权者保护的关键是明确经营者的信息披露义务。欧盟通过指令详细规定了远距离购物合同中经营者应披露的内容及认定标准，美国联邦贸易委员会的指导性文件则对网络经营者信息披露的方式作出了具体要求。而我国新修改的《消费者权益保护法》《反不正当竞争法》以及2019年开始实施的《电子商务法》虽然对刷单炒信、搜索引擎的竞价排名以及默认同意等作出了规定，但由于对经营者信息披露的内容规定不够具体、方式不够合理以及缺乏相应的责任制度，导致司法实践中适用性不高。我国可借鉴欧盟与美国的经验，结合自身电子商务的发展现状，在现有法律基础上出台解释或在后续电商立法中对经营者信息披露义务予以完善。首先，明确信息披露的内容包括交易相对人、交易标的以及交易条件三部分，并进一步细化要求；其次，应强调以可被消费者理解的方式进行信息披露，并明确“显著方式”的具体认定标准；最后，建立以民事赔偿为主，行政责任次之，刑事责任作为补充的责任体系，最终建构起国内网络交易消费者知情权的保护体系。

本文并非强调一味参考国外法律及监管政策，我国《电子商务法》有诸多值得称赞与肯定之处，而互联网技术的迅速发展导致电子商务模式时刻在变动，我国电商立法及平台规制问题仅仅迈出了一步，在缺乏充足经验前提下只能摸着石头过河，这个过程中必然包含对他国成熟模式的了解，从而在亚太地区引领全球电商增长以及中国成为全球最大的电子商务市场当下，跟踪我国独特的电子商务进程，掌握发展新动态，综合多方调查及意见。由于笔者资历尚浅，现有网络消费者知情权的国内外研究又较为稀少，因此本文提出的观点与见解难免存在不成熟之处，对信息披露可采取的立法模式的探讨也还不够深入，但笔者已经尽自己所能，搜集了目前最新的统计数据以及文献资料，研究了我国的电子商务发展现状，并浏览了大量欧盟和美国的法律，才最终凝结为本文内容，期望能为今后对网络交易中经营者信息披露问题的研究作出一些贡献。

基于区块链技术恶意“挖矿”行为的刑法规制

林胜超　张　章*

摘要： 基于区块链技术的网络“挖矿”是获取加密货币的主要途径，由此产生了行为人劫持他人计算机获取加密数字货币的恶意“挖矿”行为。恶意“挖矿”程序通常具有非授权性、指令和反馈单向性等特征，恶意“挖矿”案件定性争议大、取证难、专业性强、犯罪情节认定分歧大。本文立足于司法实践，提出应当根据恶意“挖矿”的行为特征区分适用刑法，构建以电子数据、账单明细等客观性、技术性证据为主导的刑事指控模式。

关键词： 加密货币　挖矿　刑法规制　非法控

---

* 林胜超，浙江省瑞安市人民检察院第二检察部副主任、员额检察官；张章，浙江省瑞安市人民检察院第八检察部检察官助理。

制计算机信息系统罪

自比特币诞生以来，基于区块链技术的加密货币以其不依赖于监管体系的特点和高度匿名性在互联网上引发交易热潮，甚至成为洗钱、避税、投机的工具。近年来，尽管加密货币交易价格存在较大波动，但加密货币“挖矿”方兴未艾，同时也出现了大量劫持他人计算机恶意“挖矿”的行为，严重侵害了计算机信息系统的安全。

一、区块链技术下加密货币“挖矿”的基本原理

（一）区块链的概念

区块链是指通过去中心化和去信任的方式集体维护一个可靠数据库的技术方案。〔1〕区块链使用时间戳和数字密码技术，把交易记录记载在按时间序列组成的数据区块中，并使用共识机制把数据存储到分布式数据库内，从而生成了永久保存、不可逆向篡改的唯一数据记录，达到了不依靠任何中心机构而实现可信交易的目的〔2〕。

（二）区块链技术与加密货币

加密货币是数字货币的一种，又称为数字密码货币。加密货币的底层技术源自区块链技术的共识机制、分布式账本和密码技术。简而言之，共识机制即数据的记录是全网公开透明的；分布式账本指的是数据的储存是分布保存在整个网络的多个记账节点〔3〕；密码技术指的是利用哈希函数、数字签名、零知识证明等密码学技术保障数据安全〔4〕。比特币在

〔1〕高昀：《我国金融区块链应用的法律问题研究》，兰州财经大学2017年硕士学位论文，第8页。

〔2〕井底望天等主编：《区块链与大数据：打造智能经济》，人民邮电出版社2017年版，第50–130页。

〔3〕韩璇、刘亚敏：《区块链技术中的共识机制研究》，载《信息网络安全》2017年第9期。

〔4〕王化群、吴涛：《区块链中的密码学技术》，载《南京邮电大学学报（自然科学版）》2017年第6期。

2009年成为第一个去中心化的加密货币，因其源代码的公开性[5]，不少人对比特币源代码进行修改后，制作出新的加密货币。因此，各种加密货币层出不穷，国内除了比特币以外，常见有门罗币（XMR）、云储币（Siacoin）等。

（三）加密货币"挖矿"的工作机制

由于区块链技术是加密货币的底层技术，决定了加密货币总量固定，其产生是公开、透明、可验证的。因此，几乎所有基于区块链技术的加密货币的产生都需要通过"挖矿"。加密货币"挖矿"实际上是将待确认的交易记录打包添加到所有加密货币交易的公共记录中的过程，其本质是利用计算机的运算能力争夺记账权。由于"挖矿"过程需要对没有固定算法的哈希值进行计算，只能靠计算机的运算能力做随机哈希值碰撞。[6]在完成计算工作以后，参与"挖矿"的计算机能够按照贡献分配到新的加密货币作为奖励。[7]

二、恶意"挖矿"的行为类型和程序特征

（一）恶意"挖矿"的行为类型

本文的恶意"挖矿"指的是行为人以劫持他人计算机的方式进行"挖矿"，即未经他人同意，擅自利用他人计算机进行加密货币"挖矿"。由于"挖矿"类似于"猜数字"，"挖矿"的效率与硬件设备的运算能力具有正相关关系，提高"挖矿"的效率需要投入不菲的资金购买CPU、GPU或是专业挖矿机。近年来，全球GPU硬件价格甚至随着加密货币价格上扬而一度大幅上涨。而且，加密货币数量越来越少，"挖矿"耗时越来越长，"挖矿"对电量的消耗非常可观。例如，从安徽省马鞍山市中

〔5〕杨涛:《互联网金融理论与实践》，经济管理出版社2015年版，第133–270页。

〔6〕王皓、宋祥福、柯俊明等:《数字货币中的区块链及其隐私保护机制》，载《信息网络安全》2017年第7期。

〔7〕刘海鹏:《疯狂比特币：揭秘数字货币原理和商业运作模式》，中国铁道出版社2014年版，第8–47页。

级人民法院（2017）皖05刑终166号刑事判决书可见，行为人使用10台S7型比特币挖矿机在3天内窃取电能近15000元。因此，一些不法分子意图利用他人的硬件和电力进行所谓的“云挖矿”。

经笔者调研统计，当前恶意“挖矿”主要有四种类型：

1. 远程入侵计算机

植入恶意“挖矿”程序。远程投放式的恶意“挖矿”主要使用Telnet/SSH暴力破解工具、SQL注入等方式远程突破网络防火墙，在他人服务器、电脑上安装“挖矿”程序。例如，从河北省保定市莲池区人民法院（2018）冀0606刑初65号之二刑事判决书可见，行为人通过扫描软件对数据库的IP地址进行扫描，并通过“SQL爆破”“SQL tools”等工具对他人服务器进行入侵，植入“挖矿”程序。

2. 在网页里植入恶意“挖矿”代码

网页植入式的恶意“挖矿”分为网站管理者主动植入、遭他人入侵网站植入两种情形。其行为模式均为在网页脚本植入恶意的“挖矿”代码，当用户访问网页时，通过javascript直接执行网页式“挖矿”程序，或者以木马程序的形式进驻用户电脑，利用用户的计算机“挖矿”。〔8〕

3. 通过网站发布、散播恶意“挖矿”程序

网站发布式恶意“挖矿”涉众面较广，欺骗性强。浙江省瑞安市人民检察院起诉的几起恶意“挖矿”案件中，行为人通过开设“云储币”挖矿网站（http://www.yxscx.com/），隐瞒其在“挖矿”程序中添加了恶意代码的事实，公开提供程序的下载链接，以计算机“云增值”的名义引诱、欺骗他人下载安装，利用他人的“挖矿”活动从中大量分成。

4. 发展代理，线下安装恶意“挖矿”程序

发展代理式的恶意“挖矿”的作案效率极高。行为人通过承诺高利分成，雇佣、教唆网吧网管、网络维护人员、公司职工、学生，在计算机数量密集的单位服务器、计算机上手动安装恶意“挖矿”软件。例如，

〔8〕邓莹：《2018年4月计算机病毒疫情分析》，载《信息网络安全》第6期。

2018年6月，山东省青州市公安局立案侦查的大连市某网络公司非法控制计算机信息系统案，初步查明该公司制作恶意“挖矿”软件，并发展下线进行市场推广，在全国近80万台电脑上安装该程序。

（二）恶意“挖矿”程序的特征

当前，恶意“挖矿”已成为传统的DNS劫持，窃取、控制类木马病毒，破坏、勒索类病毒以外新型的计算机安全威胁。恶意“挖矿”的程序功能多样，普遍具备如下几个特征：

1. 未经用户授权启动运行

恶意“挖矿”程序通常具备未经计算机用户许可，即可自动运行的功能，常见的方式为开机自动启动运行，或是通过触发某条件后运行，如计算机CPU、GPU资源占用小于一定比例时，挖矿软件自动启动运行。

2. 后台隐蔽运行方式作业

一是某些恶意“挖矿”程序具备点击启动后自动销毁可执行文件的功能，避免留下程序痕迹；二是恶意“挖矿”程序运行后不存在窗口或页面，使得用户无法从系统桌面察觉“挖矿”软件的运行情况；三是在后台进程中隐藏或是伪装成系统进程，使得用户无法通过任务管理器发现其在后台运行。

3. 关联行为人的获利账户

行为人传播的恶意“挖矿”程序在利用他人计算机资源“挖矿”以后，产生的数字货币均通过程序代码内置的加密货币钱包地址、“矿工”账号等路径指向行为人或其他获利人持有的网络账户。

4. 指令和反馈的单向性

传统的窃取、操纵类的木马运行以后，控制端端口和木马端口之间形成一条通道，即控制端可以通过该条通道与服务端木马程序取得联系，通过发出指令、获取反馈的方式对服务端计算机进行控制（见下页图1）。但恶意“挖矿”程序类似于劫持类木马，其程序运行后，不需要控制端发送指令，而是按照程序内置的设置自动执行指令，利用计算机硬件进行“挖矿”操作，其反馈亦是通过“挖矿”间接指向行为人（见下页图2）。

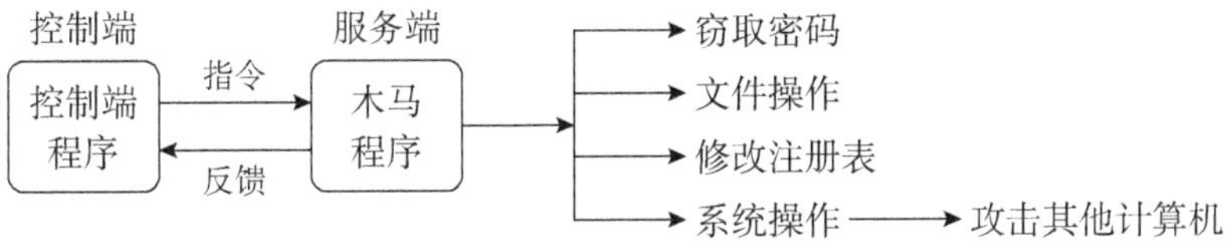

图 1　传统木马运行机制

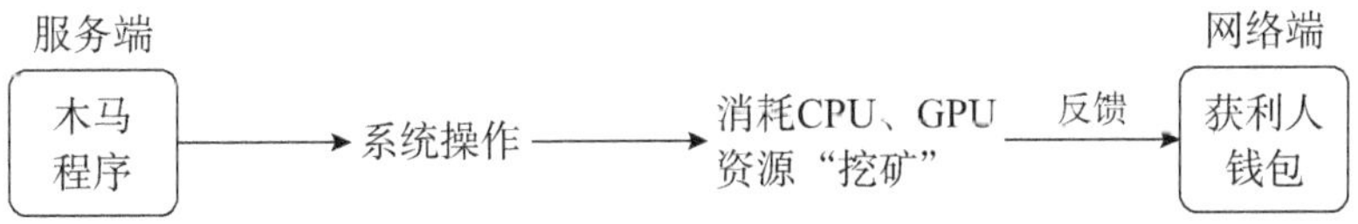

图 2　恶意“挖矿”程序运行机制

5. 监测其他程序并自动应对

恶意“挖矿”程序往往具备主动监测系统其他程序运行的功能，一是监测到计算机运行大型游戏、图像处理软件等占有较高资源的程序时，自动暂停“挖矿”以避免用户察觉计算机卡顿等异常情况；二是通过监测窗口和进程，发现用户运行检测“鲁大师”“GPU-Z”等硬件占用检测软件时，以暂停运行或退出进程的方式规避软件扫描、检测。

三、恶意“挖矿”行为的刑法性质界定

（一）恶意“挖矿”行为的刑法认定争议

恶意“挖矿”行为作为近年来新兴的网络不法行为，其行为是否应当以刑法规制，应当以何罪定性，在实务中存在较大争议。而且，司法实务中鲜有对纯粹非法植入“挖矿”程序定罪处罚的案例。笔者通过“中国裁判文书网”进行统计，在选取全文检索“网络”“挖矿”，二级案由“侵犯财产”，有效检索命中 6 例，均为利用“挖矿机”私接用电设备的行为，以盗窃罪定罪处罚；选取全文检索“挖矿”“破坏计算机信息系统”，检索结果为 0 例；选取全文检索“挖矿”“非法控制计算机信息系统”，有效检索命中 5 例，其中 4 例为利用技术手段非法控制计算机信息系统后，植入“挖矿”程序获取加密货币的行为，仅有（2018）浙 03 刑终 322 号

判决1例对恶意“挖矿”行为直接以非法控制计算机信息系统定罪。

1.恶意“挖矿”行为的刑法规制障碍

有观点认为，恶意“挖矿”行为属于非法利用他人计算机信息系统进行“挖矿”获取加密数字货币，危害了计算机信息系统安全，达到刑法规定的构罪情节则应予以刑事处罚。还有观点认为，恶意“挖矿”行为本质上属于擅自利用他人计算机硬件资源和电力资源获取稀有电子数据资源。由于行为人对计算机硬件资源的无权使用行为并不会造成硬件设备的灭失或占有转移，故不予以刑法评价。但行为人对被害人电力资源的秘密转移占有行为，与将自己的“挖矿”设备挂接在他人电路设备上，利用他人电力资源进行“挖矿”具有等价性，应以盗窃定性。然而，以危害计算机犯罪或侵犯财产犯罪评价恶意“挖矿”行为均存在一定障碍：

（1）恶意“挖矿”程序不能为行为人直接取得控制权限。由于“挖矿”程序不存在控制端，其运行均按照内置程序设定，行为人并不能通过远程指令对被植入恶意“挖矿”程序的计算机信息系统进行实时操作。而且，恶意“挖矿”程序和网页广告插件相类似，均会占用、消耗计算机资源执行特定的操作，区别仅仅在于占用资源的多少。当前，学术界和司法实践对该类占用计算机信息系统资源的行为能否认定为控制行为缺乏统一认识。

（2）恶意“挖矿”程序能否定性为计算机病毒等破坏性程序尚无结论。恶意“挖矿”程序虽然能隐蔽运行、占用一定的计算机信息系统资源，但其程序本身不具备自我变种、复制、传播等计算机病毒的典型功能。而且，我国法律并不禁止单纯的“挖矿”行为，恶意“挖矿”程序利用计算机闲余资源进行“挖矿”这一网络运算活动，是否会对计算机信息系统的功能、数据或者应用造成破坏缺乏技术层面的评估。

（3）恶意“挖矿”行为人有无侵害财产法益的主观目的难以明确。虽然恶意“挖矿”行为人的犯罪动机在于利用他人计算机硬件资源和电力资源，但没有排除他人占有或者故意损坏他人财物的主观目的。而且，恶意“挖矿”程序系利用运行中的计算机的闲余资源进行运算，属于“搭便车"的行为，无法推定行为人有窃取他人电能的主观故意。

2. 恶意"挖矿"共同犯罪的定性分歧

由于"挖矿"程序的设计者可以通过编辑内置代码对"挖矿"产生的加密数字货币进行分配，提供恶意"挖矿"程序的行为人能通过下游行为人的非法"挖矿"行为同步获利。由此引出的问题有二：第一，通过欺骗、引诱等方式主动提供非法控制信息系统的程序的方式从中获利，该行为是否属于非法控制计算机信息系统的正犯行为？第二，提供非法控制计算机信息系统程序、工具罪作为非法控制计算机信息系统程序、工具罪帮助行为的实行化犯罪，该两罪属于法条竞合关系还是独立关系？亦即行为同时具备非法控制实行行为和提供非法控制程序的帮助行为时该以何罪处断。如认定上游犯罪属于非法控制计算机信息系统的正犯，则其与线下实施植入恶意"挖矿"程序的行为人成立共同犯罪，根据"部分实行全部责任"的共同正犯处断原则，需要对所有共犯的违法所得金额负责；如认定为提供非法控制计算机信息系统程序、工具罪，则只需要对自己获利分成部分负责。

（二）恶意"挖矿"行为定性的刑法学分析

1. 恶意"挖矿"行为具有刑法法益侵害性，情节严重或后果严重的，应以危害计算机信息系统安全予以刑事处罚

界定恶意"挖矿"行为是否属于危害计算机信息系统安全刑事犯罪，需明确恶意"挖矿"侵害的法益。首先，恶意"挖矿"行为造成他人额外的电费支出和计算机硬件的损耗，虽然该部分支出和损耗难以量化，但客观上已损害了他人财产法益。其次，恶意"挖矿"行为人没有排除他人占有或者故意损坏他人财物的主观目的，不属于《刑法》分则中的侵犯财产犯罪。最后，恶意"挖矿"行为不仅侵害公民财产权益，而且破坏了计算机信息系统的安全，危害了互联网运行的安全，属于危害计算机信息系统安全的妨害社会管理秩序行为。

2. 隐蔽性恶意"挖矿"行为应认定为非法控制计算机信息系统罪

隐蔽性恶意"挖矿"行为指的是利用计算机闲余资源，以不干扰计

算机运行的方式秘密进行“挖矿”的行为。例如，当系统硬件资源占用率达到较高比重，通过自动暂停、停止运行等方式避免影响计算机用户体验，防止用户察觉异常。该类恶意“挖矿”行为属于秘密取得对计算机信息系统的部分控制权，其行为应属于非法控制计算机信息系统。主要理由有三：

（1）隐蔽性恶意“挖矿”程序具有木马程序的属性。有观点认为，“挖矿”程序属于中性程序，“挖矿”程序利用计算机资源空闲期间运行计算，其设计意图并非干扰计算机的运行。但是，木马程序其特点是隐蔽性和非授权性，计算机信息系统被植入木马程序后，系统本身的运行没有任何问题，但系统的控制权已被部分剥离。[9]隐蔽性恶意“挖矿”程序之所以具备社会危害性，一方面在于程序的启动和运行是未经计算机用户授权许可的，即非授权性；另一方面在于程序的运行是以隐藏程序文件和窗体，伪装、隐藏进程等方式规避被计算机用户发现，即隐蔽性。因此，隐蔽性恶意“挖矿”程序的运行违背了计算机用户的主观意愿，且在未取得计算机用户许可的情况下，应认定为非法。

（2）恶意“挖矿”程序能取得计算机信息系统部分控制权。虽然普通控制类木马程序往往具备远程实时接收指令实施特定操作的功能，而恶意“挖矿”程序通常不存在远程通信；但是，并非只有具备接受行为人远程发出指令并完成相应的操作才能视为控制行为。非法控制计算机信息系统中的控制是指使用了控制权的行为，控制不限于行为人直接使用了控制权，也可以通过“计算机程序”等媒介使用控制权。普通的控制类木马是利用开放的端口与控制端进行通信，但点对点的控制容易暴露控制端，而且异常的网络通信行为容易被反木马软件监测到。而恶意“挖矿”程序利用其内置的代码，在不需要远程指令的情况下自动触发，完成行为人预设的启动、运行、暂停功能，在未完全排除用户控制权的情况下，剥夺其部分控制权，操作计算机的 CPU 或 GPU 进行运算工作，

---

〔9〕叶良芳：《刑法教义学视角下流量劫持行为的性质探究》，载《中州学刊》2016 年第 8 期。

在实质上形成了控制。因此，无论恶意“挖矿”程序能否认定为木马程序，均不能否认其对计算机信息系统的控制性。

（3）非法控制计算机信息系统罪能全面评价隐蔽性恶意“挖矿”行为。非法控制计算机信息系统罪为妨害社会管理秩序罪名，侵害的客体为包括国家对计算机信息系统安全的管理秩序、计算机信息系统的正常运行秩序及计算机信息系统及其存储、处理或者传输的数据的安全在内的复杂客体，而非仅仅被侵害计算机所有人的财产法益。而且，《最高人民法院、最高人民检察院关于办理危害计算机信息系统安全刑事案件应用法律若干问题的解释》分别规定了非法控制计算机台数、违法所得数额、造成经济损失等作为非法控制计算机信息系统罪的入罪条件，能够包容评价被侵害计算机用户的电费损失以及其他支出。

3. 提供恶意“挖矿”程序并从中分成的行为构成非法控制计算机信息系统罪

有观点认为，提供恶意“挖矿”程序的行为属于帮助行为，其本身并不能构成独立的实行行为，但刑法将该帮助行为单独进行评价，直接规定为实行行为，[10]那么对该种帮助行为应按照特殊规定处理，即应评价为“提供非法控制计算机信息系统的程序、工具罪”。但笔者认为，散播恶意“挖矿”程序从中获利不同于纯粹的提供行为，应认定为非法控制计算机信息系统罪，理由有二：

（1）提供恶意“挖矿”程序，并利用他人“挖矿”行为牟利，属于非法控制计算机信息系统的实行行为。从行为分析可知，提供恶意“挖矿”程序从中分成的行为人不仅仅是纯粹提供程序的帮助行为，而是指使、怂恿或是欺骗、引诱他人非法植入“挖矿”程序，并从非法控制的行为中直接获取利益，属于非法控制的行为分工，应认定为非法控制计算机信息系统的实行犯或间接正犯。尤其是某些提供恶意“挖矿”程序

〔10〕苏家成：《提供侵入、非法控制计算机信息系统程序、工具罪的认定》，载《人民司法》2013年第12期。

的行为人还负责对“挖矿”获利资金的结算、分配，以支付佣金的方式发展下线非法控制他人计算机，在犯罪实施过程中起主要作用。该类行为实质是属于通过他人散播恶意“挖矿”程序。

（2）刑法设置“提供非法控制计算机信息系统的程序、工具罪”的目的在于共同犯罪实行化，而非实行行为轻罪化。根据司法解释规定，提供非法控制计算机信息系统的程序、工具罪的入罪情节为：提供专门用于非法控制计算机信息系统的程序、工具以及明知他人非法控制而为其提供，以及违法所得及造成经济损失。可见，该罪立法目的是将纯粹的提供工具这一种帮助行为独立地入罪，以对纯粹的帮助犯作为实行行为进行处罚，打击计算机犯罪的相关利益链条。〔11〕故“提供非法控制计算机信息系统程序、工具罪”是针对纯粹的提供行为而排斥评价控制行为，当行为人既实施了非法控制计算机信息系统的行为，又实施了提供非法控制计算机信息系统程序、工具的行为，按照牵连犯择一重的处断原则，以非法控制计算机信息系统罪评价。

4. 强制性恶意“挖矿”有评价为破坏计算机信息系统罪的余地

本文的强制性恶意“挖矿”指的是排他性占用计算机的硬件资源进行网络“挖矿”的行为。例如，通过网页脚本强制访问网页的计算机以满负荷进行“挖矿”，再如开机后自动隐蔽并强制高负荷“挖矿”的程序。该类恶意“挖矿”行为有评价为破坏计算机信息系统罪的余地。理由有三：

（1）强制性恶意“挖矿”程序可评价为“计算机病毒等破坏性程序”。根据司法解释规定，“能够在预先设定条件下自动触发，并破坏计算机系统功能的程序”应当认定为“计算机病毒等破坏性程序”。强制性恶意“挖矿”程序能够根据预先设定条件自动触发，大量占用、损耗计算机系统硬件资源，符合“计算机病毒等破坏性程序”的特征。因此，使用强制性恶意“挖矿”程序应属于《刑法》第286条第3款“故意传播计算机

〔11〕 李敏：《危害计算机信息系统行为的罪与罚——访最高人民法院审判委员会委员、研究室主任胡云腾》，载《中国审判》2011年第10期。

病毒等破坏性程序，影响计算机系统正常运行”。

（2）强制性恶意“挖矿”干扰了计算机正常运行。强制性恶意“挖矿”是通过完全劫持计算机硬件资源的方式，公然控制他人计算机用于“挖矿”，占用计算机的 CPU 或者 GPU 全部或接近全部资源进行运算，完全排除了他人对计算机的控制，使得计算机产生假死机、其他操作无响应等后果。对该类强制性恶意“挖矿”程序应评价为破坏计算机系统功能的破坏性程序。在该情形下，计算机用户不能正常使用计算机，行为人不但对计算机系统形成了控制，而且该种行为在客观上导致了硬件不能正常运行，甚至造成硬件损毁，属于《刑法》第 286 条第 1 款“对计算机信息系统功能进行干扰”，应评价为破坏计算机信息系统罪。

（3）强制性恶意“挖矿”属于破坏性手段非法控制计算机信息系统。虽然行为人的目的不在于破坏计算机，而是将他人计算机信息系统当作本人所有而加以利用；但行为人采取该种不计损害后果、公然阻断计算机其他运行功能的行为，属于对计算机信息系统进行控制的同时放任破坏计算机信息系统的结果。行为人主观上对干扰计算机正常运行持放任态度，如达到司法解释关于损害后果和违法所得“后果严重”的标准，属于一行为触犯两法益的想象竞合犯。由于破坏计算机信息系统罪法定刑远高于非法控制计算机信息系统罪，应按照择一重原则，认定破坏计算机信息系统罪。

四、恶意“挖矿”的刑法规制难点

（一）犯罪行为隐蔽，犯罪链条难以查清

一是恶意“挖矿”程序的运行隐蔽，能规避硬件检测软件监测，被害人难以自主发觉计算机信息系统被植入恶意“挖矿”程序。尽管近年来 360 安全卫士、腾讯电脑管家等杀毒软件均已推出反挖矿功能，但恶意“挖矿”程序的设计推陈出新，市场上现有杀毒软件普遍难以检测出恶意“挖矿”程序，故恶意“挖矿”案件案发率较低。二是加密数字货币流转缺乏监管，难以查证加密数字货币去向。由于加密数字货币去中

心化的特点，使得其流转完全不依赖于任何机构的监管，不同的加密数字货币甚至有多种不同的流转渠道，部分行为人将加密数字货币存储于境外网络平台，或通过境外网站兑换成其他数字货币，甚至保存在本地硬盘中，销赃、收赃情况均难以查明。三是难以追踪散播恶意“挖矿”程序者。由于行为人在网络上身份虚拟，组织不特定的人传播恶意“挖矿”程序，对不特定计算机信息系统实施侵害，尤其是被添加了恶意代码的挖矿程序在网络上多次流转、再编辑以后，程序的设计者、修改者、功能添加者的身份随着犯罪链的延长而愈加隐蔽。而且，“挖矿”的获利账户非银行类账户，而是不受监管的非实名制的加密数字货币平台，即使追溯至加密数字货币账户，也难以查明行为人的身份。

（二）客观性证据易灭失，取证成本高

一是恶意“挖矿”程序及相关数据易销毁，案发后取证难度大。危害计算机信息系统犯罪普遍存在电子证据易毁灭的特点，行为人或被害人一旦删除程序，难以通过勘验或数据恢复的方式重新取得完整、同一的涉案证据。而且，记录被植入恶意“挖矿”程序计算机信息系统数量（通常用以统计“算力”）的数据库保密性极高，往往保存在网站地址不断变化的境外网站上，一旦行为人将登录方法销毁，就无法取得相应证据。二是后台客观性证据难以获取。“挖矿”产生的加密数字货币通常存储于“51数字钱包”等加密数字货币“钱包”，并通过“云币网”“以太坊”“OK coin”等数字资产交易平台与其他加密数字货币或法定货币进行兑换。因此，查明行为人获利情况依赖于该类平台的后台数据库，关联平台一旦关闭即无从调取证据。例如，2017年9月4日，七部委发布《防范代币发行融资风险的公告》以来，国内数字资产交易平台均关闭交易，平台背后的公司纷纷人去楼空。三是跨区域、涉众犯罪取证成本高。恶意“挖矿”的行为人和被害人遍布全国甚至涉及境外，跨省抓捕、跨国抓捕需多方警力合作，投入大量人力物力。而且，涉案计算机信息系统数量庞大，按行为人的不同层级往往以千、万计算。对涉案的计算机逐一进行勘验、检查、提取犯罪证据不具备现实可能性，以至于侦查机关怠于调取客观性证据，而依赖于言词证据定案。

（三）电子数据取证专业性强，取证程序有待规范

一是调取的电子数据提取程序不明，证据资格存疑。当前的法律法规及司法解释对侦查人员收集、提取电子数据均作了详细规定，但对侦查机关向电子数据持有人调取证据的程序并没有具体规定。实践中，绝大部分调取的电子数据未附有证实提取、固定电子数据过程的证据，更遑论制作提取笔录、拍照、录像或见证人见证。该类调取的电子数据基本上以打印稿加盖公司印章，或者电子数据光盘附加公司说明的方式呈现，电子数据是否完整、是否真实均无从得知。而且，电子数据持有人往往以涉及商业秘密为由拒绝说明电子数据的提取过程，该类调取的电子数据证据资格往往成为庭审争议焦点。二是缺乏权威机构对恶意“挖矿”程序的功能作出鉴定或检验。恶意“挖矿”程序是否具有控制功能，恶意“挖矿”程序是否属于“专门用于侵入、非法控制计算机信息系统的程序”亦是控辩双方争议焦点。而解析恶意“挖矿”程序功能的技术难度大，无法简单通过反编译对其功能进行展示。根据相关司法解释，对该问题可通过司法鉴定或指定的机构、部门检验，但实践中鲜有能够对“挖矿”程序作出技术分析的机构，部分具备检测能力的电子实验室尚不符合法律规定的鉴定或检验的资质，且费用昂贵。三是加密数字货币的查封、扣押技术难度大。由于加密数字货币的分布式记账原理，其不同于“Q币”、游戏币等虚拟货币，既不存在发行方或监管平台，也不存在于单一的存储介质上，无法通过传统的方式进行查封、扣押。四是很多电子数据无法重复取证。由于恶意“挖矿”案件涉案地域广，很多电子数据无法通过扣押原始介质进行取证，基本上通过远程方式进行勘验、检查、提取。在审查起诉或庭审阶段对该类证据产生疑问，或者为核实证据的来源需重新取证时，往往因时过境迁而无法重复取证。另外，还存在一些原始介质因保管不当而受潮、磨损或老化而无法重复取证。

（四）主观明知难证明，非法性认定标准不明确

第一，散播恶意“挖矿”软件的行为人归案后往往辩解其以研究技术

或推广云计算业务为目的，主观上不明知同案行为人非法在他人计算机信息系统上植入恶意“挖矿”程序的行为，即主观上没有非法利用他人计算机“挖矿”的故意。在实践中，除了在网站、软件中植入恶意“挖矿”代码或程序，以木马形式植入计算机信息系统的行为可以直接证实主观故意外，通过其他手段散播恶意“挖矿”程序的行为则难以直接推定行为人的主观故意。例如，行为人通过介绍网络维护公司或网吧的管理员使用恶意“挖矿”程序，或者以推广计算机“云增值”的名义将恶意“挖矿”程序挂载于网站上提供下载。尽管恶意“挖矿”程序具有静默安装、隐蔽运行的功能，但不能排除程序的使用者在知晓该程序功能的情况下，在有使用权限的计算机信息系统上使用该类“挖矿”程序营利的可能性。

第二，持有部分股份的股东未经其他股东同意，实施危害计算机信息系统安全的行为难以明确非法界限。该情形主要发生于公司、网吧等营利单位，行为人确实或多或少持有单位的部分股份，甚至属于法定代表人或者经营负责人。有观点认为，只要行为人持有股份，作为计算机信息系统的共同所有权人，他即具有使用的自由，对计算机信息系统造成损害属于股东之间的民事纠纷；有观点则认为，凡是未经所有股东同意，擅自对共同所有的计算机信息系统实施危害行为，均为非法；还有观点则认为，应综合股份占比的多少、有无经营权和决策权来判定是否有使用权限。

第三，行为人在计算机信息系统植入恶意“挖矿”程序是否超出授权难以判定。在实践中，确有部分计算机信息系统的经营者、所有权人同意计算机维护、管理人员在计算机信息系统中安装广告类程序获利，甚至参与分成。计算机维护、管理人员在计算机信息系统中植入恶意“挖矿”程序的行为，与安装广告类程序是否具有同一性，是否属于明确或默认授权范围内的有权使用行为没有明确的判定界限。

（五）犯罪情节认定标准分歧大

第一，植入恶意“挖矿”程序的计算机信息系统数量计算方法不一。实践中，由于客观性证据取证难，侦查机关往往按照行为人的口供以及被害人的陈述来确定台数。但是部分计算机信息系统的硬件设备较为落后，无法正常运行恶意“挖矿”程序，认定数量明显偏高。而在褚振华非法控制计算机信息系统案中，检察院、法院是根据本地勘验出恶意“挖矿”程序的计算机信息系统台数认定非法控制98台。但事实上，即使取得本地的客观性证据证实确有植入的台数，亦不能证实该部分计算机被非法控制。还有观点认为，台数的计算应当按照被植入的硬盘数量就低认定。例如，当前许多企业、网吧的大部分计算机没有安装硬盘，而是共享服务器的一个硬盘。行为人仅仅在1个服务器硬盘上植入恶意“挖矿”程序，应认定仅植入1台计算机。

第二，造成经济损失难以量化。由于恶意“挖矿”行为系非法利用他人硬件资源和电子资源的行为，被害人的经济损失主要在于电费的额外支出、硬件的损耗甚至损毁，但是恶意“挖矿”行为发生于计算机信息系统运行期间，该行为与计算机正常使用时间相重叠，难以准确计量因“挖矿”产生的额外电费支出。而CPU、GPU虽均有损耗寿命，但没有相应的技术可以测量硬件的损耗程度，也难以论证硬件的损毁与“挖矿”行为的因果关系。

第三，违法所得数额认定难。恶意“挖矿”获取的加密数字货币亦属于虚拟货币的一种，关于虚拟货币是否属于民法意义上的财物，是否具有价值在学术界以及司法实务中均分歧巨大。有观点认为虚拟货币本质上是电磁记录，属于电子数据，不能承认其财产属性。[12]有观点则认为虚拟货币具有交换价值，应认定具有价值。但加密数字货币不存在发行方或市场上的平均价格，价格波动幅度巨大，难以认定。另外，将加密数字货币已经兑换成法定货币的，销赃金额能否全部认定为违法所得数额亦存在争议，行为人通常辩解其犯罪时的加密数字货币的价格远低于销赃金额。

〔12〕喻海松:《网络犯罪二十讲》，法律出版社2018年版，第254页。

五、恶意“挖矿”犯罪案件的公诉审查策略

恶意“挖矿”犯罪作为危害计算机信息系统的新型犯罪，其技术性、涉众性决定了此类犯罪案件与传统犯罪案件办理难度、侦破思路以及组织运用证据方法的不同，尤其是在当前日益复杂的互联网环境下，只有厘清审查思路，精准认定，才能确保起诉案件经得起考验。针对办案实践中存在的上述问题，建议从如下三个方面强化和完善：

（一）建章立制，确保及时固定证据

首先，电子数据应当作为办理危害计算机犯罪案件的主导证据，针对原始电子数据移送率低、易灭失的特点，应构建侦诉协作的电子取证机制，通过出台相应机制明确侦查机关在侦办危害计算机犯罪案件时应当第一时间扣押行为人的电子设备进行取证。为保证审查起诉阶段能重复或补充取证，应将扣押的电子设备随案移送审查，不得随意发还给犯罪嫌疑人。

其次，对于查明的后台数据、网站信息，应引导侦查机关第一时间向电子数据持有人调取、提取原始电子数据。其中，条件允许的，应当及时采取网络隔断、技术封存的方式扣押原始介质；无法直接调取后台数据库信息的，应当通过远程勘验的方式完整地提取网页或远程计算机电子数据，不得简单以截图、打印、复制数据、刻录光盘等方式取证。

再次，对于犯罪嫌疑人是否取得权利人授权而实施“挖矿”等危害计算机信息系统的行为，应引导侦查机关及时向被害人取证，以固定证据，避免被害人因犯罪嫌疑人干扰而作出虚假陈述导致案件无法处理。

最后，针对加密数字货币无法通过查封、扣押原始介质方式予以固定的问题，建议设立专门的互联网司法账户，通过转让加密数字货币所有权的方式对其进行查封、扣押，以确保能随案移送、依法处分。

（二）引导侦查，补强客观性、技术性证据

第一，鉴于危害计算机犯罪案件言词证据稳定性差、证明力弱、可信度不高，应引导侦查机关以向网络服务提供者调取后台数据库资料，勘验、检查、提取涉案电子设备的电子数据等客观性证据为主，收集犯罪嫌疑人供述、证人证言和被害人陈述作为辅助印证，从而明确取证方

向和取证思路，夯实证据薄弱环节，构建以客观性证据为主导的刑事指控体系。例如，通过调取上游犯罪嫌疑人的网络后台统计数据、网络转账记录，查明向下游犯罪嫌疑人支付佣金数额，客观反映“挖矿”行为产生的收益和危害结果。而对于未经鉴定，也没有其他客观性证据印证，仅凭口供及证言认定危害计算机信息系统数量、获利真实性存疑的，不应作为定案依据，依法予以剔除。

第二，对于涉案的侵入、非法控制计算机信息系统程序、工具以及计算机病毒等破坏性程序等电子数据的功能，不能简单以犯罪嫌疑人的认识、被害人的直观感受来确定，需引导侦查机关通过鉴定、检验等方式取得技术性证据以科学评估、展示其功能。

（三）引入有专门知识的人参与办案，提供智力支持

恶意“挖矿”等危害计算机犯罪案件技术性、专业性强，尤其是一些前沿的计算机犯罪行为，与之相关的概念、术语以及技术原理较为复杂，公诉人应当主动引入有专门知识的人参与办案。一是协助审查起诉以及庭审阶段的讯问工作。针对犯罪嫌疑人、被告人已经提出的专业性较强的辩解事由，以及可能提出的抗辩，可以邀请有专门知识的人在不直接参与讯问的基础上，以幕后智囊团的形式为公诉人解答技术性、专业性问题，并协助拟制讯问提纲。二是对一些未鉴定的证据或争议较大的技术性证据，例如非法控制计算机信息系统罪中的“控制”功能无法认定的，可以由有专门知识的人协助进行审查，通过解析“挖矿”程序的功能，出具审查意见。三是申请法院通知有专门知识的人出庭，对计算机专业的问题进行说明。例如对侦查机关移交的涉案程序的反编译代码进行解读，解析具体代码的功能、含义以及技术原理。四是参与庭审技术性证据的展示。例如，对于“挖矿”程序、计算机病毒等难以展示其功能的证据，在庭审阶段可以聘请有专门知识的人通过技术手段演示“挖矿”程序的工作原理、功能以及危害后果。

（四）构建“电子数据 + 账单明细”的审查模式

第一，善用电子取证技术，搜查心理活动证据，破解主观认定难问

题。尽管危害计算机犯罪案件行为人常以“技术无罪”或遭受欺骗作为抗辩理由否认其主观明知，但网络犯罪过程必然产生登录和访问记录、定位信息、聊天记录等各种电子痕迹，尤其是非面对面进行犯意联络的过程均会在互联网上或电子设备上留下痕迹。故应当通过运用电子取证技术检索、还原行为人电子设备的使用痕迹、浏览和搜索记录、修改和篡改痕迹等，追溯、还原其犯罪过程，展现其犯罪实施前后的心理活动全过程。尤其是具有上下层级模式实施危害计算机犯罪案件，犯罪嫌疑人必然需要通过网络进行通信，可以通过提取电子设备或向腾讯、支付宝等网络服务商调取等通信记录、网页浏览记录、设备定位信息等，以查明行为人实行危害计算机安全行为时的主观心态。

第二，深挖银行账单、电子账单，核查资金流向。与大部分危害计算机犯罪相类似，恶意“挖矿”的违法所得去向查处难度大，但无论经济利益如何隐蔽流转，最终均需要兑现。因此，在着力审查电子数据的同时，应深入审查银行账单以及电子账单的异常甚至无名的入账情况。

第三，重视电子数据的客观性。在确定账单金额后，仍应结合犯罪嫌疑人的供述全面审查电子数据，准确认定其主观明知的时间节点，严格把握犯罪嫌疑人参与犯罪的时间，确定违法所得数额和危害计算机信息系统数量。

（五）结合客观性证据综合认定犯罪情节

第一，损失的计算应结合客观性证据总体评估。虽然恶意“挖矿”造成电费的损失不能个别化精准计算，但在排除季节性或淡旺季变化等因素干扰的情况下，在电费值明显涨幅期间确有被植入恶意“挖矿”的，可以按照增长的数额进行推算。硬件设备的损耗在不能排除有正常使用的情况下，不能予以认定。而对于硬件设备因恶意“挖矿”而损毁的，可以根据折旧计算损失。

第二，对危害计算机信息系统的台数的计算，应结合“挖矿”算力和检测到的MAC地址数量予以认定。“算力”即计算机信息系统参与区块链运算的工作能力，根据程序的预设算力和牟取的加密货币数量可计算出被植入“挖矿”程序的计算机数量。如查获有后台检测数据，鉴于IP地址可虚拟，应严格甄别IP数量；而MAC地址属计算机设备唯一的身份地址，它所反映的数量具有客观性。

第三，按照实际销赃金额计算违法所得。恶意“挖矿”获取的加密数字货币在市场上具有交换价值，故应当肯定其财产属性。但由于目前暂无相应的估价方案，对于尚未销赃的加密数字货币不宜认定价格。但是，已销赃的加密数字货币，销赃金额体现其交换价值，可认定为违法所得金额。

数字货币的法律属性与法律规制问题探析

张　卓*

摘要：现阶段出现的数字货币只是数字货币的一种可能尝试，不具备成为货币的实践条件和理论上的可能性。数字货币与主权国家法体系之间存在断裂，数字货币所代表的全球性的、去中心化的力量对封闭的、集中性的主权国家法体系造成冲击。本文从国家—社会层面平衡和主权国家—国际社会层面平衡的角度出发，对主权国家的角色进行了重构，并探讨了新的国际法与国内法的关系，剖析了技术信用与主权信用、去中心化以及如何与主权国家法体系进行协调等问题；最后结合数字货币的法律属性和发展方向对数字货币的法律规制问题提出基本方向、基本原则和具体制度性的意见。

关键词：数字货币　技术信用　去中心化　主

* 张卓，中国人民大学法学硕士。

权国家法体系

引言

数字货币作为新技术发展下的经济、金融的新产物，是一种值得关注的新的货币形式。对数字货币法律属性的研究不仅仅是为了解决实践中如何处理可能遇到的相关法律问题，或是相关财产性的争议，更值得注意的是数字货币为何可能成为一种新的货币形式，为何会对现有的主权国家法定货币体系产生冲击，以及进而为何可能使现有的货币体系产生根本性的变革。在上述货币观的理论框架内，本文对数字货币的法律属性进行探析，揭示数字货币的本质，从而厘清数字货币与主权国家法定货币以及法定数字货币之间的关系，并指出数字货币的性质与地位。这样的剖析和论述，对在统一的货币观之下理解数字货币的性质，厘清其法律属性具有重要的理论意义。

数字货币所代表的不仅仅是一种经济金融场域中的创新形式，它所带来的是具有世界属性的新的规范性。正如纸币区别于普通的纸，就在于其自身所具有的法律规范性，而理念层面的数字货币所具有的新的规范性就是需要研究和考量的。一方面，数字货币所具有的规范性具有怎样的属性，与现有的主权国家信用提供规范性保障的法定货币有何区别；另一方面，数字货币这一具有世界性特征的规范性会对现有的主权国家法体系以及国际法秩序带来怎样的冲击和挑战，又应当怎样调整和协调两者之间的断裂，就成为具有深刻理论意义的问题。数字货币所涵盖的理论问题不仅限于对数字货币本身法律属性的认定以及对其法律规制方面制度设计上的安排，更为重要的是数字货币在理论层面上所涉及的主权国家法秩序如何面对社会，以及国际秩序如何获得其开放性，从而保障在世界日渐趋同、全球化趋势越发明显的时代背景之下，主权国家法体系能够在世界秩序中调整其角色。

在对数字货币的规制与法定数字货币的发展过程中，可以重新认识法律的性质。法律不仅是事后的监管和规范手段，还应当在社会控制中起到引导和推动的作用。法律一方面应当对新事物进行及时的监管，另一方面在法律制度的设计和制定上，应当顺应时代的发展趋势和新事物的属性，起到引导性的社会控制的作用。

一、数字货币与规范性

（一）数字货币与规范

从货币的发展史来看，从最初的实物货币到金属货币，再到后来的信用货币，货币经历了从自然货币秩序向人定法秩序发展的过程。货币从稀有的物品、贵重的金属，到与贵金属价值挂钩的纸币，再到现有货币体系之下与金本位脱钩的依靠国家主权信用支撑的纸币，在这一过程中，货币作为一种规范，具有不同的规范性来源。货币发展到信用货币的阶段，从法律角度上讲，是最能直接展现出货币与规范性之间联系的阶段。典型的信用货币纸币由于具有主权国家信用支撑下赋予它的法律规范性，而成为一种应然存在。由法律规范性赋予物理上单纯的纸张以应然效力的过程，是通过主权国家的中央银行等集中性的货币发行机关，根据经过主权国家立法机关立法授权后，行使其造币权，发行纸币的过程。而其中主权国家立法机关可以进行立法授权的效力来源于宪法。

而信用货币时代，货币的规范性不仅涉及为货币提供效力，还存在着对法律规范性最佳尺度的认定和选择问题。人定法秩序下的货币定价，需遵循两个标准：一为结论性的，二为方向性的。[1]其中方向性标准更加直接地影响货币的定价，是否能够保障本国货币币值在合理的区间内保持稳定，也直接影响一国信用货币体系的正当性。所以，寻找法律规范性的最佳尺度成为信用货币发展历史中的重要议题。但是，信用货币历史中出现的货币贬值及其带来的一系列系统性的经济危机、金融危机也不断使人怀疑，在人脱离了神法与自然法秩序的情况下，是否有能力依

---

〔1〕 参见张龑：《点金术与法》，载《财经》2015年第12期。另参见张龑：《货币、银行与人民》，载《财经》2015年第18期。

赖人的理性能力和道德能力完成人民的自我治理。[2]

信用货币发展的最新阶段，依托互联网和区块链技术产生的数字货币在理念上也应当与其他的信用货币一样，具有规范性，即数字货币属于规范的新形式。但是，两种信用货币的规范性来源有很大的不同，进而所涉及的规范性的最佳标准也在认定和选择上有所不同。

（二）数字货币规范性特征：世界性与主权性并存

数字货币不同于主权国家信用货币最为显著的特征，即数字货币运行所依赖的互联网具有世界性的特征，也进而使得数字货币所体现出的规范性具有世界性的特征。数字货币没有固定的发行机关或者监督机构，产生和运行的范围与互联网相同，即为整个世界范围之内。因此，数字货币在设计初衷上是超越主权国家的货币，在这一货币所支撑的交易结构和体系之中，国家并不具有主体地位，使用数字货币进行交易的个体是主体，且该交易是不受国家主权范围、地域范围限制的世界性交易。

但是，这仅仅是由数字货币运行系统自身带来的规范性，即世界性。而数字货币不仅仅是互联网时代的一项技术产物，数字货币在性质上还具备货币的属性，即主权性。货币不仅仅是进行交易的对价工具，也是经济运行的重要因素，货币的定价将直接影响主权国家的经济发展和运行。数字货币的天性是突破主权国家框架的世界性，但是在运行过程中必定会与主权国家内现有的货币体系和经济体系发生关联，而这种关联所展开的方式将通常是冲突与挑战。所以，数字货币的法律属性在本质上是新型的、替代性的主权性货币，还是一种新的超越主权国家的货币形式，进而数字货币在现有的主权国家货币体系、主权国家法体系以及国际货币体系和国际层面的法秩序中应当处于怎样的主体地位，以及数字货币应当如何与之协调，都成为重要的问题。

（三）主权国家法体系与国际法秩序

数字货币中蕴含的关键理论问题，即在全球化趋势越发明显的时代

---

〔2〕参见张翼：《法、货币、信用》，载《财经》杂志2015年第18期。

背景下，应当如何处理主权国家法体系与国际法秩序之间的关系问题，即国际法与国内法两者的关系问题应当如何理解和处理。

国际法秩序中各个主权国家法律地位的安排，即涉及国内法与国际法的关系问题，存在二元论与一元论的争议。其中持二元论主张的学者认为国际法相比于国内法仅仅追溯某一主权国家意志，其所追溯的是若干个主权国家的联合意志；也有学者认为国内法与国际法的区别在于两者所规范的事务以主权国家对内或对外事务为分别，等等。〔3〕同时，主张一元论的观点中最为重要和关键的，即为现代国际法及其实践进行了框架性奠基论证的凯尔森的观点，他认为由于“法律认知之使命也如自然科学一般，乃是将其对象描述为统一体”〔4〕，所以国际法与国内法必然作为统一体被认知。在认知层面上，虽然依照现有的国际社会运行的现实以及国际法秩序，主张一元论更为合理和普遍，即主权国家内的法体系与国际法体系是统摄于同一法律秩序之下，但是更为主要的争论发生在国际法与国内法的优位问题上。

这一问题在学理论证上存在着众多争论，但是正如凯尔森所言〔5〕，在国内法与国际法优位的问题上，任何理论的选择，以及任何国家的政治法律实践都会明显受到伦理和政治上的价值倾向性的影响。所以，对于这一问题的讨论，不能仅仅停留在理论层面进行单纯的语词或者逻辑上的分析论证，而应当将其放置在一个特定的实践背景之中。

而在数字货币这一具有革命性的意义变迁的事物发展背景之下讨论主权国家法体系和国际法秩序的关系问题，需要打破原有的一元论或二元论的简单划分，主权国家与国际社会的普世秩序之间的关系不仅仅存

---

〔3〕参见［奥］汉斯·凯尔森：《国际法原理》，王铁崖译，华夏出版社1989年版，第335页。

〔4〕［奥］汉斯·凯尔森：《纯粹法理论》，张书友译，中国法制出版社2008年版，第126页。

〔5〕［奥］汉斯·凯尔森：《法与国家的一般理论》，沈宗灵译，中国大百科全书出版社2003年版，第424页。凯尔森在另一本著作中也有类似的表述：“本理论之政治意义当不致玷污其纯粹性，纵然唯以解决技术问题为己任之严格自然科学亦有其政治意义——尽管非其本意。”参见［奥］凯尔森：《纯粹法理论》，张书友译，中国法制出版社2008年版，第135页。

在完全的包含或独立两种，应当首先在新的时代背景之下重新理解主权国家的角色，从而构建主权国家法体系与国际法秩序之间的新型关系。

二、数字货币的法律属性

（一）实践层面数字货币的法律性质

数字货币是否能被称为货币这一问题有两个判断维度，一是就现阶段发展状况来看，数字货币是否符合成为货币的标准，在实际的交易运行中是否能够完成货币应当具备的职能；二是从应然层面，就数字货币的本质和其设计初衷而言，考察数字货币是否具有成为货币的特征。

从数字货币的使用和交易的现实状况中可以看出，数字货币并不是货币，本质上是一种带有投机性质的数字资产，其运行机制与真实的货币相去甚远。数字货币价格极不稳定，且电力成本与储存成本较高，交易频次无法满足现实需求，在现实中替代法定货币成为结算货币的可能性微乎其微。[6] 现阶段数字货币的发展状况明显无法满足经济金融交易的需求，虽然数字货币的技术特点使得它在理论上能够满足全球性的跨境交易，但事实上，由于现阶段不同的数字货币由不同的数字货币平台通过自主设定的算法和网络所支撑，所以算法的算力以及整个货币网络的公信力只具备理论上的全球性，而在实际的经济和金融交往中，并不足以支持数字货币成为可以支撑全球性交易的货币形式。

而从货币职能方面看，根据经济学的定义，数字货币无法满足交换媒介、价值尺度和价值储藏这货币的三大功能。价格手段上，数字货币仅仅在加密社区中作为计价手段进行交易，而没有在实际社会商品中交易。交易媒介上，数字货币作为媒介的交易规模小、数量少、速度慢、成本高，往往在交易及时性上无法得到保障。交易成本上，运用数字货币进行结算的交易在单笔交易和系统运行费用上都高于当前运用传统货

〔6〕 周莉萍、胡思慧、柳青：《法定数字货币相关问题认识及建议》，载《金融法苑》2018年第10期。

币进行支付的交易系统。在价值储蓄层面，数字货币在现阶段还没有得到广泛的认可，绝大多数的数字货币还没有锚定资产，价格波动剧烈，具有高度的投机性，难以承担价值储蓄的职能。因此，数字货币因其本身的特征无法成为货币。

（二）现有数字货币的理论基础

现阶段对数字货币的想象，很大程度上来自市场中流通、交易的某一种或几种数字货币的类型。这些典型的数字货币虽然在各自的算法和运行方式上具有一定的差异，但基本的设计理念存在着很大的共性。通过分析数字货币的理论基础，可以发现数字货币并非只是顺应互联网发展和数字经济时代的产物，其运行机制上的设计还存在着更深层次的对现有货币体系、信用体系和政治经济体系的全新设想，从而可由此思考对主权国家法体系的发展和改革方向。在现实运行的过程中，数字货币作为新生事物，整个体系未发展成熟，且被社会和各个国家接受程度的不同，导致了数字货币所展现出的本质和特征相较于设计时理论上的出发点有所偏离。在实践层面上，现有的数字货币不能成为货币。而对数字货币理论基础的考察，可以脱离理论与实践断裂的困境，从本质上讨论和研究数字货币的法律属性。

数字货币的理论基于去中心化。一方面，去中心化能够保证中央货币机构不会为了保障主权国家内部经济而直接对货币进行干预，将其对域外经济的影响弃之不顾。另一方面，去中心化也会因缺乏统一监管机构和调控进路而对货币本身失去应有的控制。但这种去中心化的货币是否能够在现实的经济世界中扮演应有的角色还存在很大的疑问，例如去中心化的货币是否需要受到调控，如何获得监管，在法律上应当如何追责。这些问题的提出意味着数字货币虽然是对现有国际货币体系变革的有益尝试，但是它的不足导致如果直接用私人发行货币代替现有主权信用货币在可行性上面临诸多问题，在交易安全、主权国家经济、全球经济方面存在着一定的风险和隐患。

数字货币的另一个理论基础是技术共识与信用机制理论。面对2008年席卷全球的金融危机，货币领域中数字货币的出现堪称一场对现有国际货币体系的革命。传统货币依赖于一国国家和央行的信用，而这一信用最终与一国的主权能力直接相关，这就造成了政治、经济等领域中的主权霸权会相应影响到货币领域，进而重新叠加，将霸权渗入政治和经济等领域。数字货币利用区块链技术，试图打破这样一种货币的霸权主义。区块链技术通过技术信任，构筑了独立的货币体系，在比特币货币交易中，区块链可以在技术层面实现完整的信任闭环，从而不需要来自第三方的信任源，也就脱离了固定的主权信用，即不需要一国的主权支撑就可以运转的货币系统。从这一运行机制中可以看出，比特币等数字货币是利用区块链的技术信用达到区域内的共识，从而保障系统内货币的价值，即通过分布式的信任体系，将原有的传统货币从中央权力内分取权力的模式转变为自下而上、联结分布点的方式获得信用。这一模式，具有安全、稳定、不易窃取和随意改动的优势，相比于传统货币的信用机制有了根本性的变革和进步。

（三）数字货币的本质：社会层面的有益尝试

数字货币的产生并非仅仅为了应对数字经济时代的变革，而简单地将货币进行数字化处理。这也是数字货币与自计算机技术、互联网技术等出现以来产生的虚拟货币和电子货币的本质区别。数字货币本质上是对主权国家法体系的冲击，基于现有的货币体系的反思，进而对其背后所涉及的影响货币体系生成和发展的政治、经济体系进行了反思和挑战。虽然数字货币的提出不意味着它可以直接成为现有体系的替代方案，但是数字货币的出现是一种有益的尝试和启发。这一有益尝试所带来的是对货币体系、政治体系、经济体系以及对主权国家法体系等现有制度的调整，是对这些体系在发展之中形成的固有问题和对迎接新的数字经济所需要作出的变革和前进。

作为设计数字货币的最为本质的理念之一，去中心化所对照的是目前的货币体系以及作为其基础的政治、经济体系，从而将数字货币的体系构建成为参与者平等的体系，没有一个固定的发行中心和控制主体掌握整个货币体系，在这一体系之中所有环节都由预先设计的算法构成。

这些算法也代替了中心化的管理规范和法则，成为这一体系中“自律”的“法律”。[7]去中心化的优势体现在数字货币在运行过程中的安全性、交易透明度显著提高，其规则是公开的、可预期的、不可擅自更改的，也就是形成了“硬规则”规范下的体系。[8]

无论是在经济或政治世界，中心化所体现的并非必定是某一个特定的权力或权利主体对某一领域的控制或专断，而是呈现了该领域中具体的发展规律，即领域内需要制度性的规范和管控；在事实上起到中心化作用的并不一定是行使该权力或权利的主体，这些主体只是作为代表或工具，真正发挥作用的是资本或国家实力。

互联网的出现和发展帮助部分信息、资源能够更加平衡地分布和分配，随着互联网发展产生的共享经济也是对个体之间差异、个体与国家以及国家之间差距平衡的尝试。互联网给予了每个人了解和表达的机会，共享经济、众筹等方式，有助于经济资源的共享，同时也是对中心化、集中控制的资源的平衡。然而，需要进行区分的是，这种“去中心化”的尝试是否仅仅是形式上的创新，而在实践之中，无论是经济发展或是政治运作，都仍然遵循着其本身的固有规律，价值规律、资本趋向、权力关系不会因为形式上或者传播方式上的改变而发生根本性的质变。“去中心化”是理论上的规划，其本质是对现有固有体系不平衡的反对和申诉。提出“去中心化”理论是有益的，有益于对现有体系的反思，但这并不一定意味着“去中心化”本身是一种正确的解决方案，或因为中心化体系运行过程中存在的问题就转而寻求“去中心化”的解决方案。

就数字货币的信用基础而言，仅依靠技术信用无法支撑数字货币成为货币。信用是货币体系中的核心，自货币出现以来，货币发展的过程就与信用密不可分。而有效的信用机制，对信用行为和信用关系的规范

---

〔7〕关于此概念的相关描述参见凯伦杨：《区块链的监管：“法律”与“自律”之争》，载《东方法学》2019年第3期。

〔8〕参见冯象先生《我是阿尔法：论法与人工智能》一书中关于“硬规则”的论述。冯象：《我是阿尔法：论法与人工智能》，中国政法大学出版社2018年版，第176-190页。

和保障，即在经济生活中约束人们的信用行为和信用关系的运行规则，也是作为理性经济人的行为主体为获取自身利益最大化而采取的行为准则，[9]是货币体系能够运行和发展的根基。数字货币不同于传统的法定货币，是通过建立技术信用来完成对数字货币体系的支撑。通过区块链技术和算法形成的数字货币体系的信用机制具有公开透明、不可篡改等天然优势，且数字货币体系中的参与者通过自己的终端即可查询到相关交易的全部内容，从而降低外部政策、意外事件等带来的系统性风险和信用缺失的问题。[10]

虽然技术信用具有天然的优势和公信力，然而单凭技术信用是否足以支撑一个货币体系的运转却存在疑问。技术信用的本质即通过将规则变为预先输入、不可更改的代码，通过在系统运行中规则的稳定、一致、平等来保障整个系统的运行。但维持货币体系运转的要素不仅仅要求规则上的透明，使用货币进行交易的主体所希望获得的不仅是财产权利的安全和不受侵犯，货币体系需要根据现实生活中的经济活动变动和经济发展进行调整，而技术信用并不具有自我调整的能力。是否需要调整、何时调整、怎样调整、参与系统的主体是否需要调整等一系列问题都是技术信用或者依靠技术所维持的系统无法控制和决断的。

另外，由技术所产生的信用并不具有强制力。当交易主体进入一个因技术产生的信用系统之中后，该主体会受到其中算法规则的约束，但技术信用却不具有让交易主体必须进入该系统，进而接受该系统规则的强制力。这就导致技术信用只能作为维持系统更好运行的工具，其所能发挥的作用是在系统执行具体命令的过程中，保障系统更好地运行。

技术信用与主权信用具有本质不同，单单依靠技术信用不能为系统的建立、运行、改善、废止整个过程提供足够的支撑和保障。技术信用发挥

〔9〕郭志光：《电子商务环境下的信用机制研究》，北京交通大学 2012 年博士学位论文，第 24 页。

〔10〕赵蕾、曹建峰：《从“代码即法律”到“法律即代码”：区块链作为一种互联网监管技术为切入点》，载《科技与法律》2018 年第 5 期。

工具性作用是在系统建立后的运行阶段，而依靠技术信用支撑其运行的现有数字货币体系是具有缺陷的。如果将现有的数字货币系统发展成为真正的货币体系，仅有技术信用这一工具性的信用支撑是远远不够的。

数字货币完全是社会的产物，而这一自发的产物所具有的特征就是依照社会的运行规则而来，注重个人私利和特殊性。个体随个人私利所作出的决定并非总能带来有利的结果，反而会造成贫穷、异化以及因为不同个体间的私利所带来的冲突。社会内部无法解决和平衡这样的冲突，只有在完满的国家之中，社会才能获得特殊性和普遍性的辩证统一，从而使得特殊利益与普遍物相一致，从而达到完满统一的状态。

数字货币即是在社会层面上产生并运行的一种货币形式，其所依赖的不再是国家主权，而是完全直接连接社会中的单一个体，构成个人之间的直接交往。这样一种货币形式，一方面获得了在社会层面进行经济活动的自由，另一方面也具有社会固有的特殊性和不完满性，会影响货币运行的效率和透明度。虽然现有的私人数字货币依靠的本质是算法与区块链生成的整个系统的技术信用，但是这一私人化系统在根源上仍然是个体私利的战场，而缺乏更高普遍性的国家层面的支撑，这是目前数字货币部分运行故障、黑客攻击、非法交易等问题的根本原因，也是其币值无法保持稳定、无法成为价值尺度的主要原因。

三、数字货币与主权国家法体系

现有数字货币的众多模型是数字货币的有益尝试，这些实践中的数字货币代表了应对数字化经济的变革，但现有的数字货币的初衷和理念不能完全代表数字货币的发展方向。对现有数字货币应当进行正确定位，它仅是一种对现有货币属性和货币体系带有反思性的有益尝试，而非数字货币发展的唯一模式。对数字货币应当进行理念层面上的分析，即从现有的数字货币模式出发，探究数字货币应有的发展方向，厘清数字货币与主权国家法体系的关系，为数字货币能够成为一种适应主权国家内部数字经济发展需要，并能够推动现有国际货币体系的改革，且真正具备货币属性和货币功能的货币提供可能的发展方向。

（一）数字货币与主权国家法体系的关系

在数字经济时代，对互联网技术的应用使得世界经济产生了更加紧密的联系，同时使得世界范围内国家的界线逐渐模糊，国家间的跨境交易变得稀松平常。数字货币的出现不仅意味着新的技术给现有的货币体系、经济体系带来了新的变革，亦反映出在全球经济联系越发紧密、各经济体之间不断融合的背景下，货币如何能够更加适应这样一种全球化的趋势，从而更好地服务于全球经济活动。

近二十年间，对法与全球化关系的讨论曾出现过两个高潮。第一个高潮出现在21世纪初，中国为加入世界贸易组织进行筹备的前夕和加入世界贸易组织后。〔11〕第二个高潮是中国提出“一带一路”倡议之后，在全球化时代如何看待法律以及法律将如果发展等相关问题上引发了许多讨论。〔12〕这些讨论往往从对全球化性质的认识开始，争论集中在全球化是否仅仅为经济全球化，同时包括经济领域在内的各个领域在全球化过程中会产生怎样的变化。对于这些讨论，对照世界现今的发展就可以发现，全球化不仅是经济上的全球化，全球化是世界范围内在各个方面更加紧密地联动。真正需要讨论的争议，即全球化将给世界带来怎样的影响。

21世纪以来的全球化建立在先前世界范围内不同国家交往的基础上，互联网等科技的迅猛发展大大推动了全球化的进程。互联网技术的

〔11〕第一次对法与全球化问题的讨论可具体参见邓正来先生文章中对法律全球化讨论的总结和评论。邓正来：《作为一种“国家法与非国家法多元互动”的全球化进程——对“法律全球化”争辩的中立性批判》，载《河北法学》2008年第3期。典型的观点还可参见朱景文：《法律全球化：法理基础和社会内容》，载《法制现代化研究》2000年第1期；黄文艺：《法律国际化与法律全球化辨析》，载《法学》2002年第12期；车丕照：《法律全球化与国际法治》，载高钧鸿主编：《清华法治论衡》（第三辑），清华大学出版社2002年版，第111-167页。

〔12〕第二次对法与全球化问题的讨论更多地集中在中国在走出去过程中如何识别、应用和应对不同法系的国家法，可具体参见何佳馨：《“一带一路”倡议与法律全球化之谱系分析及路径选择》，载《法学》2017年第6期；刘亚军、周亚光：《“一带一路”倡议下的国际经济法律秩序变革》，载《人民法治》2018第2期。

出现，彻底颠覆了人们对距离的原有认识，个体之间、国家之间的距离也产生了质的变化，各个主体之间在互联网系统之中享有相同的通过系统进行操作的权利，全球化进入了全新的阶段。然而，在互联网等科技手段发展推动下的全球化并不代表着世界秩序已经发生了本质上的变化，对国家界线将逐渐消失、各主权国家逐渐趋同的设想并未成为现实。

在全球化的时代背景之下，主权国家的角色也发生变化。主权国家不仅仅需要参与到与别国的交往，全球化所带来的是新的交往空间，也即需要主权国家生成新的规范的空间。这也意味着，全球化更多的是为世界秩序提供新的空间与可能性，而非对现有秩序的彻底性革新。正如虽然互联网本身带有去中心化的特征，但是受其影响的全球化并非直接地继受去中心化这一特征。在这一过程中，主权国家不会完全蜕化为国际社会形式上的各国子集中的一个，同时也不会因为各国在国际事务中更大限度的参与而摆脱现有国际秩序中固有的霸权和不平等。这就需要主权国家调整国内秩序从而适应全球化，而更为重要的方面是通过国际合作和共识来构建新的更为平等、安全、高效的国际新秩序。

在全球化的过程中，主权国家的法体系也随即产生相应的变化。一方面，主权国家面对更多的国际交往，需要对本国国内的法律进行调整，保证新的交往空间不会沦为“法外之地”，从而得不到规制。另一方面，主权国家之间需要加强国际合作，在新的全球治理理念的指导之下，完善国际社会法秩序。

数字货币的出现是全球化时代发展在经济金融场域中的直接映射。全球化时代之下新事物的出现不再单单依靠国家强有力的主权实力的支撑和保障，而是脱离某一具体国家的主权领域，从社会层面发展成为全球性的、去中心化的事物。数字货币本身所具有的特征，比如去中心化、匿名性、全球性等特征都与封闭的主权国家法体系具有直接的冲突。法是主权国家框架内的规范总和，而数字货币的特征本身具备冲破这一框架的趋势，其产生和运行范围不局限于主权国家框架内，从而也就使对它的规制不可能仅仅在主权国家内部进行。但是，现有的主权国家法体系在构建之初就预设了一个封闭、集中的主权国家。

这并非意味着主权国家法体系之中没有关于如何对外交往或缺少对国际事务管理的规范，而是指现有的主权国家法体系的框架都是从主权国家内部出发，封闭、单一的主权国家是整个法体系构建的基础。构成这一封闭、单一的主权国家法体系的基础是本国主权，这一主权依照传统的主权学说〔13〕是对内最高、对外独立的，且是绝对的、永恒的；而主权国家的法律秩序中处于规范等级体系中最高位阶的是本国宪法〔14〕。在这样的前提预设之中，主权国家本身所处的地位一方面是独立的，另一方面也是静止的，并没有在世界秩序中与其他主权国家形成互动，同时主权国家在国内所确定的规范位阶体系也使得对现有秩序和制度进行稳固的同时，对新事物产生所带来的变化和冲击只能进行滞后性和规范性的调整。

而数字货币开放性、去中心化的本质特征使得其必然会对主权国家法体系构成冲击和挑战，并与现有的主权国家法体系产生断裂。数字货币因本质上是为全球性的经济金融活动而设计，所以不同于以在主权国家内部为主使用的主权信用货币，这就使得数字货币与现有主权国家法体系中对货币所作的制度安排有所断裂。现有主权国家法体系之内的货币完全依靠主权信用作为支撑，由单一的中央机构通过货币政策的制定来控制其发行、运行，这一体系是封闭且集中的。所以，数字货币所产生的争议以及其运行过程中出现的问题都源于这样一种断裂，即一种需要在全球场域运行的事物始终对具有封闭集中面向的某一具体主权国家的法体系的冲击和挑战。这样一种断裂并不意味着主权国家的法体系需要进行根本性的变革，从而为适应一种全球性发展和运行的事物做出根本性的结构调整，而是要求主权国家法体系面对全球化的趋势，在调整和发展过程中需要选定正确的方向，为新的有益事物提供发展空间。

---

〔13〕 参见［法］博丹：《论主权》，中国政法大学出版社 2003 年版。另参见［美］梅里亚姆：《卢梭以来的主权学说史》，毕洪海译，法律出版社 2006 年版。

〔14〕 主要参见［奥］凯尔森：《法与国家一般理论》，沈宗灵译，商务印书馆 2013 年版，193 页。

同时，数字货币虽然一方面冲击主权国家内部的法律秩序，另一方面也会对现有的世界秩序产生冲击，这也意味着数字货币提供了新的可能性。数字货币所带来的是新的规范空间，是主权国家内部的规范在全球化时代能够走向世界的良好契机，不仅能够推动本国法体系相应调整，也能够开创新的规范空间进而能够保障在全球性的数字货币运行规则建立和推行时进行充足的准备。

数字货币的出现不仅代表其对现有主权国家纸质信用货币形式的新的尝试，也顺应了全球化背景之下数字经济对货币产生的新的需求。数字货币在交易运行上更能适应数字经济的需求，同时也能够保障交易在更加安全、透明的环境下完成。数字货币虽然并非必然代替现有的纸币体系，但是对现有的货币体系仍然是不小的冲击。

主权国家法体系在整体上是以一个封闭性的主权国家作为设计原点的，这一点也清晰地反映在诸多经典的法学理论研究之中。法学理论中对法体系的构建是封闭性的并不是指在法体系中不包含对国际交往的规制，而是指其所展现的法体系并不具有开放性的面向。一方面，在国家内部，主权具有绝对的权威性，既有的主权国家法体系对新事物的接纳并非完全开放，且具有滞后性的特点。另一方面，在世界秩序中，国家仍然保持这种绝对至上的主权而进行国际交往。这就使得主权国家法体系成为两个闭环。

这两个闭环具体表现为，在国家内部是从主权权威出发进而阶梯式发展为各层级的规则，在国际层面，不同主权国家的主权并列成为国际社会之中的形式上的子集，[15]实质上不同主权之间的冲突因为缺乏更高

---

〔15〕对于国际法秩序中各个主权国家法律地位的安排，即涉及国内法与国际法的关系问题，存在二元论与一元论的争议。但就现有的国际社会运行的现实以及国际法秩序而言，主张一元论更为合理和普遍，即认为主权国家内的法体系与国际法体系统摄于同一法律秩序之下。关于国内法与国际法二元论与一元论的争论具体可参见［奥］汉斯·凯尔森：《国际法原理》，王铁崖译，华夏出版社 1989 年版，第 335 页。而关于二者一元论的经典论证可参见［奥］汉斯·凯尔森：《国际法原理》，王铁崖译，华夏出版社 1989 年版；以及［奥］汉斯·凯尔森：《纯粹法理论》，张书友译，中国法制出版社 2008 年版，第 128–135 页。

位阶的价值或更高层级的权力而使得规则成为形式主义的流程，而非实质能够解决冲突的规则。

而数字货币需要的是具有开放面向的主权国家法体系从而保障其在全球范围内不受地域限制地运行，而现有的主权国家法体系中将货币作为参与调整国家经济状况的重要尺度，制定的相关货币规范制度和法律仍然是以两个闭环为基础的。数字货币作为具有去中心化的、全球性属性的货币，在其运行过程中，一方面需要一个更加开放的法体系作为基础，另一方面，数字货币的运行并不会严格依照现有的主权国家法体系为货币提供的框架，其运行机制决定了数字货币不能完全任由外部进行主观的控制或者操纵。这也就使得对主权国家法体系的反思和调整成为必要。

一方面，在主权国家内部，现有的完全以技术信用为基础设计的去中心化的数字货币形式，如何与主权信用货币相协调，需要考察在现有的主权国家法体系之下，数字货币应当如何平衡技术性用与主权信用之间的关系；在主权国家法体系之内，对中央性的货币管理机构与社会性的商业银行的法律地位应当进行怎样的调整。

另一方面，在国际秩序框架内，数字货币作为新生事物不能成为旧有制度和体系的附庸。数字货币的出现是对现有国际货币体系固有问题的反思，数字货币开辟出的新的空间的运行原则、法律规范应当是对现有国际秩序中相关规则的扬弃。在国际社会新秩序中，数字货币的发展应当充分扬弃去中心化这一特征，推动建立更加平等、安全、高效的国际货币体系。在此过程中，一方面需要主权国家法体系推动各主权国家的国内法律体系更加适应数字货币全球性的特征，另一方面主权国家之间应当加强合作，构建命运共同体，共同协商制定数字货币的相关法律规则，为数字货币提供更加稳定、安全的技术支持、运行保障和监管机制。

（二）主权国家法体系中国家—社会的平衡

在主权国家法体系的内部，对数字货币的制度性设计应当主要着眼于国家与社会两个层面的平衡。现有数字货币的设计模式完全处于社会层面，以满足社会层面的数字化经济交往活动为目的，但这一模式所带来的问题是显著的。对于一个以私利为起点和终点的系统，系统内部所能够提供的技术信用只是维持系统运行过程中遵守规则的保障，而无法应对来自系统外部的恶意挑战，或系统内部的恶意违背规则。厘清技术信用的功能有利于从现有数字货币的模式根源进行反思和改进，将具有局限性和不完满性的社会层面的模式代入具有更具普遍性的层面，加入主权信用作为数字货币的保障。

法定数字货币可以应对市场间数字货币的野蛮生长。法定数字货币是一国主权在虚拟空间中发挥作用的具体体现。中央银行提供主权信用支撑的主权性数字货币，是将数字货币的技术逻辑中的技术信用与主权信用有效结合的方式。数字货币的快速发展一方面为法定数字货币的发展提供了技术、市场上的推动力，另一方面也展现了在难以监管的数字货币发展势头猛烈的情况下，推行法定数字货币的必要性和紧迫性。[16]现有市场中私人数字货币的缺乏规制的大量交易和运行，存在着货币入侵、金融系统风险等弊端，影响现有货币体系的稳定运行，对主权国家内部实施宏观调控和货币政策也存在较大风险。

具有主权信用支撑的数字货币有助于提升金融服务水平。数字货币不需要第三方支付平台等交易中介平台的参与，使得使用数字货币的交易相较于使用电子支付货币更加便捷，降低了交易成本，同时数字货币匿名性的特征更加有利于保障交易者的个人信息和交易安全。而这样的特性被应用在金融服务业中，且在主权信用的支撑之下，可以用于央行统筹推广普惠金融，降低企业支付结算的成本，并且可用于金融精准扶贫，提高偏远地区的金融服务水平。[17]

同时，推行使用数字货币有助于国家进行宏观调控和货币政策的实

〔16〕刘谆谆、张瑞东、王玉琳：《央行发行法定数字货币的必要性及一些相关问题的探讨》，载《中国金融学》2018年第1期。

〔17〕刘树新：《央行数字货币供给初探》，载《浙江金融》2018年第10期。

施。〔18〕利用具有主权信用支撑的数字货币可以使得中央银行更好地从宏观上对数字货币的投放、流转、运行进行监管，更加准确地获取货币在市场中的流转节点、流通路线和速度等信息。在此基础上，基于数字货币提供的准确数据，有利于从交易个体的交易行为把握经济整体运行情况，提高宏观调控的精准性和有效性。〔19〕一方面，具有主权信用支撑的数字货币可以通过其技术特性为审慎的宏观调控政策提供直接、有效、全面的数据支撑，使得监管机构可以采用来自不同频率、不同机构的实时交易数据作为政策决策的支撑。另一方面，法定数字货币相比于数字货币，可以被追踪、被监管，从而把握和控制金融风险。

数字货币在社会层面运行的本质使得其存在固有弊端，而在国际经济金融交往过程中，单纯依靠现有的数字货币不能满足交易效率和安全的要求。同时应当看到，国家主权数字货币是对数字货币的扬弃，是将其优势吸收，并结合现有货币体系，对其进行改进。

作为本位币的新型形态，有主权信用支撑的数字货币具有本位币的所有特征，是法定货币，具有货币最为本质的属性和职能。由主权信用提供支撑的数字货币，由国家中央银行根据社会经济发展需要和商品生产交易的需要发行，通过中央银行发布相应的货币政策，并通过法律的形式进行监管，从而保障币值的基本稳定，从而维持信用货币体系的正常运行。〔20〕

国家主权数字货币是将法定货币本身的主权信用与数字货币应用区块链技术而形成的技术信用相结合，进而形成符合新时代经济金融发展趋势下的新的货币形式。但是，从数字货币和法定数字货币的本质就可

〔18〕 刘谆谆、张瑞东、王玉琳：《央行发行法定数字货币的必要性及一些相关问题的探讨》，载《中国金融学》2018 年第 1 期。

〔19〕 参见姚前：《理解央行数字货币：一个系统性框架》，载《中国科学》2017 年第 11 期。另见姚前：《中国法定数字货币原型构想》，载《中国金融》2016 年第 17 期。

〔20〕 参见盛松成、蒋一乐：《货币当局为何要发行央行数字货币》，载《清华金融评论》2016 年第 12 期。另见盛松成、蒋一乐：《央行数字货币才是真正货币》，载《中国金融》2016 年第 14 期。

看出，两者之间存在着由于技术差异而造成的分歧，而这些分歧会影响法定数字货币的可行性，需要进一步进行分析。

去中心化、信息公开透明都是数字货币的重要特征，但是这些特征与国家主权支撑的法定货币的特征存在很大的分歧。主权信用支撑的法定货币系统是以一国央行为中心机构、国家的经济政策为中心的货币系统，但区块链技术为支撑的数字货币系统是具有去中心化特征的。两个系统的分歧不仅仅是在系统的设计模式上，在运行过程中的具体制度设计上亦存在分歧和差异。

区块链技术天然具有去中心化的特征，使得以区块链技术以及以算法技术为基础的数字货币在特征属性上也是去中心化的，而这本身与国家主权所控制的央行发行的法定数字货币之间存在分歧。一国的中央银行是国家主权货币存续的基础，因为中央银行对货币提供主权信用背书，负责法定货币的交易和运行，在货币的管理、货币政策的制定等环节发挥重要作用。但是这一重要作用及其在一国经济政策中的核心地位使得这与区块链去中心化的初衷存在巨大分歧。

另外，现有的数字货币其具有交易匿名性、交易信息公开性的特点，而中央银行数字货币的保密性质极高，利用现有数字货币的运行和交易模式对国家货币安全是不稳定的因素。一方面，中央银行对货币信息的掌握，有利于积累由微观的交易个体形成的宏观经济信息，从而有助于提高从宏观监管经济的效率，同时防范金融系统性风险。〔21〕另一方面，区块链技术要求这些信息不仅仅由央行掌控，利用区块链的共识圈主体都可以接触和了解相关信息，这就使得同样的信息可能被每个数字货币持有者掌握，一旦泄密则会造成大面积的个人信息和个人隐私的泄露。对于保护数字货币的持有者和使用者而言，信息保护存在巨大的风险。

〔21〕 参见姚前:《共识规则下的货币演化逻辑与法定数字货币的人工智能发行》，载《金融研究》2018年第9期。

在解决分歧可能的途径上，首先应当认清国家中央银行在数字货币的发展和运行过程中的重要作用。国家为整个数字货币体系所提供的是主权信用上的支撑，但并非意味着在这一货币体系中，央行需要处于完全独断的主导地位。为了根据数字货币自身的特点，协调去中心化与中心化，可以构建分离协作的联盟链双圈体系。[22]这能很好地将社会层面的金融机构和金融市场的力量与国家能够提供的信用支撑，通过央行与商业银行共同构成，采取共识圈与交易圈的双层设计，从而更加简单地实现分离协作。其中具有强控制力的共识圈保障央行在货币体系中的核心地位，保障国家主权能够为数字货币体系提供主权信用支撑；而体现区块链技术优势的货币交易圈则能够顺应市场对数字货币的需求，保障其对零售交易的便捷、低成本的需求。[23]

在技术方面的控制，可以结合市场和央行的共同监管，利用多层次的参与主体的监管能力保障数据和用户信息的安全。一方面在市场层面确保商业银行能够在自我管控范围内处理交易数据和进行交易操作，另一方面保障共识圈内操作的可控性，确保商业银行仅在交易范围内掌握相关信息并保障信息安全。

（三）国际社会中的主权国家法体系

在国际秩序中，主权国家法体系对数字货币的制度设计不仅需要解决在一国之内如何平衡国家与社会的利益冲突，从而获得更加稳健的货币体系，还需要着眼于数字货币开放性的面向，在与主权国家法体系的协调之中，考虑数字货币在国际货币体系之中如何正确发挥货币职能。应当首先认清现有国际货币体系存在的问题，识别主权国家在世界秩序中应当扮演的角色，从而探析世界秩序下数字货币的发展方向，不能仅以本国国内利益为出发点而侵犯或霸取他国利益，应当吸收借鉴数字货

〔22〕于春奇：《区块链技术与央行数字货币需求的分歧与应对》，载《金融时报》2018年9月3日，第9版。

〔23〕参见于春奇：《区块链技术与央行数字货币需求的分歧与应对》，载《金融时报》2018年9月3日，第9版。

币去中心化的思维模式，更为公平、透明，促进共同体形成和发展的国际货币体系的建设。

自1978年《牙买加协定》生效以来，以美元同黄金挂钩的布雷顿森林体系确定的国际货币体系便瓦解，也即美元作为国际储备货币的时代告以终结。根据《牙买加协定》的规定，美元不再与黄金直接挂钩，而是由各国自主选择本国货币的汇率制度。在《牙买加协定》下，虽然国际储备货币逐步走向多元化，但是美元等几种强势的主权货币并没有在国际货币体系中式微，浮动汇率制仍然危及全球经济的稳定运行。

2009年，比特币的诞生使得人们对国际货币体系有了新的想象。21世纪以来，全球化背景下数字经济的发展对原有的国际货币体系提出了挑战。在交易中，货币的使用需要进一步降低交易的成本，提高交易的效率，同时还应当满足资产保值等抵抗风险、保障用户隐私的需求。〔24〕而传统货币已经无法适应这样的需求，比特币等一批数字货币的出现使得这种需求存在得以满足新的可能性。

这样一种基于密码学和区块链技术而产生的数字货币用全新的方式，改变了发行、交易等货币运行过程中的多个环节，并且其币值的高涨也使得比特币和相似的数字货币获得了极大的关注。人们普遍认为，比特币的诞生意味着一种超越主权国家的货币即将产生。最初对比特币等私人发行数字货币是否为新的金融产品骗局的质疑逐渐消失，关注点逐渐转为比特币是否能够替代现有的主权国家信用货币成为主要货币。

通过梳理国际货币体系自其产生以来的发展可以发现，国际货币体系是各国进行经济贸易往来的基础，全球的经济资源也以国际货币体系为基础进行分配。国际货币体系内所形成的国际规则对各国的经济、金融发展具有重大的影响，国际货币体系是否公平直接影响国际经济秩序是否公平、全球内的资源是否实现了有效的配置。

〔24〕 周莉萍、胡思慧、柳青：《法定数字货币相关问题认识及建议》，载《金融法苑》2018年第10期。

从货币历史来看，国际贸易往来最初是通过黄金进行结算，黄金的天然属性使得使用黄金结算能够最大限度地为全球经济贸易提供有利条件。1816 年英国首先通过法律确立了黄金本位制，并逐步发展为全球性的金本位制，并最终形成了最初的国际货币体系。在这一体系中，各国货币之间的汇率按照各国的黄金储量决定，各国收支状况以黄金的输入输出情况为指标进行调节。但是由于黄金的稀缺性和总量恒定的特征，随着开采量的下降，黄金不再能够满足国际经贸需要，黄金本位的国际货币体系也就此崩溃。

而后的国际货币体系都建立在纸币本位上。“二战”后，为重建国际经济秩序，稳定汇率，以美国为主的国家签订了《布雷顿森林协定》，从而建立了国际货币体系的新秩序。该体系是以美元为中心的体系，规定美元为国际结算货币。由于美元不像黄金一样具有在全球内统一稳定的价值定位，所以为了保障美元币值保持稳定，《布雷顿森林协定》规定了直接由美元与黄金挂钩，两者之间按照固定比率兑换，同时美元和其他国家货币实行固定汇率进行兑换。但这一以美元为中心的体系存在先天缺陷，即一方面，美元要保障其在国际货币体系中的中心地位，就需要美国的国际收支达到顺差；而另一方面，由于各国货币都与美元价值直接挂钩，所以各国都将美元作为储蓄货币，这就使得美国需要向其他国家输出美元，即要求美国的国际收支状况达到逆差。显然，这两个目标无法同时实现，这就是著名的“特里芬难题”。1971 年美元危机的爆发，使得美元与黄金脱钩，这一国际货币体系也就此崩塌。

而后为维护国际货币体系的稳定，经由国际货币基金组织倡导，为建立一个新的国际货币秩序，各国又签订了《牙买加协定》，以这一协定为基础而建立的国际货币体系也成为现阶段国际社会的货币体系。在目前的国际货币体系之下，美元不再与黄金挂钩，各国也不再实行固定汇率制，各国选择采用浮动汇率制。浮动汇率制保障了市场能够在汇率中起决定性的作用，汇率变动仅由市场的供求所决定，而不再受到某一国政府的干预。[25]

通过国际货币体系的发展过程可以发现，货币是从具有较高价值和稀缺性的实物，如黄金等贵金属，逐步发展到符号化的货币；在汇率上，从与本位货币绑定的固定汇率逐步发展为各国自由制定的浮动汇率，在这一发展过程中，国际货币体系也逐渐变得开放和市场化。货币不再是黄金本位，转为依靠符号化纸币背后的国家主权信用作为支撑，在这一过程中，货币逐渐进入信用时代。而信用时代的货币注定会受到体系中本位货币的影响，在布雷顿森林体系时代因受到美国国内货币政策的影响，各国的币值都因美国国内的政策而上涨或下跌。这样的弊端到了2008年全球金融危机彻底爆发，美国政府为了国内金融市场不再溃败，企图通过贬值美元刺激经济，但这一举动使得各国经济成为牺牲品，引起对国际货币体系进行改革的呼声。

虽然《牙买加协定》的签订对原有的美元与黄金挂钩的国际货币体系进行了一定的修正，但是现有的国际货币体系仍然存在着许多问题。在如今的体系中，虽然存在着多元的国际储备货币，但是美元在国际货币体系中的中心和霸权地位仍未动摇，美元在经济运行、金融交易中仍然占据着绝对优势。因为虽然在《牙买加协定》下美元在法律上的中心地位已经被取消，但全球经济体系中并未出现另一种主权国家信用货币或者非主权国家信用货币成为美元的替代货币。而美国作为全球第一大经济体的地位仍然稳固，所以美元在国际经济体系中的影响力仍然是巨大而稳固的。

这就使得美国国内的货币政策会直接影响全球经济的系列反应和剧烈波动。自2008年美国金融危机以来，因为美国的经济对全球的影响，仍然使人担忧美联储不稳定的货币政策是否还会给全球经济带来更大的不确定因素。同时使人怀疑的是，如果全球货币体系对美元过于依赖，

〔25〕参见马丁：《比特币的创新对国际货币体系改革启示的研究》，河南大学2015年硕士学位论文，第24页。

是否会直接影响全球经济的发展。美元的中心地位不仅使得其国内的负面经济问题直接传到世界各国，成为影响全球经济金融秩序的巨大不稳定因素，美元作为中心货币的劣势还体现在美元依靠自己的霸权地位，以汇率上的优势换取和压制发展中国家或不发达地区，以换取低廉的劳务和产品。

由此可以看出，在新的国际货币体系下，“特里芬难题”并没有得到根本解决。也即当一个国家的货币被国际社会选为国际储备货币，这一国家无法通过同时实现贸易顺差和贸易逆差来保证他国的货币需求和本国的币值稳定。即使在多元化的国际储蓄货币体系之下，多元化的货币体系也并不能动摇美元在国际货币体系中的中心地位，“特里芬难题”也依然存在。如今美国的经济数据仍然显示，其经常性账户逆差使得美国无法完成国际收支平衡，也为全球经济稳定布下了隐患。

国家主权数字货币不仅仅是将数字货币的技术应用于国家信用货币的推行中，从严格意义上讲，不是主权信用货币的数字化形式。国家主权数字货币的推行，一方面是顺应数字经济时代的发展需要，通过推出数字化的、可以在数字经济交易中运用的新型货币，使得货币能够保障和推进经济活动的高效率运行，吸收现有数字货币在技术层面的特点，充分利用其工具性的优势发展数字货币。另一方面，现有数字货币的尝试也是对现今国际货币体系进行改革和发展的契机。新的货币形式所需要的和将带来的都是新的货币体系，这一体系中首先需要克服部分国家的主权货币霸权，从而保障新的货币体系中没有某一国的主权货币因其国家政治经济实力而受到控制，同时也保障新的货币形式不构成抢占世界经济市场的工具。

这就对国家主权数字货币在发展上提出了新的要求，即国家主权数字货币应当在性质上进行一定的改进和完善。国家主权数字货币所兼具的不仅仅是在主权国家范围之内承担货币职能，而是需要更好地满足经济交往中对高效、透明、安全的需求，而这是数字货币被设计出来时就具有的初衷和特点。国家主权数字货币应当是对国家传统信用货币和数字货币的扬弃和统一。货币在现阶段的发展会坚持其固有的主权属性，但是这一主权不再是绝对封闭的主权，而是包容性的主权，不仅是对社会层面的反思和包容，还应当对其参与的国家间交往拥有包容性。即国家主权不再仅仅对主权控制范围内的事务负责，还应当承担国际责任。对国际责任的承担不是扩张性地管理其他国家的事务，成为“世界警察”或者霸权管理者，而是应当顺应事务发展的根本趋势，包容性地承担国际责任。

货币体系在一定层面是对全球秩序体系想象的反映，而在货币层面也应当对市场交易的要求作出回应，并且积极调整，同时承担国际经济交往中的货币职能。由此，国家主权数字货币应当满足新经济体制下的要求，同时为国际经济交往提供便利。

从数字货币出发可以看到，主权国家在国际秩序中所承担的角色应当有所调整。在如今的国际秩序中，全球贸易承担着推动和促进不同主权国家联系的重要功能，但是贸易在全球化过程中所承担的作用仅仅是维持交易的运转，不同主权国家的货币则成为全球化进程中的壁垒。数字货币能否成为一种世界货币，取决于全球性的数字货币区块链系统在技术上的实现，更重要的是在世界范围达成共同使用同一种类型的货币，从而加强全球不同主权国家的同质性这一根本性问题能够在政治上达成共识。也即能否存在一种超越主权国家内部的，上移至世界范围内的基础规范能够被承认，进而真正达成某种平衡的普世秩序。并非通过数字货币这种去中心化的设计所能够达成的只能是康德的永久和平论框架下的世界秩序，也并非欧盟意义上简单地在形式上进行一些主权让渡，而是需要重新对世界秩序展开想象，[26]对主权国家在内部和外部进行具有开放性面向的调整。

---

〔26〕这里没有展开论述，因为对普世秩序的想象不仅仅是理论上的分析和构想就可以解决的，需要参考时代背景下各国的主权实力和政治经济等实践。但是关于普世秩序的设计，相比于单单依赖政治上美好良善的奢望，黑格尔的理论所提供的是更为普世性的设计和可能性。具体可参见邱立波：《黑格尔与普世秩序》，华夏出版社 2009 年版。特别是其中的两篇：《黑格尔论国际法、国际关系与世界共同体的可能性》以及《黑格尔方法论下的区域主义、全球主义和世界秩序前景》。

这一问题在本质上需要各个主权国家作出政治上的决断，然而，结合数字货币的世界性及主权性特征，主权国家在未来需要调整其角色，主权国家之间的利益不是相互排斥的关系，而是命运共同体。

在现有数字货币的基础之上，探析数字货币的未来发展方向，需要做两个层次的思考。首先是主权国家法体系内部法定数字货币的地位以及与现有国内货币体系的关系，解决技术信用与主权信用的平衡问题。同时，需要考虑在国际货币体系层面，数字货币如何使得构建一个更加平衡、公平的国际货币体系成为可能，解决去中心化与中心化的平衡问题。发展方向的确定不仅应当借鉴现有的数字货币的运行和交易模式，并且应当努力避免其可能带来的非法交易、洗钱风险、个人信息泄露等问题；同时应当结合现有的国际货币体系，依照货币自身的发展逻辑对数字货币的发展进行安排。

四、数字货币的法律规制

（一）数字经济时代的法律发展

数字货币的法律规制不仅是一个新的立法领域，也体现了数字经济时代法律的变革与发展方向。法律不能仅仅作为滞后性的社会控制手段，也可通过法律规制和监管来引导和推进经济领域的创新和发展。法律的职能不仅是对已经出现的，具有大量、典型的民商事经济行为进行规范，同时应该通过法律规定的调整为经济金融中的创新举措提供充足的发展空间。这是法律在社会控制中角色的必要调整。

随着国家与社会的关系的发展，以及主权国家在国际社会中的角色变化，法律也应当在制定和适用上进一步发展。在经济金融领域，大部分创新和发展来自社会层面的尝试，而国家在这一过程中需要首先认定市场行为的性质，并且对其进行扬弃。法律在这一过程中应当为国家对市场行为的吸收提供制度性的条件，并为其巩固和发展提供稳定的制度性保障。法律应当与社会层面的规则体系更好地协调，在根本性和基础性的问题上设置认定标准和行为规范，在需要较大灵活性的问题上通过委托社会层面制定规则或有取舍地援引规则的方式进行调整，从而保证可控范围内的可变性。

主权国家在国际秩序中不能仅以国内主权和本国利益为唯一考量因素，在政治、经济等各个领域，各国利益都更为紧密地相连，这就要求主权国家在国际事务中需要将本国视为人类命运共同体中的一个主体，促进和推动共同体利益的发展是国家进行国际活动的重要准则之一。而法律在国际交往过程中应当积极寻求国际和区域间的协作，在有针对性地根据本国特殊利益进行调整的前提下，建立全球性或区域性的法律制度。真正的去中心化并不是去除掌握霸权或是垄断性的机构，因为权力和资本是始终具有中心趋向性的。

真正的去中心化是以国家内的社会层面与国家层面的协调以及国际间不同主权国家的协调为基础的。而协调的标准不是中心化的或垄断性的而是以国家共同体和人类命运共同体的利益为根本准则。只有在这样的根本准则下，才有可能推动和建立更加平等、开放、公平、公正的国际秩序，从而在此准则下，形成相应的法律规范体系。现有的数字货币在法律属性上应当被认定为数字资产，对其监管可以参考民法上对数字资产的监管模式。从货币的本质属性上看，目前在市场上运行的比特币、以太币等数字货币不具有货币的基本功能，也没有发展成为货币的可能性，所以在法律规制上可以使用民法中财产权利的规制方法。需要注意的是，由于现有数字货币的自身特征，应当对投资者利益保护重点关注。数字货币作为一种投机性的金融资产，其风险和回报率不同于市场上大部分的金融产品，在币值认定、交易平台责任等问题上应当进行特殊的法律规范。同时由于现有数字货币的运行模式极易造成新型洗钱犯罪等一系列非法交易，所以应当构建技术驱动型的金融监管体系。〔27〕技术驱

---

〔27〕 周信：《比特币法律规制研究》，辽宁大学2018年硕士学位论文，第25页。另见韩龙、彭秀坤、包勇恩：《金融风险防范的法律制度研究——以我国金融业对外开放为重心》，法律出版社2013年版；王贵国：《国际货币金融法》，法律出版社2007年版。

动型的监管体系与传统的金融管制不同，其转变为主动监管，并要求强制性的信息披露，从而强化交易运行过程中的自动监管。[28]这不仅强化了监管的能力，也从根本上保障了交易全过程都能被掌控在较小的风险之内。

（二）数字货币的法律规制方向

在法律规制上，与数字货币相关的法律不能固守陈规，应当对具有数字货币特点的对象进行区分。将现有的私人数字货币定义为资产，对其作出一般财产化规制的处理；但也不能仅通过禁止数字货币的交易，从而简单化地处理这一新生事物。国家的主权信用数字货币则是在货币领域对技术信用和主权信用的结合，应当构建完整的全球性的数字货币体系，协同各国在建设统一的数字货币金融基础设施上贡献力量，加强全球合作，推进全面数字货币化。

（三）数字货币法律规制的原则

数字货币的法律规制是新数字经济时代的法律问题，在制定相关法律规则时，应当充分关注数字货币本身的法律属性，同时也应当使得相关规制的法律符合互联网时代对法律制定和适用的特殊要求。所以在原则上应明确法律规制的基本问题，从而进一步指导部门法的具体制定和现有法律的修改与调整。

1. 坚持防范风险与鼓励创新相结合的原则

在变化发展的数字经济时代，对于新出现的经济现象和事物应当始终保持开放和鼓励创新的态度。法律的任务不仅仅是对其进行监管，还应当认定其法律属性，从而保障其在进一步发展过程中有适合的发展环境，不会因过于宽松的监管条件而偏离本质，也不会因为过于严格的监管使得其无法与传统、成熟的市场相融合而失去创新的可能。对数字货币的直接全面禁止有违新生事物发展的规律，应当在可控范围内的风险进行平衡，不能以对风险零容忍的态度进行立法工作。在法律监管的过

[28] 参见王谦、戢增艳：《网络货币的产生与应对策略研究》，载《经济学家》2015年第9期。

程中，可以考虑原则性监管的方式，从而鼓励创新，用具体的规则性监管的方式控制风险，从而实现创新与风险的平衡。[29]

2. 坚持法律治理与技术治理相结合的原则

就技术治理的特征而言，其本质与互联网等应用互联网技术发展的事物相同，本身即具有分权治理的特征。[30]相较而言，法律治理的手段在规范和监管的特征上体现得更为集中。[31]但是技术治理在本质上也具有工具性的特点，所能提供的规制方案并不是从头至尾、从始至终全流程的，其本身也不具有价值决断和适用上的强制力，所以技术治理在功能上是工具性的。[32]所以将法律治理和技术治理相结合，应用技术治理的方式能够使得法律渗入互联网空间，以达到全面治理网络空间的目的。在对数字货币的法律规制上，对数字货币的交易者和持有者进行主体上的限制违背货币属性的初衷，所以可以将技术激励运用到法律规制的过程之中，依照技术治理与法律治理的二元共识，[33]建立区块链的技术标准，并且依照数字货币交易和运行的模式建立技术风险的预警和评估，建立完善的法律制度和严格的技术规范。[34]

3. 坚持多层次多主体协调统一的原则

数字货币的法律规制应当在市场、国家、世界的多个层次中协调而达到统一，相对应的在法律规制的对象以及参与法律规制的主体之间应当在多个主体之间协调。[35]如前所述，数字货币不是完全脱离市场层面

〔29〕参见周信:《比特币法律规制研究》，辽宁大学2018年硕士学位论文，第34页。

〔30〕参见胡颖:《技术与法律的博弈——网络空间治理之道探究》，载《福建师范大学学报（哲学社会科学版）》2013年第3期。另参见张新宝、许可:《网络空间主权的治理模式及其制度构建》，载《中国社会科学》2016年第8期。

〔31〕参见马长山:《互联网+时代“软法之治”的问题与对策》，载《现代法学》2016年第5期。

〔32〕参见刘晗:《域名系统、网络主权与互联网治理的历史反思及其当代启示》，载《中外法学》2016年第2期。

〔33〕参见郑智鹏:《网络社会法律治理与技术治理的二元共治》，载《中国法学》2018年第2期。

〔34〕郑智鹏:《网络社会法律治理与技术治理的二元共治》，载《中国法学》2018年第2期。另参见张新宝、许可:《网络空间主权的治理模式及其制度构建》，载《中国社会科学》2016年第8期。

〔35〕参见王利明:《论互联网立法的重点问题》，载《法律科学》2016年第34期。

单独发展的国家主权数字货币，其发展应当充分利用市场主体的技术优势和创新能力。一方面平衡中央银行在货币政策上过分集中的权力，同时结合国家对法定货币管理的现有制度和经验，保障主权国家内建立完善的数字货币的交易运行体制和保障、监管体系。另一方面，还应协调国际范围内的数字货币体系，建立各国数字货币更加紧密的联系。

（四）数字货币法律规制的建议

1. 建议从内部建立央行与商业银行合作机制

中央银行应当加强与商业银行的合作，分职能开发数字货币体系中的不同功能，对现有数字货币的模式进行缺陷分析，将属于共识圈和交易圈的不同职能进行统筹协调。通过协调央行与商业银行的不同职能，将数字货币运行过程中的多个环节由不同银行共同完成，在协作中可以提高交易圈的运行能力和水平，使用协作技术解决数字货币的交易效率问题。通过央行与商业银行的协作，也有助于解决法定数字货币体系中的用户隐私和国家安全的问题。央行应当与商业银行分工合作，在共识圈中保证用户信息和交易信息的透明和可控，而在交易圈范围内保障用户的匿名性。这样可以做到可控的匿名，从而使得监管机构能够对交易信息的泄露进行监管，从而降低数字货币运行过程中的风险，防范洗钱等非法交易，保护用户隐私和数字货币体系的系统安全。

2. 建议从外部构建国际协同一体化机制

应当加强国际合作，构建完整的数字货币的系统需要建设完备而复杂的金融基础设施，即要求在全球范围内构建共同网络和公共链，从而保障足以支撑全球大规模高强度的交易。国家间的联动机制是构建全球性数字货币体系的重要一环，只有各国提供充分的技术支持并在国内建设完善的配套设施，才能保障全球性的数字货币体系的良性运转。国家主权数字货币不仅仅在本国主权范围内使用，还要用于主权国家与外国、国际经济交往之中，本身还应当承担国际化的货币职能。数字货币所依赖的最为基础的信用和价值来自支撑起运行的技术网络和系统，如果只满足于本国利益，未将时代发展的新要求、新趋势纳入数字货币体系的规划中，会影响数字货币基础设施建设和配套设施建设，无法突出数字货币体系本身具有的高效、透明的特征。

3. 建议完善更新国内法律体系

数字货币推行的基础和必要条件之一即建立一个与之相协调的法律体系，只有在一个公平、公正、公开、平衡的法治环境下，数字货币才能够合法地运行，从而起到推动数字经济发展的积极作用。[36]一方面是在现有货币法律体系之下，如何认定和识别数字货币的法律地位以及使用数字货币进行的交易活动，另一方面是需要根据数字货币的特殊属性，制定一套新的货币法律及相关法律。应当通过对现有法律体系的解释，确定数字货币的法律属性和主体地位。我国现有的法律只对纸币形式的人民币进行了解释，《人民币管理条例》第2条规定："人民币是指中国人民银行依法推行的货币，包括纸币和硬币"。其中并没有包括数字化的货币，所以应当先对这一条进行修改，将数字货币纳入人民币类型之一，或者可以考虑直接将人民币定义为"具有国家主权信用支撑，由中国人民银行依法推行的货币"。同时，由于数字货币在发行、流通、结算等环节都与现有的纸质化人民币有着本质上的区别，所以应当制定一部专门性的法律，对数字货币的法律问题进行讨论，并应重点考虑对数字货币推行带来的法偿性、反洗钱、货币造假、消费者权益保护等方面的特殊立法问题。

对于数字货币相关法律的立法模式问题，可以考虑在短期内由全国人大和相关立法机构对现有的、短期内的数字货币的推行和流通问题进行规定，从而解决短期内数字货币与现有法律体系不相适应的问题。而从长远考虑，应当制定一部专门的数字货币的法律或法规，并且逐步构建一套以该法律为主体的数字货币法律体系。[37]在数字货币法律体系的

---

〔36〕参见姚前：《中国法定数字货币原型构想》，载《中国金融》2016年第17期。

〔37〕王波、王玥：《中国法定数字货币：影响、挑战与建议》，载《证券法律评论》2018年第6期。

构建和完善中，应当充分参考现有数字货币运行的经验，结合市场化的交易运行特点，对数字货币作出具体、平衡的法律规定，为数字货币的持续发展留出成长空间。

4. 建议建立国内国际联动法律监管机制

应当突破现有主权信用货币的监管模式，明确监管对象，依照市场中不同层次的参与主体制定针对性的监管法律法规和规定、国际联动监管机制，在全球布局的数字货币交易系统中，进行统一标准的监管。对交易系统的监管是重中之重。由中央银行统筹管理的交易系统所需要的是提取交易系统中的数字货币交易和运行情况信息，并对数字货币的交易情况进行实时的风险分析。在运行过程中，通过积累的实时数据，完成系统漏洞或调整系统监管模式，可以先推行试点监管程序。在与商业银行合作的过程中，对中央银行和商业银行承担的数字货币体系运行过程之中的不同职能进行区分化的监管。在中央银行与商业银行的协作模式之下，商业银行主要承担的职能是为市场提供符合数字经济发展的多样化的金融服务，在提供金融服务的过程中协助中央银行完成一部分对交易环节内的数字货币运行情况的监管工作。数字货币在流通、支付、结算环节中，应当制定和完善相关的法律监管规定，保障商业银行发挥监管作用。同时，在与中央银行的协作之中，充分发挥商业银行的市场优势，分散交易运行环节的风险，推动数字货币在金融服务业方面的创新。

监管体制中另一重要主体即为数字货币体系中的持有者和交易者。在监管机制中应当充分考虑数字货币自身的交易匿名性和不可逆的特征，一方面在中央银行负责的共识圈加强监管强度，另一方面可以成立专门的技术部门，对数字货币的违法交易、侵犯消费者权益等问题进行监管，减少和规范市场行为。

结语

现有的数字货币只是数字化的金融投资产品，是数字经济时代对数字货币这一新的货币形式的有益尝试。法定数字货币是结合传统货币的主权信用与新兴数字货币的技术信用而产生的新型货币形式。数字货币为主权国家法体系提供了一个良好的将国家层面和社会层面进行有机平衡和协调的通道，使得一国内的金融秩序有了更多市场主体的参与，并且结合了更大的监管力量保障经济金融市场的安全。同时，数字货币为开启一个更加公平、开放、平衡的国际货币体系提供了可能性，一个更加需要全球协作、共同提供技术和制度性支持的货币体系需要各国本着国际共同利益的基本立场通力合作。对于新数字经济时代的主权国家法体系的构建，在遵循鼓励而不失序的基本原则的前提下，应该借鉴对数字货币的法律构建的模式，吸收新生事物中符合时代进程的要素，协调国家内市场与国家的关系以及主权国家与国际社会的关系，推进主权国家法体系向更加开放性的面向发展，从而为新的制度性改革提供指引方向。就法律制度的建设而言，法律应当适应新时代多变化、高节奏的发展，并应当成为引导和推动的有益力量。

PART 2

立法评析

Analysis on The Legislative

pp.109-190

“和”而不“解”：中国刑事和解立法透视

——比照西方恢复性司法

何　剑*

摘要：2012年《刑事诉讼法》确立的刑事和解制度表现出“和”而不“解”的立法特点，即和解本身不改变诉讼进程，仍以定罪量刑为中心任务。从历史渊源上看，此立法特点在一定程度上沿袭了中国古代“公事公办”之法律传统，并承接了中国近代法制转型的基本经验。从现实国情看，为避免和解的泛化对社会一般正义观念可能造成的损害，防范司法公权力在配合与制约中的失衡，适应当前社区（矫正）发展程度的局限性，“和”而不“解”不能不成为一道重要的立法“防火墙”。从法律与社会的关系看，“从社会中来”和“到社会中去”是相反相成的两种思维向度，但前者已然处于主导地位，

* 何剑，法学硕士，毕业于中国政法大学，曾任教于河南科技学院法律系，现供职陕西省汉中市人民检察院。

故“和”而不“解”之立法设计也是符合法律实践规律的，而西方恢复性司法晚近的发展动向也在相当程度上佐证了这一点。当前，中国刑事和解制度存在体系化建构不足、被司法实务和相近刑事政策“架空”的问题。为此，有必要吸收和整合相邻制度，适当放开其程序效果，适度紧缩其实体效果。另外，要慎重开展涉刑事和解的法制宣传，防止该制度被民众所误解。

关键词：刑事和解　恢复性司法　民间调解　社区

刑事和解在法律学界已不是个新话题，而是称得上著述甚丰。对迄今为止这方面的学术研究文献进行梳理，可以发现，以2012年《刑事诉讼法》的大修为分水岭，前后两个时期的研究重点和风格是迥然不同的。前期——大约从20世纪初开始，相关研究以刑事和解的理论阐释为主；后期（即2012年以后）的研究则明显转向立法完善的相关建议和对策。应该说，这样的研究格局不乏其客观针对性。然而，前期和后期的研究又呈现出某种脱节和隔膜。表现在：第一，没有立足于修改后《刑事诉讼法》中的刑事和解制度对既往的理论阐释予以检视和重整；第二，对新《刑事诉讼法》的修改建言往往偏重功利性、实用性，攻其一点不及其余，比较缺乏理论厚度和严谨性。有鉴于此，笔者试图结合近年来的司法实践和学说发展，对修改后《刑事诉讼法》所确立的刑事和解制度进行一番纵深的回顾与展望，以期抛砖引玉，促进该研究课题的可持续发展。

一、“和”而不“解”——2012年《刑事诉讼法》中的立法例〔1〕

尽管经过先前热烈的理论研讨和扎实的地区试点，并最终开辟《刑事诉讼法》“特别程序”之专章，但立法创设似乎颇显保守。先援引条文如下：

第二百七十九条　对于达成和解协议的案件，公安机关可以向人民检察院提出从宽处理的建议。人民检察院可以向人民法院提出从宽处罚的建议；对于犯罪情节轻微，不需要判处刑罚的，可以作出不起诉的决定。人民法院可以依法对被告人从宽处罚。

〔1〕本部分内容的探讨均基于2012年《刑事诉讼法》。

上述法条乍看似乎平淡无奇，实则体现了非常严谨周密之构架。它给人一种十分直观的印象：刑事和解赖诉讼而发挥效用，其效果受到诉讼环节的严格限定。具体说起来：首先，对于达成和解协议的刑事案件，公安机关仍然应当移送审查起诉，而不能据此撤案或作其他处置。其次，对于达成和解协议的案件，检察机关仍然应当提起公诉，除非该案件还符合"可以不起诉"的法定条件。在这里，是否"可以不起诉"，根本上取决于是否"犯罪情节轻微，不需要判处刑罚"，而非"是否达成和解协议"。理由是该法第173条第2款已经明文规定——"对于犯罪情节轻微，依照刑法规定不需要判处刑罚或者免除刑罚的，人民检察院可以作出不起诉决定。"〔2〕最后，法院对此类案件仍然应当审判，仍然应当展开定罪量刑的工作（即使是最终免予刑事处罚，也仍然是定罪量刑工作的产物〔3〕）而不能据此作其他处置。最高人民法院、最高人民检察院出台的司法解释基本沿袭了《刑事诉讼法》中的这三层意思。

继续深入《刑事诉讼法》第279条，不难发现：刑事和解本质上只提供了一种建议权——达成和解的当事人可以建议司法机关从宽处理〔4〕；建议的内容最后落脚在"是否主张或同意对犯罪人从宽处理（罚）"上。这反映出：新《刑事诉讼法》中的"刑事和解"本身并不构成一种独立的司法程序。冲突之解决，根本上取决于定罪量刑的诉讼活动，而这种活动的进程并不受刑事和解改变。

---

〔2〕"犯罪情节"很大程度上是个客观化的衡量指标，在时间上与犯罪行为的发生同步，而与刑事和解之达成与否并无逻辑上的必然联系。早先曾有学者撰文，建议对原《刑事诉讼法》第142条第2款（即2012年《刑事诉讼法》第173条第2款）作如下修改："对于罪行轻微，依照刑法规定不需要判处刑罚或免除刑罚的，人民检察院可以作出不起诉决定；犯罪嫌疑人已与被害人达成和解协议的，人民检察院应当作出不起诉决定。"参见向朝阳、马静华：《刑事和解的价值构造及中国模式的构建》，载《中国法学》2003年第6期。然而，2012年《刑事诉讼法》并未采纳这种思路。

〔3〕按全国人大法工委有关人员对该条的说明，"这里规定的'从宽处罚'是指对犯罪嫌疑人、被告人从轻或者减轻处罚"。参见全国人大常委会法制工作委员会刑法室编：《〈关于修改中华人民共和国刑事诉讼法的决定〉条文说明、立法理由及相关规定》，北京大学出版社2012年版。

〔4〕依据法条，广义上的建议权似还包括公安机关向检察院、检察院向法院的从宽处理（罚）建议权。

2012年《刑事诉讼法》中刑事和解的上述定位，是个值得注意的现象。如前所述，在2012年的“正式版本”推出之前，中国法学界和法律实务界已经就“刑事和解”的主题进行了广泛探索。在这一探索中，源自西方国家20世纪六七十年代的恢复性司法运动，始终是一个重要的参照系。但恢复性司法并不坚持主张和解依附于诉讼，相反，程序分流随时可能开启。当事人如果通过协商对话达成恢复性协议，就有可能改变诉讼进程——具体来说，警察可以据此终止案件的移送；检察官可据此不再提起公诉。即使在案件已经起诉到法院后，仍然可作分流处理。“如在德国，不论是在审前阶段还是在法庭审理过程中，法官可以驳回案件。……如法官在审前阶段分流案件，将无审判；如在审判过程中分流，将无宣判。无论哪种情况，都没有犯罪记录。”[5]通过程序分流，案件的最终处理措施也不再以量刑为中心，最能彰显这一“别样”旨趣的莫过于社区服务以及社区承担的各项恢复性举措。

显而易见，修改后的《刑事诉讼法》没有追随上述恢复性司法的程序设计思路。不过，在2012年以前的地方试点中，某些地方的规范性文件曾认可刑事和解作为侦查机关撤案、公诉机关不起诉的依据。[6]另外有必要一提的是，在我国，社区矫正的兴起与刑事和解大致同期，然而，修改后的《刑事诉讼法》在建构刑事和解制度时，并未特别地拓展社区的作用发挥。

对于《刑事诉讼法》中刑事和解规定的以上特点，笔者谨慎地概括

---

〔5〕刘江春：《恢复性司法研究》，西南政法大学博士学位论文，第5页。

〔6〕如浙江省高级人民法院、省检察院和省公安厅于2004年联合下发的《关于当前办理轻伤害犯罪案件适用法律若干问题的意见》明确规定：在符合刑事诉讼法的前提下，在侦查、审查过程中的轻伤害犯罪案件，只要双方当事人和解，受害人要求或同意不追究刑事责任，可以撤销案件或不起诉。正在侦查、审查的轻伤害犯罪案件，被害人要求改变程序、自行直接向法院起诉的，公安、检察机关应予同意。另据学者对北京市检察机关的实证考察，从2003年7月1日至2005年12月31日，北京市七个区的检察机关受理的全部轻伤害案件中，经过刑事和解程序，移送公安机关撤销案件的共有534件，占全部案件刑事和解案件的80.1%；检察机关直接作相对不起诉的案件有129件，占全部刑事和解案件的19.3%（参见陈瑞华：《刑事诉讼的私力合作模式——刑事和解在中国的兴起》，载《中国法学》2006年第5期）。从西方国家恢复性司法实践看，亦有相当案件是在警察局消化处理的。

为“和”而不“解”。这一论断着眼于和谈在纠纷解决中的权重，着眼于和谈改变诉讼及刑罚的能力之强弱。接下来，笔者将以“和”而不“解”这一立法特点为线索，通过追溯历史渊源和破译现实格局，在辨析相关学说的基础上，就中国刑事和解立法的逻辑定位与发展前景，提出概括性的意见和建议。

二、古代传统与近代转型

中国的刑事和解制度，从直接和直观的方面看，固然如有学者所称，是20世纪初刑事司法改革试验和探索的产物，具体地“起源于轻伤害案件的处理方式改革”[7]。然而，认可刑事和解的实践性，并不意味着价值理念的挖掘是无用的。刑事和解是实践的产物，却也有久远的思想渊源；刑事和解制度孕育于当代，却又不乏深刻的历史渊源。

（一）“公事公办”：古代传统的重新定位

“和”而不“解”的立法似偏于保守。若以此为切入点向上追根溯源，则我们很难如某些致力于从中国传统文化中寻求支持的学者那样，满足于对古代司法中“无讼”、调解等事项的简单赞美。法律传统非后人意志可得改变，但是有可能获得重新定位，从而更加令人信服地阐释现实中的法。

有学者把刑事和解定位为一种“私力救济模式”[8]，这种界定并不十分严谨，但是它正确揭示了刑事和解制度旨在改变的一种局面：政权组织通过行使公权力，主导了整个刑事司法活动。这种主导力，实际上涵盖了两个方面：一是主导对于犯罪的认定，从侵害政治统治利益的层面，赋予犯罪的本质以某种“公”的属性[9]；二是主导犯罪的应对方法，即构

〔7〕张朝霞、谢财能：《刑事和解：误读与澄清——以与恢复性司法比较为视角》，载《法制与社会发展》2010年第1期。

〔8〕陈瑞华：《刑事诉讼的私力合作模式——刑事和解在中国的兴起》，载《中国法学》2006年第5期。

〔9〕刑法典中有“告诉才处理”的罪名。此类罪名被载入国家正式颁布的法律，这意味着其同样具有“公”的前提属性。

建国家公诉、公开审判等经由立法而公示的程序，不十分考虑个案中利害关系人及其他相关人群的主观意愿和行动取向。这两方面合起来，可称为“公事公办”。下面，笔者将要说明，“公事公办”正是中国自古以来的刑事法律传统。

在欧洲历史上，以所谓“蛮族法典”为标志，对侵权和犯罪长久不加严格区分，甚至对重伤或杀害他人这样的罪行也允许通过缴纳赎金的方式私了。相比之下，中国古代对犯罪的认知，却格外彰显其“公事”性质。《法经》开宗明义——“王者之政，莫急于盗贼”，这被后世几千年封建法典奉为圭臬。受小农经济支配，古代中国人的活动和交往空间有相当一部分在于家庭，相应的，许多为伦理道德所不容的行为也针对家庭。虽然以今人观念揣度，这些违背家庭伦理准则的行为大多对国家政事并无直接冒犯，然而，在“家国同构”“国之本在家”的执政思维下，私人领域中的不正确行为，仍然被视为对国家统治秩序有害，以致如卑幼辱骂尊亲、未婚男女“和奸”这样被今人视之为当然的民事行为，在中国古代仍入于刑律，未被允许轻易和解。留待官府调处或民人和解的，只是道德评价上不甚重要之事务，如田宅、债务、婚姻等所谓“民间细故”。但后者并不构成今天刑事法的调整对象。

不过，由于中国古代法制“民刑不分”的特点，上面谈到的这层意思，在今人的视野中，往往很自然地被古时司法档案和史料中不胜枚举的调解个案遮蔽了，至于先秦儒家的“无讼”思想，又适足强化今人的错觉。因为这种调解，或在官府或在乡里，都呈现出一种弹性，调和与协商贯穿其中，较之于公堂之上森严的审讯，当事人的意见得到更多考虑，尤其是乡里调解，似乎已然与官方的公务活动无关。凡此种种表现，确乎可以给今人一种相当逼真的“私了”印象，并引以为今天刑事和解“私力救济模式”之本土历史渊源。

然而，中国古代地方司法推崇之调解，真的可以视为“私力救济”吗？直观感受当然不足以取代严密论证。公与私总是相对而言的，就司法而论，公和私的界定其实取决于三项指标：参与主体、适用规范与运作模式。从参与主体来看，在乡里调解或宗族调解的情境下，族中长老或地方乡绅并不能因其“非官员”的身份而摆脱“公”的烙印——这与古代国家的治理方式有关。由于朝廷和官府的正式公务资源有限，这些有能力主持或引导调解的人士其实具有代行官方职能的意味。与此形成鲜明对照的是，那些全无管理职属的案件当事人，实际上并无足够话语权，这是因为，尽管冲突是具体的，且排除了成文法律的约束，然而解决冲突所适用之规范依然具有先验的权威和官方认可的效力。这种规范，我们通常称之为礼——尽管在先秦儒家圣人那里，礼被赋予顺人情、因民俗、准权变等一系列富有弹性的生动内涵，然而，其首先是一套被国家政治生活中的统治集团所首肯的规范体系。〔10〕当然，我们无意否定中国古代调解司法中协商、感化、和解等内容的真实性——这种运作模式有别于诉讼，并在此意义上具有“非正式性”，这种“非正式性”固然可能在一定程度上体现“私”的内涵，但是，如果说诉讼已然成为现代法治中刑事司法“公力救济”主推程序的话，其在中国古代的“正式”性却很难被拔到一个相当的高度。相反，遵循“德主刑辅”的正统治国理念，我们对民间调解采取一种“自上而下”的视角，或许更接近历史的真实逻辑。申言之，作为落实人治、礼治、德治的实用方法，调解仍然是一种上达天听、下接地气的“公办”。〔11〕

〔10〕 先秦儒家思想经历了西汉中期的纲常化，后进一步发展为宋明理学。在日益官方化的进程中，也逐渐流于教条。

〔11〕 对古之调解，今人动辄从“乡民自治”的意义解读，而忽视了这其中的强制性和自上而下性。如《皇明制书》中有云：“民间户婚、田土、斗殴、相争、一切小事，不许辄便告官，务要经本管里甲老人理断，若不经由者，不问虚实先将告人杖断六十，仍发里甲老人理断。”梁治平认为，“中国古时‘户婚田土’之事所以归由州县自理，却首先是因管辖权而来”，并指出，“中国古代的法律，虽然形式多样，内容庞杂，本质上却极统一。它仅仅是‘公法’，并且只能是‘公法’。”参见梁治平：《寻求自然秩序中的和谐》，上海人民出版社 1991 年版，第 209–210 页。笔者赞同此说，并认为，梁先生对中国古代法律中“户婚田土”与重刑犯罪之关系、本质的结论，也适用于古时诉讼与调解。

（二）近代转型：法律与社会的博弈

这种“公事公办”的法律传统，打上了中国传统政治文明的鲜明而深刻的烙印，也在清末以来欧风美雨的冲击下发生了错综复杂的重铸与传承。在现代法治压倒中国传统意义上的人治、德治、礼治〔12〕脱颖而出的时代大势下，刑事司法无疑发挥了极其重要的作用，也相应地经历了犹如浴火重生般的改造。这主要是指：刑事司法更直接和紧迫地肩负着贯彻法治所联系的诸多宝贵价值（如民主、平等、自由、人权等）的重要使命。西方现代以来的刑事诉讼制度及其配套的刑事司法体制，俨然提供了符合使命要求的方案。这种方案，尽管在规则的设计上与中国传统法制大相径庭，更与中国社会某些局部的、阶段性的国情发生明显抵牾（如“秋菊打官司”式的范例），却具有一个最大的优势，即对中国传统法制纠偏、救弊的规范功能。这也就不难理解，何以自清末以来经历多次停顿、倒退、反复，而从更长的时间跨度看，西式的刑事诉讼和司法制度依然渐进地被中国所接纳。这也同样有助于解释立法者建构刑事和解制度的某种价值考量。中国当代刑事和解制度，是在构建社会主义和谐社会的大背景下展开的——这使得某些学者，尤其是法律实务领域人士，更乐见直接用“和谐”社会、“宽严相济”对刑事和解进行解读。但是，尽管“和谐”“宽严相济”这样的官方表达不言而喻地从中国古代法律传统中汲取了养分，而立法者显然对“无讼”观念亦保有足够的警觉，“和”而不“解”所呈现的对诉讼之倚重，实际上反映了今日主政者对中国法治的某些深层次把握：首先是程序正义的观念。毋庸置疑，正统的刑事诉讼是一种严格、正式的程序设计，哪怕要因此背上“僵化、刻板、缺乏人情味”等批评。其次是保障人权的观念。正是以正统的刑事诉讼程序为载体，无罪推定原则、辩护权、审判公开等主张才显得必要且可行。现代以“诉讼”为中心的司法体制，对于革除中国传统法制

〔12〕 在儒家思想体系中，人治、德治、礼治是三位一体的关系，从不同角度揭示了中国古代治国方略的特点。

的积弊——如重实体轻程序、重打击犯罪轻保护人权等，其正面价值不言而喻。

源于西方的现代刑事诉讼制度，毋庸置疑，仍然是一种国家主导刑事司法活动的模式，有学者甚至会使用"垄断"这样的语词。这使得法治熔炉中锻造的新制度竟与"公事公办"的古老本土传统产生了某种连贯性。就刑事和解而言，"和"而不"解"的设计似乎由此获得中、西两套话语的支持。然而，大约从二十世纪六七十年代起，作为法治的重要标杆，现代刑事诉讼制度在它的发源地——英美法德等西方国家，却受到越来越多的质疑。人们对国家主导刑事案件处理的模式提出异议，呼吁个人和社区富有创造性的作用发挥，并倡议用更加个别化的解决方案促进社会关系的全面修复。这一股"恢复性司法"的改革之风的出现，使仍然疾步行进在法制现代化路途上的中国，再次面临了可能涉及"转型"之抉择。

然而，与西方国家不同，中国近代以来的法治始终与国家意志、国家行动紧密相连。从旨在抵御外侮、变法图强、废除不平等条约到依法治国，走中国特色社会主义法治道路，国家始终扮演着法治领路人的角色。在这种角色映衬下的中国社会，也就自然产生了双重品格：一方面在相当程度上欠缺参与法治转型之"资质"，另一方面又期待通过对法治的主体性参与，以有效解除自身的诸多困境。相应地，当代中国的刑事立法也就因为兼具这两方面的考量而呈现自身特点。接下来，笔者将结合当前社会背景，就刑事和解立法"和"而不"解"之特征展开进一步实证考察。

三、协调与把控——基于现实的考量

在今天，刑事和解也好，西方的恢复性司法也罢，都被视为增进社会力量参与司法活动的新方法。在这种突出协商效用的司法类型下，有更多的案件利害关系人在场，他们被赋予更多的选择自由，他们的合意也能更直接和有效地作用于案件的处理结果。从"公"的视阈出发，我们可以认为这种新模式有利于公民能动参与司法、公众广泛参与司法的实现。然而，不可否认的另一事实是：参与到和解中去的，首先是“私人”，是“社区”代表，并不等同于“公民”和“公众”本身。这意味着刑事和解还具有不容忽视的“私”属性。所以，一种优良的刑事和解制度，一定意味着“公”与“私”之间的合理且有效制衡。作为构成社会之个体和群体，如何恰如其分地参与刑事司法活动，扬长避短、兴利除弊，这对立法而言不但是个价值问题，也是个技术问题；既关乎历史传统，又直指当下现实。具体而言，刑事和解立法需要明确回应以下三个问题：（1）和解事宜是否违背社会一般正义观念？（2）和解是否造成司法公权力失去制衡的危险？（3）刑罚替代方案是否具有可行性？以下，笔者将围绕这三个问题作进一步分析。

第一个问题涉及正义的评判主体和标准。能够刑事和解的案件，首先一定是有被害人的；犯罪侵害的对象，也首先一定是被害人。然而，这并不意味着社会一般公众的利益和态度务必要被排斥于需要考量的范围之外。从社会一般公众的眼光看，当事人双方之间的和解有可能是不合适甚至非正义的，如关于刑事和解人们常常提到的“花钱买刑”问题。基于这样的情势，立法上的规制就显得不可或缺。对此，2012年《刑事诉讼法》中设置了两道具体的“防火墙”：一是限定刑事和解案件的适用范围。《刑事诉讼法》第277条明确表示刑事和解只适用于两类案件。对这两类案件，立法者从类罪名、可能判处的刑期、故意或过失等多个要素上加以限定。然而，从司法实践来看，刑事和解的适用已完全超出了第277条限定的范围，该现象被有关学者称为“隐型和解”。其成因大致有二：第一，司法机关遵守这种“限定”缺乏实际的动力。在中国当代语境下，刑事和解被纳入和谐社会、“司法为民”的话语体系，而且被寄予了降低诉讼成本、化解“执行难”等实际功能的期待。作为一种可供自愿选择的方案，当事人对“越界”和解一般也不排斥。这种“两相情愿”足以架空立法规制。第二，“隐型和解”的违法性难以被有效认定。刑事和解可以产生“从宽处理（罚）”的法律效果，而这种“从宽处理（罚）”

又能被司法自由裁量权接纳，从而使"隐型和解"很难被认定为"违法"。此外，对刑事和解性质的民事化解读，也使得"隐型和解"不妨搭乘"附带民事诉讼中的调解"之便车而得以"暗度陈仓"。二是设立司法审查机制。2012年《刑事诉讼法》第278条概括规定了公检法机关应对和解的自愿性、合法性进行审查。最高人民检察院的刑诉规则对审查内容进行了进一步细化。这些都是必要的，值得追问的是：这种审查的局限性为何？换句话说，假如某一桩和解的双方均是自愿的，和解内容也不违法，这样的和解有无可能仍然背离立法初衷？按照2012年《刑事诉讼法》第277条第1款的表述，刑事和解中的犯罪嫌疑人、被告人应当"真诚悔罪"，获得被害人的"谅解"。此处，法条显而易见引入了某种精神要素，难点在于如何确定该精神要素实现与否。人们对"花钱买刑"的反感，本质正在于反对那种徒有其表、高度功利化的和解。在实践中，当事人双方基于社会地位的悬殊和道德意识的异化，炮制出自愿、合法但却与真诚无干的协议并不困难，难的反而是推翻这样的协议。正是鉴于此，有学者建议"将加害人与被害人原先的社会关系纳入'自愿性'的考察标准"〔13〕，主张区分熟人关系与陌生关系而在审查程度上有所区别。但是，这种建立在一般生活经验基础上的"等差论"未必能够提供一种正确的捷径。因为现代社会人际关系复杂，所谓熟人关系与陌生关系这种划分法很难操作。〔14〕他为什么要同意和解？在他们达成协议的背后又有什么交易？有没有非正义的压榨和屈服？这些问题当然与立法本意休戚相关，只是，它们可否经由司法审查——一种深受公权有限、正当程序、证据法则等原则规则拘束的职务活动而获得水落石出？这是大可起

〔13〕豆思雨、高山：《刑事和解制度的司法检视与完善进路》，载《甘肃政法学院学报》2016年第1期。

〔14〕对"熟人关系"的看重同样反映在对2012年《刑事诉讼法》第277条第2款第1项"民间纠纷"的理解上。如有学者将"民间纠纷"限定于熟人关系的当事人之间发生的纠纷。对此，已有学者提出相反的观点。参见李贵阳：《论刑事和解权》，载《河南师范大学学报（哲学社会科学版）》2016年第2期。

疑的。考虑到人力不足、任务繁重等司法工作的实际困难，就更难以乐观了。可见，仅凭前两道“防火墙”尚不足以化解刑事和解对司法公正的潜在威胁。通过约束“和解”本身的法律效果，等于给刑事和解上了一道“总闸”，突破仅从“和解适用范围”“和解的原则标准”处下手的局限性，将风险锁定在可控的范围内。其实，这种思路也正符合立法者的本意。[15]

第二个问题涉及刑事和解对现行司法公权力体系可能的影响。我国公检法机关是相互配合、相互制约的关系。就实践的教训看，相互制约对于司法正义的实现尤其发挥举足轻重的作用。刑事和解通过赋予当事人双方一定的话语权，调整了原有的司法公权力体系。这里的关键问题在于：如何确保调整后的权力体系不至于失衡？如果我们允许在立案侦查、审查起诉、审判阶段达成和解的刑事案件依次可以撤案、不起诉、不审判，这貌似强有力地扩大了当事人双方在刑事司法活动中的话语权，然而，一个同样明显的事实是：司法机关之间固有的制衡关系将被打破，将可能出现在某一诉讼环节中一个司法机关履行职权不受其他机关制约的局面，这对当事人而言未必是个可容乐观的信号，因为任何当事人之间达成的协议最终一定要转化为司法机关的官方评价才能真正有效。举例而言，目前现实中，公安机关不作为、“有案不立”的情形还是存在的。如果立法允许公安机关对当事人达成和解的刑事案件作撤案处理，公安机关就有可能通过对当事人施压促使其和解，从而使本应追诉的案件终止诉讼。

---

〔15〕 如前所述，在2012年之前的试点中，一些地方规范性文件赋予了当事人和解在轻伤害案件中终结诉讼进程的效力。2012年《刑事诉讼法》大修时，使刑事和解的案件适用范围突破了“轻伤害案件”的限制，同时使和解本身不足以改变诉讼进程。如全国人大法工委参与立法具体工作的同志指出的那样，“这样规定，使和解协议具有一定的法律后果，促使犯罪嫌疑人、被告人真诚悔罪，改过自新，又不致影响对犯罪的追诉、打击，避免依和解协议免除处罚而放纵犯罪”。参见全国人大常委会法制工作委员会刑法室编：《〈关于修改中华人民共和国刑事诉讼法的决定〉条文说明、立法理由及相关规定》，北京大学出版社2012年版。“隐型和解”的存在意味着刑事和解的实际适用范围较之2012年《刑事诉讼法》进一步扩大。在此形势下，“和”而不“解”的立法构架仍然在发挥着基础性的也是根本性的制约功能。

当然，在西方某些恢复性司法的研究者看来，新的平衡不在于司法机关之间，而在于通过司法机关必要的退让，使社区担负起应有的职能。然而，这样一来，问题也就转化为：是否有这样的能够胜任司法职能的社区存在？关于这个问题，将在下一个问题的分析中适当展开。

第三个问题涉及对犯罪行为的应对方案。"和"而不"解"不是指问题经过和解而最终得不到任何解决，而是指这种解决仍然没有脱离追诉的既定轨道，仍然不是区别于定罪量刑的其他替代性方案。如果说，诉讼和执行刑罚靠的是国家机器中的司法分支，那么，假定存在替代性方案之可能，则该方案将由何种主体来落实呢？在西方恢复性司法的研究者看来，"社区"在很大程度上构成这一重要使命的承担者。由社区负责解决问题被认为可以更充分、更彻底地消除犯罪带来的不良影响。然而，社区是什么，社区真能担此重任吗？在西方恢复性司法学者笔下，"社区"已然成为一个含义日趋抽象、多元的范畴。〔16〕或许不妨认为，社区具有某种"缩放"社会的功能。相比之下，社区在中国的兴起，不过是近些年的事，人们对它的界定也明显区别于西方语境。我国的社区带有一种明显的官方色彩，如"现在大陆地区的社区，绝大部分是由城镇的居民委员会改名而来，少部分由并入城镇的村委会改名而来。大陆的社区是党和政府传递、落实政策和了解民情的最基层，社区在行政上接受街道办事处领导，由街道办接受并传达县级政府和各科局的任务和指示"。〔17〕被如此界定的社区，其社会性之强弱仍待观察，尤其是置于中国社会改革开放、城乡二元结构破而未除的大背景下。社区矫正被界定为一种刑

---

〔16〕 如："我们不应当认为社区是一个地方，而是一种关系类型。"参见〔英〕格里·约翰斯通：《恢复性司法：理念、价值与争议》，郝方昉译，中国人民公安大学出版社2011年版，第65页；"社区是一种精神体，而不是特定的集合体。"参见〔比利时〕洛德·沃尔格雷夫：《法与恢复性司法》，郝方昉、王浩译，李志刚校，中国人民公安大学出版社2011年版，第十章"法与恢复司法：社会伦理基础和司法基础研究"，第242页。

〔17〕 参见《百度百科》之"社区"词条。

罚执行活动。[18]应该说，这样的定位是颇为保守的。然而，即便如此，运行实际仍然发生很多问题，工作力不从心是许多乡镇司法干部的共同心声。中国地区经济社会发展的不平衡，在社区矫正活动中得到某种程度的聚焦。鉴于我国社区发育的不成熟，谋划由其负担的刑罚替代方案就显得不切合实际了。[19]

综合以上三点，应该说，“和”而不“解”的设计思路兼顾了改良和适应的需要，具有相当的合理性。

四、“两种向度”的法

犯罪与追诉，皆非自然界事物，而在本质上体现人的社会属性。从此意义上说，犯罪及处置犯罪都是人的社会实践的产物。而迄今为止人类所有的法律实践（包括刑事和解在内），就其内在理路而言，又不外乎呈现为两种向度，即“从社会中来”和“到社会中去”。

（一）“从社会中来”与“到社会中去”

离开了意义的建构，人们恐将很难实现对某一事物的确定认知，而这种建构，在“取”之同时也必定意味着“舍”。今天，一谈到犯罪，多数人会很自然地想到刑事法律的规定，因为从法律的层面对犯罪行为进行认定与处理，已经成为基本共识和先决措施。“法者，盖绳墨之断例，

〔18〕2003年《最高人民法院、最高人民检察院、公安部、司法部关于开展社区矫正试点工作的通知》中，开篇即开宗明义：“社区矫正是与监禁矫正相对的行刑方式。”2012年《刑事诉讼法》第258条首次规定，“对被判处管制、宣告缓刑、假释或者暂予监外执行的罪犯，依法实行社区矫正，由社区矫正机构负责执行”。根据有关条文说明，“这里的‘社区矫正’是指将符合法定条件的罪犯置于社区内，由专门的国家机关在相关社会团体、民间组织和社会志愿者的协助下，在判决、裁定或决定确定的期限内，矫正其犯罪心理和行为习惯，促进其顺利回归社会的非监禁刑罚执行活动”。参见全国人大常委会法制工作委员会刑法室编：《〈关于修改中华人民共和国刑事诉讼法的决定〉条文说明、立法理由及相关规定》，北京大学出版社2012年版，第306页。在中央和地方司法机关的文件中，也时而使用了“社区服刑人员”的提法。在2020年7月1日实施的《社区矫正法》中，统一称谓是“社区矫正对象”。该法还充实了“教育帮扶”的内容。不过，社区矫正作为一种刑罚执行方式的基本定位并没有改变。

〔19〕在地方试点中，曾出现过检察机关发出“社区服务令”而对犯罪暂缓起诉的做法。这里的“社区服务”显然就不属于刑罚执行活动。

非穷理尽性之书也。"[20]正统刑事司法制度突出彰显的，正是一种"从社会中来"的思维向度，其应对策略是：从纵横交错的社会关系网络中剥离和抽象概括出一部分事实，再以简洁明确的规则去定性处理。刑事实体法是如此，程序法亦不例外：无论是"控—辩—审"的三角构架，还是"侦查—起诉—审判"的线性结构，皆直奔"定罪量刑"的主题而去，在这一过程中，相关各方被冠以犯罪嫌疑人、被告人、证人等名称，并借此"名"而被分配相应的权利义务之"实"，至于他们在现实生活中扮演和即将扮演的其他角色则被有意识地"删繁就简"了。这种角色的特定化，往往使得当事人在庭审或其他诉讼环节中的"关系互动"不无对抗和单一色彩。

可见，"从社会中来"的思维向度，正是将犯罪涉及的事件、观念及关联性从社会整体层面予以剥离、抽象和固化的过程。这种思路的价值，不止在于它一般性地遵循了人类认识和改造客观世界的基本规律，更在于其对实现公正的重要作用。"从社会中来"意味着"统一尺度"，这对于杜绝罪刑擅断，抵制以权压法、徇私枉法，可以发挥应有的积极作用，对于中国这样特权意识远未肃清的国家意义尤其可贵。不仅如此，"从社会中来"的过程往往也是抽象地集合民意的过程，这使得确定、正式、规范的刑事立法、司法活动被认为普遍代表了社会意志。[21]

"从社会中来"意味着一切犯罪都要依既定法律处理。既定法律既然来源于社会，就不能认为与社会绝对脱节。但是，这个过程毕竟意味

〔20〕《晋书·卷三十四·列传第四》。中国古代刑事法制，也能体现将加害行为概括定型的立法特点，不同于今者，古之立法似更拘于行为具体状貌，如《唐律》中之"六杀"（谋杀、故杀、斗杀、误杀、过失杀、戏杀）。不过，古代刑律条文概念抽象程度不够的"问题"，反映了立法者着意贴近司法实际情形的思维导向。这是一种有别于"立法统帅司法"的立法态度，与当前刑事和解立法"司法先行"的路径颇有契合之处。

〔21〕司法与民意的紧张对立，在个别社会关注度高、舆论倾向明显的刑事案件诉讼活动中，往往被评论者着意凸显。然而，将司法和民意置于"二元对立"的视角下显然是不妥当的。因为其忽略了司法机关作为"代议制"下的产物，其本身已被赋予"代表普遍民意"之意义。当然，提出司法者的"民意"属性，并不排斥刑事个案处理中官方与民间更直接、具体的互动。

着要与社会原貌保持应有的距离，这就为法律与社会的隔膜埋下了伏笔。操持法律者在创设和运行法律的过程中，有可能对社会生活的丰富性、复杂性缺乏足够体认，从而走向“为法律而法律”的极端，迷失了法律设计的初衷与终极归宿（即让社会更和谐，让人生活得更幸福）。这样，就有“到社会中去”之必要。“到社会中去”意味着让法律活动更亲民、更感性、更富有参与性、更能体现人文关怀。在正统刑事司法制度的背景下提倡“到社会中去”，不止意味着在国家主导的司法故事中“设置”一些“官民互动”的情节，更意味着主体性参与的增加、话语权的让渡等实质化的内容。简言之，是“我要求”，是提出主张，而不仅是被听取意见。像刑事和解这样的制度，将当事人之间的协商嵌入刑事诉讼，并赋予其在满足一定条件的前提下影响量刑之效力，在一定程度上体现了“到社会中去”的努力。

“从社会中来”和“到社会中去”不是简单的对立关系，倒往往表现出一种互补性。作为两种不同向度的法律思维，人们时常可以在一个时代一个国家的法制实践中同时发现这二者的踪迹。如中国古代有朝廷正式颁行的“王法”，却也同时允许乡民自治下的家法族规存在。新民主主义革命时期，既有法庭的正式审判，也有人民调解制度。就当代司法活动而言，尽管中西各国普遍形成了“控—辩—审”三角式诉讼架构，但西方的陪审制、我国的自诉案件调解制度，却依然显示着“到社会中去”的努力。至于恢复性司法或刑事和解一类制度，固然意在强调社会民众的司法参与，但警察、法官在社区代表参加的协商会议中实际发挥的重要作用以及和解不能时上诉的衔接等制度，则不无“从社会中来”的考虑。着眼于这些现象，可以说“从社会中来”和“到社会中去”构成一种“你中有我，我中有你”的交错状态。但是，对特定的法律制度而言，价值取向上的此消彼长、轻重主次之分仍然是存在的，仍然有推敲判断的意义。人类社会的产生早于国家的产生，原始社会的部落大会议事制度和神判法，在迄今为止的整部史卷中显然只属于早期一个有限的子目，其后的历史则是阶级国家的产生及国家机器对司法事务的日益主导。这一进程意味着"从社会中来"较之"到社会中去"更具优势。换句话说，以今日世界情形而论，"到社会中去"在相当程度上要以"从社会中来"为前提，作为对后者必要的调节而存在，而不足以构成对前者否定、对立之因素。对刑事和解"和"而不"解"之立法设计，似乎应当基于这一认识加以理解，对恢复性司法的全面把握尤其是对其近年来的发展动向，似也应当置于同样的背景下认知。

（二）国家的，社会的，还是"第三领域"的？

在两种向度的分析中，不难发现，"从社会中来"侧重于国家依政治权力而为之立法、执法、政策调控、舆论引导等行为。而"到社会中去"则侧重生活常态、民众一般观念、民间规则、自治组织及其活动等。正统刑事司法制度突出了官方化、专门化、程式化特点；恢复性司法或刑事和解则以调动社会力量参与司法活动、强调公众能动参与个案处理为特色。基于这样的把握，西方学者和国内一些学者倾向于从国家和社会的二元对立来深度阐释恢复性司法／刑事和解的法理基础。不过，若将刑事和解完全归于"社会模式"，显然与中国的司法实际格格不入。鉴于此，有论者提出了"刑事法治'第三领域'"的看法。在其看来，刑事和解制度中，"国家公、检、法机关都不再垄断犯罪的实质处理权，而是将和解案件的部分实质处理权或多或少地交由加害人、被害人或者公、检、法机关以外的第三方行使"。因此，"中国的刑事和解制度实际上居于犯罪处理的国家模式与社会模式之间的中间位置，从而构成了刑事法治的'第三领域'"。〔22〕

上引学术观点和本文"'两种向度'的法"的论述颇有关联，故此值得回应。在笔者看来，把中国的刑事和解定位于刑事法治"第三领域"的观点是有待商榷的。首先，"国家模式""社会模式"的划分法是不确切的，遑论"第三领域"。所谓"国家模式"和"社会模式"，据说

〔22〕 肖仕卫：《刑事法治的"第三领域"：中国刑事和解制度的结构定位与功能分析》，载《中外法学》2007年第6期。

是以垄断对犯罪的处理决定权的是国家还是社会来区分的。刑事和解问世前的正统刑事司法制度被划归“国家模式”，理由是国家公、检、法机关垄断犯罪的实质处理权。“犯罪处理的社会模式是指以社会自主处理犯罪为基础的制度模式，这种模式在古代社会曾是一种重要的犯罪处理方式，如复仇、决斗及宗族处理等。在现代社会，随着国家对暴力的垄断，社会自主处理犯罪的空间被大大压缩，但仍然在一定范围内存在，如中国基层社会存在的犯罪‘私了’”。然而，所谓的“垄断处理权”，在很大程度上只是一种理论抽象，而很难以真实的社会实践印证之。就“国家模式”而言，在正统刑事司法制度下，公、检、法机关其实并不足以垄断犯罪的实质处理权。因为当事人享有自我辩护、当庭质证等法定权利；在西方陪审制下，还享有由陪审团表决决定是否有罪的权利；在我国的自诉刑事案件中，还拥有调解、和解与撤诉的权利。在这些司法情境下，当事人既是犯罪嫌疑人或被告人、被害人，是国家公民，亦是社会成员，其意志和行为表现完全可以作用于最终的处理结果。就“社会模式”而言，复仇、决斗这些古老的纠纷解决办法在国家产生后不可避免地受到国家律法的吸纳、认可、调整和限制，不复是一种纯粹的社会自发规则。至于古代乡土中国背景下的家法族规，同样是传统的国家治理方式下之产物，是“国之本在家”的具体实践，将其纳入与国家模式对立意义上的“社会模式”，显然是不合适的。从逻辑上说，“第三领域”的提出正是以国家、社会二元对立模式为前提的。既然二元模式是不客观的，“第三领域”的提法也就很难说是确切的了。[23]

其次，“刑事法治‘第三领域’”的说法过于笼统，没有清晰地揭示出中国刑事和解制度的核心特点，在方法论上有强调“两点论”而忽视“重点论”的嫌疑。论者试图指出并阐释“两种异质作用力共存于刑事

〔23〕 笔者不否认“国家—社会”二元框架在当代社科研究中的阐释功能。不过，时至今日，这种理论框架（包括以此为基础衍生出的“第三领域”学说）也日益显现出局限性。商榷的观点不乏来自西方的声音。如透过恢复性司法理论和实践的变迁发展（参见本文下一部分），我们不难发现西方学者对此已经有所反思。

和解制度"这一事实，这当然是有一定见地的，但是其并未说明这两种作用力究竟是以怎样的结构形成合力的，没有点明其间的主从关系。这不免令人生疑：难道这两种作用力是并驾齐驱、平分秋色的吗？2012年《刑事诉讼法》出台后，其"和"而不"解"的立法特点已经使得这个问题的答案一目了然。而在2012年之前，情况并不明朗。如前所述，在当时的局部司法试点中，当事人的和解是可能改变诉讼进程的（以公安机关撤案、检察机关不起诉等方式），实行的方案也似乎较立法生效后为多（如检察机关发出社会服务令，视犯罪嫌疑人的社区表现而决定要否起诉）。应该说，这些当时的实践在一定程度上鼓励当时的学者们拓宽理论视野。"刑事法治'第三领域'"也好，"私力合作模式"〔24〕也罢，大体上都是这一背景下的学术现象。

2012年《刑事诉讼法》的问世，在刑事和解方面并未出现什么"划时代""里程碑""革命性"的立法成果。其规范称谓——"当事人和解的公诉案件诉讼程序"，已然揭示了制度的性质和结构。如果一定要借鉴"国家—社会"二元对立的理论分析法，我们也只能说，这是一种无可置疑的国家模式。较之既往的刑事司法制度，毋庸置疑，刑事和解使社会参与司法活动的程度和方式有所强化，但这种变化一定既不是结构性、模式化的，也不是起点或终点。〔25〕

（三）对恢复性司法的重新认识

我见青山多妩媚，料青山见我应如是。比照往往能产生"共赢"的

---

〔24〕该提法出自陈瑞华教授，参见陈瑞华：《刑事诉讼的私力合作模式——刑事和解在中国的兴起》，载《中国法学》2006年第5期。2012年刑事和解立法"和"而不"解"的特点说明：刑事和解在我国并没有突破"公力救济"的框架。如果说，个人和社会组织的意志、行动选择即构成所谓"私力合作"的话，那么，这种"私力合作"在刑事司法制度中并不鲜见，也很难说已经"模式"化了。

〔25〕作为一种强化社会力量直接参与、能动参与司法的措施，刑事和解既不属于首创，又未必算是顶点。在刑事和解之前，有自诉案件的调解、和解，在刑事和解之后，则有认罪认罚从宽制度。这里特别值得关注的是认罪认罚从宽制度。根据2018年修改后的《刑事诉讼法》，认罪认罚亦不足以一般性地改变诉讼进程，产生撤案、不起诉等法律效果。根据2018年《刑事诉讼法》第182条的规定，只有在同时具备符合"重大立功或者案件涉及国家重大利益"实体条件，且程序上经层报最高人民检察院批准的，方可予以撤案或作出不起诉决定。

效果。如果说，我国刑事和解立法“和”而不“解”的特点通过比照西方恢复性司法而得以凸显的话，在我国刑事和解立法“和”而不“解”的映衬之下，西方恢复性司法也极有被重新审视和解读的必要。

如前所述，西方恢复性司法并未从统一立法的层面上设置过“和”而不“解”的樊篱，这或许可以从某种有限的角度证成西方恢复性司法更具开放和多元化特征之结论。然而，同时需要强调指出的是，恢复性司法在西方国家的司法体系中从来只占据有限的一域。早期的实践通常被指向北美殖民地国家土著居民的调停方法甚至古代司法中具有朴素民主色彩的做法，但这些方法和做法是否可推广、可复制（活），又是可质疑的。甚至于，这些局部和早期的实践能否被说成是“恢复性司法”，同样令人质疑。就目前实际情况看，恢复性司法在西方国家仅适用于轻微青少年犯罪等极少部分案件。至于“全方位建构”则只能存之于理论著述且不无意见相左的学术观点。从20世纪六七十年代开始，恢复性司法不断发展，在理论和实践方面出现了许多革新。以下，笔者将依次从宏观到微观，对西方恢复性司法在近几十年间的变化轨迹作一基本梳理。〔26〕

首先是从局部到全局的角度转换。最初的恢复性司法模式很有局限，“那个时候只有一种恢复性方案，叫作‘被害人——犯罪人和解方案’（Victim-Offender Reconciliation Program，VORP）。启动VORP的组织几乎都是以社区为基础的，这意味着其组成和运作不是依赖于司法体制中的任何组成部分，而是通过志愿者和小型非政府组织（NGOS）进行的”。〔27〕时至今日，这种局面已经发生了显著改变，恢复性司法的政府参与日益频密，规范恢复性司法的刑事法律、政策日益涌现。与此相呼应，

〔26〕对近年来西方恢复性司法理论观点的爬梳，主要参考了《法与恢复性司法》一书。参见〔比利时〕洛德·沃尔格雷夫编：《法与恢复性司法》，郝方昉、王洁译，李志刚校，中国人民公安大学出版社2011年版。本书系王平、李志刚主编的“恢复性司法译丛”系列图书之一，在此，谨向本书作者、编者及译校人员由衷致谢。

〔27〕〔美〕丹尼尔·W.范内斯（Daniel W. Van Ness）：《构建恢复性体制》，见〔比利时〕洛德·沃尔格雷夫编：《法与恢复性司法》，郝方昉、王洁译，李志刚校，中国人民公安大学出版社2011年版，第七章。

学者们从理论上检讨了对待社区的浪漫主义"崇古"倾向。[28]

在全局视角下，"如何界定恢复性司法与正统刑事司法体制的关系"这个问题变得具有现实紧迫性。在早期的研究中，两者被视为"对立的两极"，恢复性司法被学者当作正统刑事司法的"替代范式"。这种思维定势在后来日益受到质疑，"社区—政府"合作关系受到关注，"整合进路"下的"统一的恢复性模式"被予以强调。[29]

那么，"整合"将怎样成为可能？厘清恢复性司法的价值成为第一步的重要工作。学者们仔细剖析了恢复性司法价值的不同层面。在"整合"的导向下，正统刑事司法制度获得更多的"尊重"。如"在恢复性司法中，应当以惩罚的上限、互相尊重基础上的沟通和基本人权为限制"[30]。第二步工作是弄清"恢复性司法价值如何实现于'过程'和'结果'"。在这里，首先需要处理的乃是"过程"与"结果"的某种紧张对立关系。在以前，托尼·马歇尔定义恢复性司法的观点曾有广泛影响力，他认为"恢复性司法是一种过程，在这一过程中，所有与特定犯罪有关的当事人走到一起，共同商讨如何处理犯罪所造成的后果及其对未来的影响"。[31]显然，这是一种立足于"过程"的定义。但是，一个不容回避的事实是：能够通过"共同商讨"完成的刑事案件是有限的，如果过分专注于过程的"协商""自愿"，不但与正统刑事司法制度太过对立，从而给"整合"带来极大的障碍，从结果看也很难说体现了一种有效的恢复。鉴于此，已有学者提出了更加务实的不同观点，认为恢复性司法的价值应当侧重于

〔28〕〔英〕亚当·克劳福德（Adam Crawford）：《国家、社区与恢复性司法：异见、崇古和断章取义》。参见〔比利时〕洛德·沃尔格雷夫编：《法与恢复性司法》，郝方昉、王洁译，李志刚校，中国人民公安大学出版社2011年版，第六章。

〔29〕〔美〕丹尼尔·W. 范内斯（Daniel W. Van Ness）：《构建恢复性体制》，参见〔比利时〕洛德·沃尔格雷夫编：《法与恢复性司法》，郝方昉、王洁译，李志刚校，中国人民公安大学出版社2011年版，第七章。

〔30〕〔澳〕约翰·布雷思韦特（John Braithwaite）：《恢复性法理探究》，见〔比利时〕洛德·沃尔格雷夫编：《法与恢复性司法》，郝方昉、王洁译，李志刚校，中国人民公安大学出版社2011年版，第七章，第195页。

〔31〕 参见王平教授为"恢复性司法译丛"所作的《总序》。

结果，不应绝对要求过程符合自愿、协商，重点应该是过程中的恢复性干预。[32]基于这样的判断，有学者不仅完成了整合模式的理论模型[33]，而且对正统刑事司法制度提出了具体的“恢复性”改造建议，如用犯罪人履行罚金刑的钱建立针对被害人的“补偿基金”，以监禁刑期间犯罪人劳动改造收入补偿被害人，推行监禁刑执行阶段的“被害人—犯罪人”调解模式等。[34]

纵观恢复性司法近年来的发展轨迹，不难发现其原先的个性锋芒在日益削弱。恢复性司法正从早期被定位为某种具有“独立性”“替代性”甚至“革命性”的新模式转而被视为一种可以且应当与正统刑事司法制度优势互补的积极因素。某些曾经一度为中西学者高度重视的所谓恢复性司法之核心特征，如过程性、协商性等，正在逐渐被从恢复性司法的本质属性中剥离出去。说得感性一点，协商不再被认为是万能的、绝对符合正义的；诉讼和刑罚也不再被认为是与恢复性司法的主张相斥的事物。从这层意义上说，不妨认为，当今的中西司法制度存在着某种认知上的默契。[35]那么，该如何认识这一中西方之间的契合呢？笔者认为，这种契合并不是巧合，而是司法规律的体现，是和解在刑事司法活动中客观作用的真实反映。

---

〔32〕〔比利时〕洛德·沃尔格雷夫：《法与恢复性司法：社会伦理基础和司法基础研究》，参见〔比利时〕洛德·沃尔格雷夫编：《法与恢复性司法》，郝方昉、王洁译，李志刚校，中国人民公安大学出版社 2011 年版，第十章。

〔33〕 澳大利亚学者约翰·布雷思韦特（John Braithwaite）和英国学者吉姆·迪格南（Jim Dignan）各自提出了一种模式。参见〔比利时〕洛德·沃尔格雷夫编：《法与恢复性司法》，郝方昉、王洁译，李志刚校，中国人民公安大学出版社 2011 年版，第八章、第九章，第 190 页，第 216 页图示。

〔34〕〔英〕吉姆·迪格南（Jim Dignan）：《法与恢复性司法：一种整合的、系统的进路》，〔比利时〕洛德·沃尔格雷夫编：《法与恢复性司法》，郝方昉、王洁译，李志刚校，中国人民公安大学出版社 2011 年版，第九章。

〔35〕 概括地说，恢复性司法在西方国家呈现出向正统刑事司法体制“回潮”的趋势，相关学说和方案呈现出更开放、更包容、更灵活、更务实的特点。恢复性司法的这一发展趋势，客观上为中国当代刑事和解制度的发展提供了更加开阔的理论视角和制度空间。如果不拘泥于《刑事诉讼法》第五编第二章，从“活法”层面观之，我国目前的刑事和解制度在立足于正统刑事诉讼框架的前提下，又呈现出多层次、宽领域的拓展特点。仅从基本法律层面把握刑事和解制度是不够的，结合相关司法解释和指导性案例，刑事和解的法律效果至少还涵盖了以下方面：（1）检察机关羁押必要性的考量因素；（2）影响财产性判项的履行情况进而影响到减刑；（3）决定监外执行时的考量因素；（4）是否核准追诉的考量因素（参见最高人民检察院第 6 批指导性案例之“丁国山等（故意伤害）核准追诉案”“杨菊云（故意杀人）不核准追诉案”）。另外，是否得到被害人及其家属谅解，也是监狱对服刑人员落实奖励性离监探亲政策时的重要考量因素。

五、检视与展望

如前所述，无论是古今对照，还是中西比照，在当代中国，"和"而不"解"的立法导向都具有相当的合理性。然而，在首肯这一点之同时，也务必要看到：现行《刑事诉讼法》第五编第二章在贯彻"和"而不"解"之立法范式上，还存在着明显的局限性、滞后性。具体表现在：（1）未能吸收"刑事一体化"的刑事法律理念，没有将近年来刑事司法制度创新的成果予以兼容并包、系统整合。这就导致对刑事和解的规则安排、效果设定过分拘泥于定罪量刑的实体层面，调整技术流于僵化（限于"建议和决定从宽处罚"）。这就不但与司法实践缺乏对接，也显得刑事和解立法偏于单薄。尤其是在2018年《刑事诉讼法》全面引入认罪认罚从宽制度后，刑事和解似有被其"收编"的迹象。与认罪认罚从宽制度的"结合"固然重要，但认罪认罚从宽的强大语境是否有可能滞碍了刑事和解独立价值的实现？（2）为"和"而不"解"所作的立法规范上的制衡，存在着被司法实务和相近刑事政策消解、规避或修正的风险。由此产生的负面效应已不只是立法权威的被削弱，亦是刑罚一般预防功能和报应正义的受损。不可否认，伴随着恢复性司法在西方国家的兴起，法学理论界的确出现了一种主张以"恢复正义"取代"报应正义"的声音。然而，同时也应看到，仍然有不少西方学者对此表示质疑甚至提出相反的看法。〔36〕在我国当前，报应正义的刑罚观在普通民众中同样被广泛认同。〔37〕在法律工作者中也不例外。从国家层面看，"人民司法""司法为民"客观上要求"让人民群众在每个案件中感受到公平正义"。这同样意味着对犯罪和刑罚的处理不能全然无视一般民众朴素的正义观念。具体到刑

〔36〕如英国学者安东尼·达夫就旗帜鲜明地提出了"通过报应实现恢复"的口号。参见〔英〕安东尼·达夫（A. Duff）：《恢复性惩罚和惩罚性恢复》，载〔比利时〕洛德·沃尔格雷夫编：《法与恢复性司法》，郝方昉、王洁译，李志刚校，中国人民公安大学出版社2011年版，第97页。

〔37〕一个典型例证就是2018年令社会舆论一片哗然的"冰释前嫌强奸案"。参见崔天奇、李凡：《鲁山县检察院调解未成年强奸案冰释前嫌引质疑，当地暂未回应》，载澎湃网，https://www.thepaper.cn/newsDetail_forward_2466506，最后访问时间：2020年7月19日。

事和解制度，即意味着需要对刑事和解的实体法律效果有所限制，意味着对刑事和解的社会效果要做全面、长远的审视，而不能一叶障目、急功近利，仅着眼于其减少控告申诉、方便执行等方面的作用。

着眼于中国刑事和解制度的上述现状，从继往开来的立场上，笔者最后谨慎地提出以下建议：第一，对刑事和解制度进行体系化充实。鉴于刑事和解制度近年来日趋受到未成年人刑事保护制度、认罪认罚从宽制度等其他刑事政策或法律规定某种程度上的“同化”，以致引发公众不必要的误会，因此，进行制度整合迫在眉睫。例如，可以考虑把对未成年人的刑事保护措施与刑事和解制度结合；在自由刑罪犯的监管改造中适时发挥刑事和解化解矛盾、修复关系的积极价值。第二，对刑事和解的程序效果要灵活多元化，而对其实体效果要适度从紧。例如，可以借鉴西方国家恢复性司法的某些具体设计，如引入社区服务，用履行罚金刑的钱补偿被害人损失等。对刑事和解在羁押必要性审查中的法定效力也要进一步明确化。第三，要谨慎、稳妥地开展涉刑事和解的法律宣传，对个案宣传尤其要把握好尺度分寸。如前所述，对刑事和解制度的价值和效果评价，不单单是个法理问题，也和普通民众的法律观、正义观息息相关。以西方恢复性司法为参照，客观地说，刑事和解在理论层面尚存在许多重大认识分歧。在此背景下，对涉刑事和解制度的宣传报道切忌犯顾首不顾尾的错误，以避免刑事和解制度的发展前景由于受到民众过多的误会而笼上阴影。

特许经营合同“冷静期”解除权限缩标准的法律分析

邓秋丽*

摘要：“冷静期”解除权是特许经营合同当中一项特有的合同解除制度，设置之目的在于实现对被特许人的倾斜性保护的同时平衡双方利益、促进市场交易，而目前在实践中解除权期限的确定一般是以约定之期限和被特许人“是否实际使用特许人经营资源”为标准的，经营资源范围的模糊性使得实践中该解除权截止时间的确定出现诸多问题。原因在于目前解除权限缩标准的设置对被特许人倾斜保护的过度和平衡特许人合法利益的失败。本文将基于对特许经营合同双方信赖的变化状态分析，对“冷静期”解除权的限缩标准确定提出一定的立法建议，以求实现对被特许人倾斜性保护的同时平衡

* 邓秋丽：中山大学法学院2018级硕士研究生，民商法方向。

双方利益并促进市场交易。

关键词：特许经营　冷静期　合同解除　限制

引言

合同是一种交易工具，固定并保障合同有效履行使合同目的得以实现是合同的基本功能。如果合同履行当中出现了当事人违约或者其他使得合同无法继续履行的情况，若不及时进行法律救济，对遭受损害的一方当事人是不公的。因此法律必须提供相应的满足当事人需求的制度措施以消除这种不公的结果，合同解除制度也就应运而生了。一般而言，在合同解除机制中解除权发生事由居于首要地位，除了解除权发生事由的设置，解除权事由限缩标准被控制得宽与严，对合同解除后果也有极大的影响：解除权事由限缩标准被控制得严格，解除权人行使解除权的概率就会被极大缩减，更多的交易就会被控制继续履行；如果解除权事由限缩标准被控制得宽松，合同关系就会轻易结束[1]，订约主体之间的合意信赖轻易就被瓦解，不利于商业社会交易秩序诚信环境的建设。可以说，合同解除权事由就是整个合同有效订立后在履行障碍发生时双方退出的“出口”，而限缩标准即控制合同解除后果的“阀门”[2]。尚未被作为“有名合同”被列入民法典编撰的商业特许经营合同[3]，自20世纪80年代引入我国，经过30多年的发展，已经成为普遍适用的合同形式，其合同解除制度也颇具特色[4]，尤以冷静期解除权为代表。

《商业特许经营管理条例》[5]第12条规定：“特许人和被特许人应当在特许经营合同中约定，被特许人在特许经营合同订立后一定期限内，可以单方解除合同。”该条款确立了商业特许经营合同中的被特许人“冷静

[1] 参见杜晨妍：《合同解除权行使制度研究》，经济科学出版社2011年版，第34-45页。

[2] 参见李晓钰：《合同解除制度研究》，中国法制出版社2018年版，第87页。

[3] 冯建生：《民法典编纂视角下商业特许经营合同的有名化》，载《法商研究》2019年第4期。

[4] 李自柱：《〈商业特许经营管理条例〉中的任意解除权》，载《人民司法》2015年第21期。

[5]《商业特许经营管理条例》自2007年5月1日正式实施。

期”合同解除权，而认定被特许人可以单方解除合同的前提是确认特许经营合同订立时是否约定明确的合同解除期间，或者没有约定的情况下，合同订立后到纠纷发生的时长是否符合法律所规定的“一定期间”内，也即特许经营合同针对“冷静期”设置了约定解除权和法定解除权。然而，《合同法》（即现行《民法典》合同编）、《商业特许经营管理条例》及其他法律解释均未对“一定期限”予以明确规定[6]。那么，特许经营合同“冷静期”合同解除事由的“一定期限”的限缩标准是否仅适用于未约定解除权的情况呢？在没有明确法律指引的情况下，司法实践中采取的“一定期限”的认定标准又是否合理、有效呢？本文通过对相关研究和司法裁判进行梳理，从特许经营单方解除权“一定期限”的认定标准入手，探究其原因及司法认定的应有路径，进而提出相应的立法建议。

一、特许经营合同“冷静期”单方解除权一定期限的问题

（一）司法现状：基于 42 个司法裁判案例

为考查特许经营合同冷静期单方解除权司法认定的现实状况，笔者在北大法宝、威科先行法律信息网的司法案例库，以“特许经营合同单方解除权”为案由，以“一定期限”为内容，以《商业特许经营管理条例》第 12 条为线索进行多次检索筛选，收集到与特许经营合同单方解除权期间认定相关的北京、上海市、广东省三个地方的 2018 年、2019 年最新的案例共计 42 个。笔者通过梳理这些案例，形成了《对特许经营合同单方解除权一定期限司法认定因素一览表》（以下简称《司法认定因素一览表》）。通过对此表的分析可以发现我国司法审判中对特许经营合同“冷静期”单方解除权一定期限认定存在的问题（如下表 1 所示）。

〔6〕 参见刘晓军：《对特许经营合同案件诸问题的认定》，载《人民司法》2011 年第 11 期。

表1　对特许经营合同认定单方解除权一定期限司法认定因素一览表

编号	受案法院及案号	解除权约定与否	履行合同时间长短	资源使用情况	认定解除合同与否	被特许人起诉原因
1	浙江省杭州市下城区人民法院（2018）浙0103民初2661号	×	半个月√	×	√	接受培训选址、未被运营指导
2	浙江省杭州市萧山区人民法院（2018）浙0109民初11350号	×	一个半月√	×	√	接受培训未实际开展经营
3	北京东城区人民法院（2018）京0101民初3383号	√（3天）	7个月√		×	选址失败
4	浙江省杭州市余杭区（2017）浙0110民初13657号	×	3个月√	×	√	信息披露，经营后发现同区域存在许可人竞争
5	湖北省武汉东湖新技术开发区人民法院（2018）鄂0192民初3900号	×	3个月√		√	先履行抗辩权
6	河南省漯河市源汇区人民法院（2018）豫1102民初624号	×	5个月√	×	√	隐瞒、滥用股东有限责任、产品质量问题
7	上海市徐汇区人民法院（2018）沪0104民初18970号	×	6个月√		√	未实际开店经营
8	上海市浦东新区人民法院（2018）沪0115民初23140号	×	5个月√	×	√	对选址不能达成一致
9	北京市东城区人民法院（2016）京0101民初7941号	×	17个月√	√	×	被特许人经营困难
10	北京市西城区人民法院（2017）京0102民初30378号	√90天		×	×	被告未依照约定培训指导

续表

编号	受案法院及案号	解除权约定与否	履行合同时间长短	资源使用情况	认定解除合同与否	被特许人起诉原因
11	北京市东城区人民法院（2016）京0101民初15876号	×	8个月√	√	×	特许人违约履行
12	北京市东城区人民法院（2017）京0101民初7487号	√（3天）	半个月√		×	选址及行业与约定不一致
13	浙江省杭州市萧山区人民法院（2018）浙0109民初10747号	√（3个月）	11个月√	√	×	特许人生意惨淡
14	上海市普陀区人民法院（2017）沪0107民初25071号	×	3个月√	×	√	特许人经营状况恶化
15	浙江省杭州市萧山区人民法院（2018）浙0109民初10742号	√（3个月）	5个月√	√	×	被特许人经营困难、无法盈利
16	浙江省杭州市萧山区人民法院（2018）浙0109民初10745号	√（3个月）	9个月√	√	×	被特许人经营困难、无法盈利
17	湖南省长沙市天心区人民法院（2018）湘0103民初1995号	×	1个月√	×	√	选址租赁后特许人不履行义务
18	浙江省杭州市萧山区人民法院（2018）浙0109民初10737号	√（3个月）	10个月√	√	×	被特许人经营困难、无法盈利
19	北京市丰台区人民法院（2017）京0106民初24645号	×	1个月√	×	√	未开店经营
20	北京市石景山区人民法院（2017）京0107民初20762号	×	1个月√	×	√	未实际使用经营资源

续表

编号	受案法院及案号	解除权约定与否	履行合同时间长短	资源使用情况	认定解除合同与否	被特许人起诉原因
21	上海市徐汇区人民法院（2017）沪0104民初20784号	×	1个月√	×	√	未实际使用经营资源
22	浙江省杭州市萧山区人民法院（2018）浙0109民初10740号	√（3个月）	10个月√	√	×	特许人信息披露问题导致经营惨淡
23	广东省广州市白云区人民法院（2018）粤0111民初820号	×	4个月√	×	√	选址
24	北京市丰台区人民法院（2017京0106民初20057号	×	1个月√	√	×	特许人信息披露问题导致合同无法履行
25	北京市东城区人民法院（2017）京0101民初7129号	×	1个月√	×	√	被特许人无资质
26	北京市西城区人民法院（2018）京0102民初30566号	×	1个月√	×	√	特许人信息披露问题导致合同无法履行
27	浙江省杭州市余杭区人民法院（2017）浙0110民初13829号	×	1个月√	×	√	特许人信息披露导致合同无法履行、支付账户为个人账户
28	广东省广州市天河区人民法院（2016）粤0106民初9046号	×	6个月√	×	×	同区域授权冲突
29	江苏省苏州工业园区人民法院（2017）苏0591民初2747号	×	33个月√	√	×	欺诈嫌疑，特许人信息披露问题导致合同无法履行
30	广东省广州市白云区人民法院（2018）粤0111民初1004号	×	1.5个月√	√	×	选址

续表

编号	受案法院及案号	解除权约定与否	履行合同时间长短	资源使用情况	认定解除合同与否	被特许人起诉原因
31	北京市昌平区人民法院（2017）京0114民初16395号	√	5个月√	未使用资源但履行培训义务	×	特许人未提供技术支持服务
32	浙江省杭州市下城区人民法院（2017）浙0103民初7258号	×	9个月√	×	√	特许人公司管理混乱、信息未披露
33	浙江省杭州市余杭区人民法院（2017）浙0110民初18229号	×	3个月√	×	√	特许人信息披露问题导致合同无法履行
34	广东省广州市天河区人民法院（2018）粤0111民初291号	×	5个月√	×	√	特许人履约瑕疵违约造成被特许人损失
35	北京市东城区人民法院（2018）京0101民初19449号	√（3天）	10个月√	√	×	约定解除期间太短
36	广东省广州市天河区人民法院（2017）粤0111民初12478号	×	3个月√	√	√	特许人履行瑕疵违约
37	上海市普陀区人民法院（2018）沪0107民初8648号	×	6个月√	√	×	特许人拒绝履行培训义务
38	上海市徐汇区人民法院（2019）沪0104民初8537号	√（1天）	5个月√	×	√	特许人信息披露问题、未履行培训义务
39	上海市徐汇区人民法院（2019）沪0104民初8538号	√（1天）	5个月√	×	√	特许人信息披露问题、未履行培训义务
40	甘肃省兰州市城关区人民法院（2019）甘0102民2607号	×	8个月√	×	√	特许人信息披露问题导致被特许人成本误判

续表

编号	受案法院及案号	解除权约定与否	履行合同时间长短	资源使用情况	认定解除合同与否	被特许人起诉原因
41	上海市徐汇区人民法院（2018）沪0104民初20949号	×	1个月√	×	√	特许人信息披露问题、未履行培训义务
42	上海市徐汇区人民法院（2018）沪0104民初21191号	×	2个月√	×	√	特许人信息披露问题、未履行培训义务

（二）问题分析

第一，对特许经营合同单方解除权的一定期限认定标准基本形成共识。《司法认定因素一览表》显示，我国司法裁判认定特许经营合同单方解除权的一定期限以被特许人是否实际使用特许人经营资源为标准。但是，实际使用经营资源标准能够有效地衡量被特许人期限足已达到“冷静”程度吗？再有，特许经营人经营资源范围多广，内容具体包括哪些呢？在广东省广州市天河区人民法院（2016）粤0106民初9046号判决中，法院认为被特许人仅仅接受特许人提供的培训、指导等服务，并不构成对特许人经营资源的实际使用，但是其他判决均认为只要被特许人实际接触到了特许人的指导、管理培训等，已经构成对商业资源的实际使用〔7〕。由此可见对特许经营合同单方解除权的一定期限的司法认定标准仍旧存在分歧，有必要对“实际使用特许人的经营资源”这一标准的合理性进行细化探讨。

第二，对特许经营合同约定解除权的一定期限认定结果不一致，造成审判实践的混乱。《司法认定因素一览表》显示，在42个案例中，仅

〔7〕特许经营的本质是成功经营模式和无形资产的输出，即特许人将其成功的经营模式和无形资产输出给被特许人，以使被特许人在最短的时间内能够成功地开展经营。这种成功的经营模式包括企业管理、质量控制、商品销售、广告宣传、店面装潢、标志设计、人员招聘、员工培训等各个方面，这是特许人在长期的经营中积累起来的复杂的经营管理经验、方法的总结。无形资产主要是特许人的商标、企业标志、专利、专有技术、商业秘密等知识产权。见李自柱：《〈商业特许经营管理条例〉中的任意解除权》，载《人民司法》2015年第21期。

有12个案例中约定了单方解除权，但是约定的期限各有不一，有的约定时间较长，为3个月或者90天，都相对具有合理性，但是部分案件中约定的合同解除权期限为"3日""1日"〔8〕。北京市东城区人民法院（2017）京0101民初7487号案件、北京东城区人民法院（2018）京0101民初3383号案件中约定的解除权期限为"3日"，法院均对约定的"3日"解除权约定期限予以了认可，并驳回了原告要求行使单方解除权的请求；但是在上海市徐汇区人民法院（2019）沪0104民初8537号、8538号案件中，约定的解除权期限为"1日"，法院却最终作出"1日解除权"约定无效的判决，判决原告仍可在合理期限内解除合同。那么，实践中法院对约定解除权的"一定期限"进行调整的行为能否证明，在约定解除权及法定解除权的情形下均应限制于"一定期限"内，均应考量"冷静期"立法目的？除此之外，上表统计的其余30个案例，双方未约定解除权的案例中合同签订时间未达到6个月的，基本上被判定尚可解除合同，而时间超过6个月、8个月、10个月及其以上的，法院均驳回了原告的解除合同诉讼请求。那么，未约定解除权的，合同签订后多久能认定为达到"一定期限"呢？需要进一步探讨。

（三）原因分析："冷静期"制度的借鉴

《商业特许经营管理条例》第12条规定的解除权意在借鉴国外特许经营立法中的"冷静期"立法例，意在对被特许人利益进行倾斜性保护，而对解除权设置"一定期限"的限制其效果等同于合同法中形成权的除斥期间，其价值在于催促权利人在合理期限内及时行使权利，尽快消除因为权利人怠于行使权利或者是行使期限过长给当事人造成的利益不确定状态，稳定彼此的法律关系。

那么，为什么会在特许经营合同中给予被特许人倾斜性的保护

〔8〕 北京市东城区人民法院（2017）京0101民初7487号案件、北京东城区人民法院（2018）京0101民初3383号案件约定解除权期限为"3日"，上海市徐汇区人民法院（2019）沪0104民初8537号、8538号案件约定的解除权期限为"1日"。

呢？[9]首先，行业内已取得成功的特许人相对于行业外的被特许人而言具备信息垄断优势，在信息不对称的情况下被特许人无法通过市场掌握特许人的信息，进而在交易中必定处于劣势。其次，特许经营是一种经营模式、无形资产的输出，这使得被特许人在交易开始之初就承担着巨大的资金风险，交纳数额不菲的特许经营费、培训费、保证金等各种名目的费用以及后续持续的资金投入。再次，特许经营无形资产的输出是一个长期履行的合同，被特许人一旦进入该交易中就被深度绑定，而且在我国，被特许人往往都是社会底层群众，甚至很大一部分是下岗职工，收入不高但急于脱贫，在看到特许人的加盟广告后往往未经理性思考就投入自己毕生积累的积蓄，结果血本无归。而很多所谓的特许人往往并不具备成功的经营模式，却盲目发展加盟商，甚至进行夸大、欺骗性宣传，以收取高额的加盟费。如若法律此时不提供被特许人正常退出特许经营的机制，对处于弱势的被特许人来说是非常不利的。最后，特许经营往往需要特许人长期、持续地对被特许人进行经营指导、员工培训等，被特许人对特许人有较强的依赖性。因此，在这种显失公平地位的特许经营合同中为被特许人设计相应的合同解除权制度，可以帮助处于弱势的被特许人及时、有效退出交易，降低损失。

考虑到上述因素，除了合同解除权事由，立法对特许经营的合同解除制度设计在事由的限缩标准上也应当有更加细致、严格的考量，既使处于弱势地位的被特许人可以在交易中得到保护，同时又不至于损害特许人合法民事权益进而影响交易秩序稳定，最终实现双方主体利益的有效平衡。

二、特许经营合同法定“冷静期”单方解除权限缩标准的确定

（一）实践中适用“实际使用经营资源”限缩标准是否合理

从上述立法目的来看，该“冷静期”条款之所以对被特许人利益进

〔9〕李自柱：《〈商业特许经营管理条例〉中的任意解除权》，载《人民司法》2015年第21期。

行倾斜，主要是防止被特许人的投资冲动。如果合同签订后，被特许人某些行为能够被认定为其已经经过了深思熟虑，不是一时冲动，对自己的投资风险也是明知的，此时就不应当再允许被特许人行使任意解除权，否则对特许人就有失公平。那么达致什么状态方能认定被特许人已经过了深思熟虑呢？《北京市高级人民法院关于审理商业特许经营合同纠纷案件适用法律若干问题的指导意见》第 18 条第 2 款〔10〕的规定采取了被特许人是否已经开始使用特许人的经营资源作为被特许人能否行使任意解除权的观点。而从上表的统计来看，“冷静期”解除权行使期限界定最主要的标准也是被特许人是否实际利用了特许人的经营资源，即以“实际利用资源标准”来确定解除权发生“一定期限”的截止时间。因该标准的期限比较客观，容易操作，很多法院均采用该判断标准，并大有普遍化的趋势。但该标准忽略了两个问题。

一是实际生活中可能出现合同签订后被特许人不行使合同权利，不参加培训，也不主张利用特许人的经营资源的情况，这种情形下被特许人是否还能依据“冷静期”主张单方解除权？从合同功能方面来看，市场情况亦瞬息万变，当事人签订合同的目的就是保护市场交易的稳定性和安全性，合同双方的当事人都应当积极履行合同义务〔11〕。首先，特许经营合同中，特许人负有许可被特许人使用其经营资源的义务，但如果在合同签订后，被特许人在一定合同期限内不行使其权利，可能使得特许人随时处于履行合同义务的准备状态，严重影响了市场交易的稳定性。其次，特许经营合同许多是授予被特许人在某一市场或某一地域内独占的权利，被特许人不行使合同权利的行为会导致特许人合同利益无法实现，亦会导致特许人无法再次许可他人，那么特许人参与市场经营获得

〔10〕 参见《北京市高级人民法院关于审理商业特许经营合同纠纷案件适用法律若干问题的指导意见》（京高法发〔2011〕49 号）第 18 条第 2 款：“特许人和被特许人未约定被特许人在特许经营合同订立后一定期限内可以单方解除合同的，被特许人在特许经营合同订立后的合理期限内仍可以单方解除合同，但被特许人已经实际利用经营资源的除外。”

〔11〕 赵西巨：《特许经营合同的私法本性》，载《人民司法（应用）》2016 年第 4 期。

经济利益、提高市场知名度、获得良好商誉等合法民事权益的目的就无法实现。故从市场交易角度来说，在被特许人无正当理由不行使合同权利的情况下，不能以并未实际利用特许人的经营资源来判断被特许人是否享有单方解除权，否则将会为被特许人恶意行使单方解除权打开闸门，最终造成权利的滥用。就立法目的而言，立法目标是确定一个能够让一般理性状态的被特许人实现“冷静”的期限，如果超出了该期限，单方解除权即消灭。

二是司法实践以“实际使用经营资源”作为确定“冷静期”期限的标准能否客观地认定被特许人已经达到了“冷静”状态呢？又应该如何操作呢？特许人对被特许人进行培训、指导，是否可以认定为被特许人利用了特许人的经营资源？如果认定培训不属于经营资源，则按照“实际利用资源”标准，即使被特许人接受并完成了培训，掌握了特许人的商业秘密，并依据合同约定要求特许人履行提供相应的商标标识、装潢等义务，但是只要被特许人不主动行使合同权利，不开店经营，就没有实际利用特许人的经营资源，仍可以主张“冷静期”以解除合同。这种情形极其不利于市场交易的稳定性，也会损害特许人的利益。如果认定培训属于经营资源，则被特许人在合同之前获取的信息未必全面充分，即使相对全面充分，合同签订前获取的信息基本上都是通过资质材料、电子材料获取的，实用信息和广告信息混合交叉（多具有宣传、夸张性质），非常不利于被特许人对该合作项目作出准确的判断。从接受培训、指导等开始，被特许人才事实上开始对项目的风险有确切的了解与评估（有时候甚至到了培训阶段被特许人获得的信息也具备宣传性质），如果将培训开始认定为被特许人实际利用了特许人的经营资源，被特许人也就实质上丧失了主张“冷静期”单方解除合同的权利，何来深思熟虑一说？这样不也违背了“冷静期”的立法目的吗？

解除权作为形成权，是“私法上之利器，威胁法律关系之稳定”，如果合同解除权限缩标准模糊不清，对经济交往将会产生不利影响：首先，“冷静期”解除事由及标准的制度效力轻易破除商业信用的方式，从长远看将造成社会整体利益的下降。其次，“冷静期”解除权期限在实践中已经成为一条固化的强大解除权发生事由，但其实司法在对被特许人倾斜保护的道路上离“冷静期”的立法目的越走越远。从统计数据上看，42个案例中，有13个案例被特许人提起解除合同请求的理由为特许人信息披露不实，存在欺诈及“冷静期”解除权，但是几乎所有披露不实案件中，最后法院作出合同解除与否定论的决定性因素都是冷静期解除事由之“被特许人实际是否使用经营资源”〔12〕。合同订立之前特许人信息披露义务的履行瑕疵当然可以成为被特许人事后实现解除合同救济途径之一，但这对“冷静期”制度目的之重塑或巩固交易信赖目的的实现并无价值，在合同订立前，信息披露有效实现交易的被特许人不考虑双方调整以继续履行合同，而首选“冷静期”解除权以轻易破除交易信用、结束合同关系的情况仍旧大量发生，这说明合同订立前的信息披露制度并未有效或者尚且不足以固定双方的合同信赖。再次，再加上在“冷静期”司法认定标准固化趋势下，法官们基于提高审判效率、降低司法成本的考量，更加不会愿意仔细去探究信息披露的问题，而更愿意选择简便快捷的“冷静期”直接解除合同。最后，正是基于对案件双方损失问题的考虑，法官们企图以直接终止交易将双方现有损失降到最小的审判偏好使之对“实际使用经营资源”标准的更加依赖〔13〕。因此，信息披露制度设计的不足、“冷静期”制度设置不完备及司法操作的不合理导致在特许经营交易中合同本应发挥的固定和巩固交易信用的价值遭到严重减损〔14〕。此外，相比于信息披露制度相对完善、明确的认定标准，本身就存在严重的模糊性、不合理性的“冷静期”司法认定标准也

---

〔12〕 原因之一是由于信息披露制度的相对完善与明确，使得大部分特许人已经明确知道在特许经营交易中自身角色承担的信息披露义务履行问题会直接导致合同的解除，所以在签订合同之初会尽量避免这一问题的发生。

〔13〕 参见李晓民、宋建宝：《商业特许经营合同纠纷特有问题司法实证研究》，载《法律适用》2016年第9期。

〔14〕 参见程世瑛：《特许经营当事人权益的平衡受许人权益的合同法保护》，载《政治与法律》2007年第2期。

是其中一个重要因素。

审判群体基于效率与成本的审判偏好、重视被特许人倾斜保护而忽视“冷静期”稳定交易目的的观念，再加上“冷静期”认定标准的模糊不清，使特许经营合同立法目的所求的对特许人倾斜保护、对双方利益的平衡最终逐渐走向一条歧路：一方面被特许人在签订合同后一旦后悔就利用“冷静期”破除与特许人的合同关系，上述案例中，北京市东城区人民法院（2016）京0101民初7941号、江苏省苏州工业园区人民法院（2017）苏0591民初2747号案件中合同已经履行近17个月、33个月，被特许人仍旧起诉请求解除合同，“冷静期”制度价值无法实现，反倒渐渐沦为被特许人与特许人缔结交易信用关系后恶意退出的工具。另一方面，采取“实际使用经营资源”标准其实是出于对合同履行的程度以及解除合同后对双方造成损失情况最小化之考虑，在存在审判偏好的前提下这一标准确实是最优解。但是对整体的市场交易而言，这一“冷静期”解除事由及标准的实施并非科学、严格，继续履行合同就必然使双方的损失扩大吗？或者就社会整体而言，法律目前的选择对被特许人倾斜保护减少的损失是否就一定大于或等于破除交易给特许人造成的损失呢？答案是存疑的。可知，对被特许人的倾斜保护应当是有限度的，这一司法路径从被特许人角度看来是最有效的逃离机制，但是从长远来看对整个社会和市场而言却是不效率、不经济的。制度效力轻易就破除了商业信用，这对特许人的合法利益及交易秩序的稳定和发展的负面影响不可谓不大，也就决定了这一制度的运行必然造成社会整体利益的下降。

因此，现行标准的不自洽性及制度运行的隐患呼唤新标准必须权衡利弊，作出更加科学、有效的考量。实践中的“实际使用经营资源”这一解除权限缩标准仅考虑到了《商业特许经营条例》向被特许人倾斜保护的立法目的，并未考虑到制度背后“冷静期”巩固交易信用、平衡市场主体利益、稳定交易秩序的立法目的，所以确定“冷静期”解除权期限的科学认定标准亟待提上日程。

（二）其他限缩标准的合理性

那么，“冷静期”解除权认定应当采取什么样的标准呢？从立法目的可以看出，该解除事由限缩标准应当具备两项内容，一个是形式内容的“一定期限”，另一个是该标准可以保障一般理性状态下的被特许人实质上已经具备达到冷静考量该交易的可能性，后者直接决定前者〔15〕。那么，何种事实能证明被特许人已经足以达到“冷静”状态使得解除权期间消灭呢？

在市场交易中，特许人与被特许人都应当被假定为理性的经济人，对商业机会、商业风险、商业决策等应当有足够的认知、判断能力才能在市场竞争中取得效益。设置“冷静期”是考虑到被特许人在与特许人经济交往中的种种弱势，为了平衡强势特许人与弱势被特许人之间的交易关系，确保弱势被特许人在签订特许经营合同之后“一定期限”内还能对自己的商业决策进行二次审视。合同的基础是双方的信赖，而信赖的基础在于信息交换，在于双方对交易信息相对全面、真实的认知，尤其是在资源跨行业、跨区域高速流转的市场经济体制下，市场主体之间的合作更加依赖于信息交流。那么在双方均为理性经济人的前提下，基于对交易效率及安全的平衡，在特许经营关系中只要证明特许人披露的信息足够使得一般理性状态的被特许人在一定期限内能够具有对整个交易有相对全面而真实认知的可能性，法律则无须考察被特许人是否作出科学合理的决策或对特许人经营资源实际使用，即应当认定被特许人已经对交易对方产生真实信赖，该交易业已经过被特许人的深思熟虑，合同作为固定交易的工具在这个时间点应当被固定下来，而“冷静期”解除权则应当自此消灭。至于被特许人是否判断正确、决策正确，则由被特许人作为一个理性经济人自身的风险判断与承担能力决定，属于商业风险的范畴，并不是法律制度应当考察的问题；而是否实际使用经营资

〔15〕 熊顾军：《商业特许经营“冷静期”条款之法律探析》，上海交通大学2015年硕士学位论文，第36、37页。

源，除了交易已经陷入履行不能的情形，其他情况不应当成为影响合同继续履行或者终止交易的决定性因素，至少不应成为法律经济制度倡导的方向。交易的目的在于增加利润，仅有小部分交易的发生或发展是建立在衡量损失的基础上，比如不良资产的处置，但这类交易不是市场交易的常态，也不是特许经营交易的常态，法律制度应当引导市场主体积极发展经济、增加利润，这是一个国家或社会发展的核心竞争力。因此，是否实际使用经营资源作为市场主体风险控制的一项考量因素，仅发生于特定情形下或在评估计算损失、赔偿项目时才具有法律意义。

除此之外，上述案例统计中信息披露问题仍旧是合作后频发的影响合同关系存续的因素。从合同信用入手分析可发现，就巩固合同信用这一立法目的而设置的信息披露制度、“冷静期”单方解除权制度之间存在密切的递进关系。换言之，该合同订立前的信息披露程度不能使得双方产生足够的商业信赖以防止合同信用在后来的履行中出现动摇，才会出现救济的“冷静期”解除权制度。而之所以双方信用不足，正是因为在特许经营案件中，大多数合同订立前披露的信息和合同订立后被特许人接收到的信息是不一致的，而信赖的基础在于信息交换，如此才会导致商业信用动摇，以至于部分被特许人直接付诸解除合同关系以退出交易（欺诈情况不论）。因此，从合同信用法律制度角度出发，要解决“冷静期”解除权限制标准确定的问题，就必须对现有的特许经营合同信息披露制度存在的问题进行分析和解决。

（三）合同信用下“冷静期”限缩标准的问题的转移

《商业特许经营管理条例》对合同订立之前特许人信息披露制度进行了详细的规定，第21条规定了特许人信息披露的时间点[16]，第22条规定了特许人信息披露的具体内容，可推知合同订立之前应当披露的信息一般都是通过文件、电子材料展示的信息，出现隐瞒、欺诈等行为的，

〔16〕《商业特许经营管理条例》第21条：特许人应当在订立特许经营合同之日前至少30日，以书面形式向被特许人提供本条例第22条规定的信息，并提供特许经营合同文本。

合同当然解除，自不待言；但合同订立之后，鉴于经营模式、无形资产等的复杂性，一些信息只能通过实际调查、体验、检查才能获取，比如培训后才明确项目的操作难度，选址咨询后才确切了解该项目在目标地址实施的风险等。因此被特许人在签订合同前仍不一定能够对这些信息有充分的理解，还需要给予被特许人进一步理解的空间。所以，对于合同签订后的部分信息，特许人仍旧应当承担部分信息全面、真实披露的义务。实质上，这部分信息的披露才真正决定了合同签订后被特许人是否能够“冷静”考虑该交易合作，也才真正决定了“冷静期”时间的长短。可知，立法应当赋予被特许人在合同签订后一定实际接触特许人相关经营资源的空间，要求特许人在合同订立后将部分实际操作中的信息对被特许人进行披露，以使得被特许人对项目的材料信息和实际操作信息有进一步的把握、理解，从而实现对交易内容的“冷静”考量。（如表2所示）

立法应对特许经营合同订立后信息披露的方式和具体内容进行回应。

1. 合同订立前信息披露制度的不足

表2 《商业特许经营管理条例》第22条中特许人应当向被特许人提供的信息

1	特许人的名称、住所、法定代表人、注册资本额、经营范围以及从事特许经营活动的基本情况	7	特许经营网点投资预算
2	特许人的注册商标、企业标志、专利、专有技术和经营模式的基本情况	8	在中国境内现有的被特许人的数量、分布地域以及经营状况评估
3	特许经营费用的种类、金额和支付方式（包括是否收取保证金以及保证金的返还条件和返还方式）	9	最近2年的经会计师事务所审计的财务会计报告摘要和审计报告摘要
4	向被特许人提供产品、服务、设备的价格和条件	10	最近5年内与特许经营相关的诉讼和仲裁情况
5	为被特许人持续提供经营指导、技术支持、业务培训等服务的具体内容、提供方式和实施计划	11	特许人及其法定代表人是否有重大违法经营记录
6	对被特许人的经营活动进行指导、监督的具体办法	12	国务院商务主管部门规定的其他信息

《商业特许经营管理条例》第22条对特许人向被特许人披露的信息内容进行了罗列，如上所示，2007年国务院在对特许人所需要的参与市场的信息进行研究的基础上制定了该条例。一般而言，在商业市场竞争中存活下来的商主体要考虑的因素众多，从产品、服务、营销到财务、管理，每一个环节都至关重要，条例也进行了较为全面的规定。但该条文中存在诸多问题：首先，就特许经营下的被特许人而言，第22条第4项（产品服务）、第5项（技术、培训指导）、第6项（营销、管理指导）、第7项（投资预算）和第8项（其他被特许人经营状况及分布）均应当是经特许人宣传性加工后可向所有潜在加盟者提供的材料。这类经特许人处理过的信息从特许人传达到被特许人一般会出现三个问题：信息误导、信息不足和信息不针对。

一是信息误导。信息误导是指特许人在与被特许人进行交易前披露的信息基于商业考量必定带有宣传性质，有夸大不实、不完整的成分。

二是信息不足。信息不足是指特许人在本行业本特许经营项目中处于信息垄断地位，排除故意隐瞒、欺诈的情况，被特许人还是因为行业熟悉度等原因处于信息劣势，且文书性、电子类材料本身能够向被特许人传达的信息就是有限的：就第4项的“价格、条件”而言，被特许人并不能有效推断出产品的质量及市场反应，对服务性的产品评估更是难上加难；就第5项的“具体内容、提供方式和实施计划”而言，被特许人也无法对该履行内容的难度和效果进行预估；第6项规定的“经营活动……具体办法”中的经营既涵盖营销也涵盖管理，如此复杂的命题仅从一个文件何以能够完整传达？第7项中的“预算”即使披露也并不具备约束力，被特许人前期投入资金后即使超出预算也无法就此向特许人追偿，投入的资金可能也无法回收，还有被迫必须继续投入的情况；至于第8项中的“经营状况评估”，就算是在同一个行业同一个特许经营项目，一方面处于信息优势地位的特许人出于商业考量仅会挑选成功案例进行宣传，另一方面由于市场资源的差异及被特许人自身的条件，成功案例并不能代表被特许人的平均经营水平。此外对于案件统计表中显示的项目落地初期被特许人因为与特许经营相关市场主体交易过程中发生纠纷造成合同解除的情况诸多，包括选址[17]、店面租赁[18]等，从司法实践看这类因为与相关市场主体发生纠纷导致特许人与被特许人最终解除合同的案件数量接近统计样本的五分之一，第22条的立法却并未将其列入信息披露内容。

三是信息不针对。信息不针对是指特许人披露信息是针对所有的潜在加盟者的，对单个的加盟者而言具有一定的参考价值但并不针对单个加盟者具体的客观条件、资源优势劣势进行评估。即便特许人在宣传时会结合潜在加盟商客户的具体情况进行分析，但宣传成分过大，真实有效的信息不足。所以，第22条披露的信息内容在保证诚信交易、建立双方交易信用上具备一定价值，但该制度下的信息交流并不能有效实现双方合同信赖的固定。另外，就被特许人自身而言，中国的被特许人往往都是社会底层的个体群众，甚至很大一部分都是下岗职工，他们本身并不具有传统商人的风险判断能力及素质，而且收入不高却急于脱贫，一旦被加盟广告吸引，在特许人极尽各类手段的宣传诱惑下，如“零风险”“生意火爆”等，被特许人往往未经理性思考就投入自己毕生的积蓄，结果血本无归。所以就国情而言，设置对被特许人更加具备针对性的信息披露制度是必要的。

可见，造成特许经营项目失败致使被特许人陷入困境的原因很多，也因此造成特许经营行业营商环境的恶化和秩序的混乱，改变此现状需要从多方面入手，不仅需要加强对特许人主体和特许经营行为的监管，培养和提高被特许人的商业判断能力及风险承受能力，推动信用型营商

〔17〕 北京东城区人民法院（2018）京0101民初3383号、上海市浦东新区人民法院（2018）沪0115民初23140号、北京市东城区人民法院（2017）京0101民初7487号、广东省广州市白云区人民法院（2018）粤0111民初820号、广东省广州市白云区人民法院（2018）粤0111民初1004号案件均是因为选址问题直接导致被特许人解除特许经营合同。

〔18〕 湖南省长沙市天心区人民法院（2018）湘0103民初1995号案件因被特许人租赁问题导致被特许人解除特许经营合同。

环境的整体建设，同时在法律制度上也要进一步完善。鉴于现行合同订立前的信息披露制度在固定和保障交易信赖上效果不佳，特许经营合同信息披露制度的立法需要重新架构，进行更加全面、有效的制度设计。

2. 合同订立后信息披露制度的构建

那么，从何下手呢？合同信用处在一个动态发展的状态使得交易的过程也是动态的，正是合同信用基础的动摇才会导致合同的解除。特许经营合同中现行的“冷静期”解除权就是立法针对合同订立前信息披露不足造成的合同信用无法有效固定的问题在制度上予以的回应。虽然制度实施效果没能很好地达到“冷静期”的立法目的，但不能否认该制度的立法逻辑应是：如果存在某种制度可以实现一般理性状态的被特许人在合同订立后达到足以冷静考量该项交易的可能性的效果，在此节点上可以由法院介入决断合同信用是否动摇，是否动摇至于双方继续交易已属不经济、不效率，需要合同解除以降低双方交易损失的地步。该内容才是“冷静期”合同解除制度设置的逻辑起点。

下文将以图例形式展示不同立法逻辑下的制度运行路径：

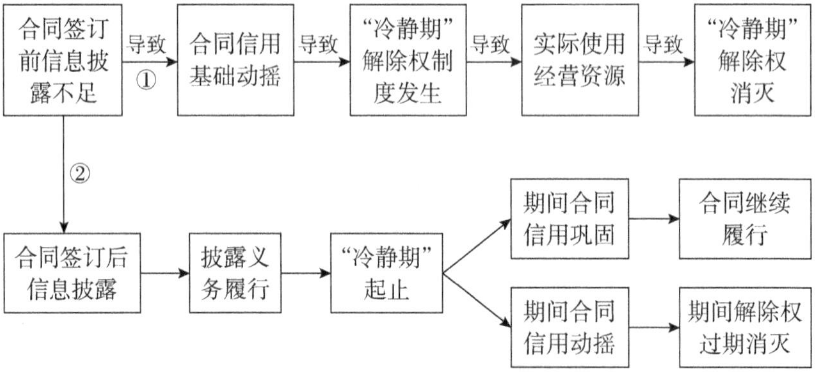

图1 “冷静期”解除权制度设置逻辑

①为“冷静期”解除权制度现有的从立法到裁判的运作路径：由于合同订立前信息披露不足及合同订立后被特许人无法获取足够信息，双方合同信用动摇，被特许人为挽回损失付诸“冷静期”解除权诉讼以解

除合同，而法官基于损失最小化的目标确立“冷静期”解除权期间截止点为“是否实际使用经营资源”。可知，之所以立法上“冷静期”制度的设置和司法实践中采取“实际经营资源”作为期限认定标准都是因为前一制度设计的纰漏导致后一制度的诞生，属于弥补式的制度完善，其立法路径并不能很好地将立法与实践的问题有逻辑、有效地衔接起来，因此问题百出。

②为修正后的“冷静期”解除权制度从立法到裁判的运作路径：基于信息是合同信赖的基础，附加给特许人合同签订前的信息披露和签订后的信息披露的义务是在为交易双方达到信息对称提供相对程度的制度性保障，一方面考虑到被特许人的弱势地位，另一方面又平衡特许人的合法民事权益，只要特许人履行了相应的披露义务则认定被特许人在此信息披露过程结束后具有足够的实现对该特许人信赖、对该特许经营合同深思熟虑的可能性，而不再论事实上被特许人是否已经深思熟虑，此时即应当确认“冷静期”解除权消灭，同时也兼顾了审判人员判断操作性的考量。可知，之所以立法建议采取“合同签订后信息披露义务”履行作为“冷静期”解除权的行权期限是基于对合同制度设计的基础的把握——合同信赖，属于目标式的制度完善，法官在实际操作中可以很好地根据双方法定义务履行的客观情况决断双方合同关系的发展方向。

信息是信赖的基础，信息也是决策的基础。故而设置合同订立后信息披露制度的目的就在于弥补合同订立前信息披露不足导致的合同信用无法有效固定的问题，正是从“冷静期”合同解除权制度的逻辑起点出发提出的立法新方向，以求将在实践中已经“误入歧途”的“冷静期”解除权拉回正轨。在此逻辑进路下，只要被特许人掌握了相对充足的信息，双方的信赖状态也就得以评估，合同是继续履行还是解除也就不言自明了。

（1）合同订立后信息披露的方式、内容

所以如上所述，为了达到前后两个阶段的信息披露可以相对有效地保障被特许人在合同订立后一定期限内接受实际操作性信息后有足够实现冷静考量该项目的可能性的法律效果，就需要对合同订立后的信息披露内容进行明确。根据合同签订前披露制度存在的问题，如前所述，主要针对合同订立前信息披露及司法实践中出现的双方信息交流的三个问题即信息误导、信息不足和信息不针对予以明确。

表3　合同订立后特许人应当向被特许人提供的信息

1	在中国境内所有参与过本项目的被特许人的数量、分布地域以及经营状况评估
2	向被特许人提供其他被特许人项目实地调研
3	向被特许人提供产品、服务、设备的实际使用体验
4	向被特许人提供技术支持、业务培训等服务的具体试点体验
5	向被特许人披露项目落地初期相关交易对象基本条件、方式、风险等
6	向被特许人提供经营活动进行指导、监督的具体试点体验
7	特许经营网点投资预算超额后的处理办法
8	被特许人合作发展条件及情况评估
9	国务院商务主管部门规定的其他信息

特许经营资源作为一种知识产品所具有的无形性使其交付点、交付形式在立法上均难以明确，对被特许人而言，唯一可以预防和控制风险的手段就是尽可能多地掌握交易信息，因此对信息披露下交易信息的项目的设置就至关重要。上述内容的确定参考了合同订立前披露的信息内容及根据案例统计发现的实践中多发的问题点，并对不足之处进行了修补：

针对信息误导，第1项“在中国境内所有参与过本项目的被特许人的数量、分布地域以及经营状况评估”是针对第22条第8项规定的“在中国境内现有的被特许人的数量、分布地域以及经营状况评估”存在的特许人选择性披露成功案例的情况，提出特许人应当向被特许人披露“在中国境内所有参与过本项目的被特许人的数量、分布地域以及经营状况评估”，保障被特许人对项目实施的成功和失败的案例有全面的了解，并且对行业内情况进行评估，避免由于特许人信息垄断误导被特许人的判断。

针对信息不足，第2项“向被特许人提供其他被特许人项目实地调研”针对的是被特许人从经特许人加工的材料中获取信息不足的问题，保障被特许人有机会实地了解项目落地的具体情况。第3项“向被特许人提供产品、服务、设备的实际使用体验”针对产品端，被特许人应当有机会亲自试用一下特许人的产品、服务、设备，很多纠纷的发生原因在于被特许人对产品的合格标准、质量并不能有效判断，部分特许经营的产品还是在市场上无法找到同种产品的情况下由特许人单方提供，因而产品或服务提前试用就显得尤为必要。第4项“向被特许人提供技术支持、业务培训等服务的具体试点体验”是针对第22条第5项“为被特许人持续提供经营指导、技术支持、业务培训等服务的具体内容、提供方式和实施计划”信息披露不足的问题。进入指导、培训期间，被特许人对各个步骤、环节才开始有确切的认知，包括自身条件的契合度、项目操作的难度等。第5项“向被特许人披露项目落地初期相关交易对象基本条件、方式、风险等”针对的主要是上文案例统计中项目落地初期被特许人因为与特许经营相关市场主体交易过程中发生纠纷造成合同解除的情况，包括选址、店面租赁等，此类信息的获取需要特许人向被特许人披露与相关市场主体交易的经验、方式、风险以及涉及其他行业领域的相关专业信息等。第6项“向被特许人提供经营活动进行指导、监督的具体试点体验”是针对第22条第6项“对被特许人的经营活动进行指导、监督的具体办法”的营销端问题。该项其实相当重要，市场主体存续的核心价值就在于盈利，其存活与否关键在于是否能把市场、营销做好，一个商人（法人）或其他营利组织可以没有产品部门，也可以没有财务部门、风控部门，但不能没有营销部门。缺乏运营、推广、营销、管理经验的被特许人对特许人是极度依赖的，但是市场经济是残酷的，任何生意都是自负盈亏，因此在这个问题上被特许人被要求独自承担最大的商业风险，而特许人也最易以此为借口脱逃责任。故而该条款要求特许人为被特许人提供机会到实际运行中的市场推广、营销试点体验，一方面便于被特许人对该项目进行市场营销的难度有进一步认识，另一方面对特许人特许事业的长远发展也有积极价值，真正有实力的值得信赖的合作者也需要过滤才能有长久的合作，成功的长期加盟项目除了经济利益还有利于特许人品牌的塑造、市场知名度的提高和市场份额的扩大，让司法机关以合同解除制度来过滤潜在的长期合作者未免成本过高。第7项“特许经营网点投资预算超额后的处理办法”是针对第22条第7项“特许经营网点投资预算”信息不足问题提出的。投资虽有风险，但不能成为特许人轻易脱逃责任的理由，被特许人处于信息劣势地位还承担着巨大的资金风险，有必要对特许人在此问题上附加更重的义务，使其更加谨慎、认真地履行合同，当然立法上可以允许双方对此充分协商，将被特许人的资金风险相对控制在一定范围内最佳。

针对信息不针对，第8项“被特许人合作发展条件及情况评估”针对的是合同订立前特许人披露信息针对性不足的问题，其实该内容在合同订立前的披露制度中就应当列为重要内容，针对单个被特许人的具体条件评估加盟风险，结合实际情况对选址、市场、相关市场交易中的问题等个案中可能遇到的问题进行研究，对稳固双方信赖、实现被特许人冷静考量合作意愿具有重要意义。

第9项“国务院商务主管部门规定的其他信息”系兜底条款，对其他需要进一步披露的信息可以进行补充。

该信息披露制度与合同前信息披露除了在信息内容上，在特许人与被特许人双方权利义务的性质及披露期限的确定上也有差异。首先，披露期限的问题可以参照合同签订前披露制度的时间以及合同有效期限的长短来确定一个相对明确的时间，披露制度的价值在于保障合同信赖的稳定发展，而合同有效期限系合同信赖的具体的发展存续期间，以此二者来明确一个披露期限具备合理性及正当性。从上述案例统计表可见，合同期限在一年以上的，落入3个月的合同冷静期的案件〔19〕大多被认

〔19〕 上海市普陀区人民法院（2017）沪0107民初25071号案、广东省广州市天河区人民法院（2017）粤0111民初12478号案、浙江省杭州市余杭区（2017）浙0110民初13657号案、湖北省武汉东湖新技术开发区人民法院（2018）鄂0192民初3900号案等。

定为在合理范围内，合同期限更长的，可按照此二者相对比例确定；其次，《商业特许经营管理条例》第22条仅将信息披露作为特许人的单方法定义务，考量略有不足。“冷静期”旨在实现一般理性状态的被特许人冷静的目的，因而除了要求特许人披露项目实操性信息以外，为了防止被特许人恶意不履行义务接收披露的信息，损害特许人民事权益，也应当要求被特许人在该期限内积极接收披露信息为必要。因此该合同订立后信息披露制度趣旨应可表述为：将合同订立后信息披露义务纳入“冷静期”相对明确的期限内作为特许经营合同双方的法定义务履行，在该期限内，特许人应当提供被特许人体验培训、指导、实地调研等接触实操信息的必要机会，被特许人应当在该期限内接受特许人提供的培训、经营指导等实操信息，二者义务的履行以保障一般理性状态下的被特许人在该期限内接触到的信息足以使其达到冷静考量该商业决策的程度。至此，才能在某种意义上达致“冷静期”合同解除权制度的双重目的。

（2）特许人风险的救济

允许被特许人实地调研、接受培训、经营指导等试点体验以获取实操性信息是否会引发特许人特许经营资源甚至商业秘密的泄露风险呢？从特许经营合同条款中可以知道，虽然被特许人在接受培训、技术指导、产品服务试用等过程中可能接触到特许人的商业秘密等重要内容，但从制度上看，在合同订立之初双方早已在合同中约定合作期间结束后关于特许人经营资源的回收、保护、救济条款。相较于合作期间结束时被特许人已经实际进行开店经营，熟练掌握特许人的商业模式、经营资源，此时特许人的经营资源甚至商业秘密泄露的风险是远远大于合作之初的。因此完全可以在合同中就培训、经营指导、试点等实操信息披露阶段的经营资源保护、救济进行明确约定，具体内容可以参照合同期结束后的特许人经营资源回收和保护、救济条款进行设置。

三、特许经营合同约定“冷静期”单方解除权限缩标准的确定

被特许人“冷静期”解除合同制度意在对被特许人利益进行倾斜性

保护，防止被特许人因一时投资冲动而使自己束缚于无法、不愿履行的特许经营合同，给予被特许人进一步冷静思考是否继续履行合同的时间。但是《商业特许经营管理条例》第12条规定："特许人和被特许人应当在特许经营合同中约定，被特许人在特许经营合同订立后一定期限内，可以单方解除合同。"允许当事人就单方解除权进行约定，那么约定解除权又是否应当受到"冷静期"的限制呢？[20]从之前统计的案例中，在上海市徐汇区人民法院（2019）沪0104民初8537号、8538号案件约定的解除权期限为"1日"的两个案件中，法院作出"1日解除权"约定无效的判决，原告仍可在合理期限内提出单方解除权。而在北京市东城区人民法院（2017）京0101民初7487号、北京东城区人民法院（2018）京0101民初3383号两个约定解除权期限为"3日"的案件中，法院均对约定的"3日"解除权约定期限予以了认可，驳回了原告要求行使单方解除权的请求。上述案件中的"3日"解除权期间与"1日"解除权期间对于长达三年、一年的合同期间而言并无差异。可见，司法裁判中有诸多判决未对有约定解除权的特许经营合同中的被特许人倾斜性保护的立法目的进行考虑，其判决结果实有悖于立法精神。

当然，即使特许经营合同是特殊形式的合同，但其约定解除权也不可以毫无限制地发生其预设的效果，反而出于特许经营合同立法对被特许人倾斜性保护和交易秩序维护的考量，对该解除权限缩标准的把控应当更加精准、有效。徐国栋先生说过："公平是民法的精神""舍却公平，民法将不成其为民法"。正如契约自由受到限制一样，约定解除权也必须有一定的限度，当一方当事人利用自己所具有的优势地位使得双方地位失衡，或者有解除权的一方当事人为了获取不正当利益恶意行使解除权，严重损害对方利益有违公平正义时，该约定是否具有约束力便需要重新考虑了。在这种情况下，如果让当事人继续履行一个对自己明显不公平、

〔20〕张金柱：《特许经营合同纠纷中相关法律问题探讨》，载《山东法官培训学院学报（山东审判）》2017年第5期。

不利益的合同内容，实际上将会产生新的不公平，造成合同当事人个体利益的损失和社会整体收益的下降。且现代契约正义属于实质正义，合同自由必然应当受到实质正义的限制和约束，因而对数量庞大、需要国家进一步加强监管的特许经营行业而言，其约定解除权的设置更应当符合立法目的和社会效益。因此，司法审判应当根据诚实信用原则和权利不得滥用原则否定此类约定的效力，作出平衡双方当事人利益的判断。

四、结语

特许经营合同纠纷中的“一定期限”解除权在司法实践中存在不少模糊不清的地方，合同解除权限缩标准不合理、不清晰，对同一案件合同解除权限缩标准差异化导致判决前后矛盾等问题突出，相比于以“实际使用经营资源”为标准，本文将合同订立后信息披露制度与“冷静期”制度整合在一个相对明确的期限内作为双方的法定义务进行履行，在该期限内，特许人应当为被特许人提供体验培训、指导、实地调研等的必要机会，被特许人应当在该期限内接受特许人提供的培训、经营指导等，更科学地体现立法对被特许人的“冷静期”合同解除权倾斜性保护的目的，同时将被特许人过度的“解除权”限制在相对合理的范围之内，能很好地控制合同信用发展的进程，平衡双方交易主体的利益，在一定程度上保障交易秩序的稳定，这是一个在实现“冷静期”双重立法目的的同时又平衡合同双方利益的手段，还可有效帮助法官们克服在审判实践中遇到的认定操作困难的问题。当然，考虑到科学性、完备性、可行性，本文的建议涉及的具体制度设置还需要进一步完善，以使特许经营合同纠纷得到有效规制，实现交易双方利益平衡和市场交易的稳定发展。

招商引资协议的民行界定标准分析

——兼评《最高人民法院关于审理行政协议案件若干问题的规定》

喻如兰 *

摘要： 在我国法律体系中，“公法私法化”与“私法公法化”现象已然出现，行政机关在观念与职能上发生了一定的转变：从强制性的行政命令方式向与社会资本进行协商合作的方式过渡。招商引资协议是政府与民间资本合作时所签订的一类合同。在司法实践中，由于某一方合同主体违反义务，通常会导致另一方合同主体利益受损，受损方通常会寻求法律救济。但因招商引资协议的合同主体具有特殊性，即公权力机关作为合同的缔约一方，往往会导致合同的民行界定出现争议，最终导致涉案合同主体在法律适用与权利救济等方面出现问题。

* 喻如兰：中山大学法学院本科生。

所以，对招商引资协议的民行界定分析是至关重要的。民行界定标准在学界通常被分为四个方面：合同主体、合同地位、合同标的、合同目的，只有综合考虑以上四个方面并结合我国法律法规与司法解释，才能探索出真正适用于我国国情的对招商引资协议的民行界定标准。

关键词：民事合同　行政合同　界定　招商引资协议

引言

民事合同与行政合同看似是公法与私法、民法与行政法中两个截然不同领域的概念，但在实践运用之中却不是那么泾渭分明，二者存在重合范围过高、区分界限不甚清晰等问题，此问题在实践中的出现更会直接导致法律适用、权利救济等相关问题的产生。在早期，学界常出现根据某一特定因素就直接对合同进行民行界定“一刀切”的错误做法。合同内容、合同主体、合同目的、合同地位皆具有复杂性，从现实层面来看根本不可能存在根据某一因素便可以直接进行民行界定的情况。然而，如果必须进行具体案件具体分析的话，应该采纳与适用何种划分标准成为不得不探讨的话题。

笔者在此选择招商引资协议进行民行界定的标准探讨，是因为招商引资协议是典型化的、具有代表性的民行界定有争议的合同协议。我国对招商引资的民行界定具有较高程度的不统一性，可以说每个案件的民行界定标准皆不统一，甚至一个相同的案件在一、二、再审法院的民行界定皆不相同，这也导致了案件判决结果的差异化。所以，选择对招商引资协议的民行界定标准进行类型化分析，是具有现实意义与实践价值的。

对民行界定标准的划分，不同地域有不同的判准，显示出标准本土化、多样性、差异性的特征。笔者在此简要概述域外对民行界定的判准标准，希望能起到一定借鉴作用。

法国在对合同进行民行界定时考虑了三个方面：合同主体、合同目的、合同内容。法国进行民行界定的判准通常需要满足两个条件，一是预备条件：合同主体至少存在一方是行政主体；二是选择条件：合同目的是公共利益，或合同的条款中包含至少一个超出普通法的条款。〔1〕满足以上两项条件，判准为行政合同，反之，则属于民事合同。日本则特别注重合同目的因素，以合同目的为主要衡量标准对混合合同进行类型化划分：筹措型行政合同、给付型行政合同与规制型行政合同。〔2〕我国台湾地区则结合了合同目的与合同标的两项因素进行综合分析，认为对民行界定需要进行两个步骤，此两步骤是渐进性的，第一个步骤是关于合同标的界定，合同内容如果是设立、变更或消灭公法上的权利义务关系，即认定为行政合同；如果是设立、变更或消灭私法上的权利义务关系，则定为民事合同。考虑到合同内容复杂、权利义务不清的情况，如果第一个步骤无法区分，则需要从第二个步骤入手，考虑合同目的。如果合同目的是实现公共利益，应认定为行政合同，如合同目的是实现私人利益，则应认定为民事合同。英美法系国家和地区并无独立的行政合同制度，统一适用民事合同规则。〔3〕

既然民行界定标准在域外尚且呈现出多样化与差异化，民行界定标准也在一定程度上呈现出模糊不清与界定不明的情况，那我们究竟该适用何种民行界定标准呢?

为解决此问题，我国最高人民法院审判委员会在第1781次会议通过的《最高人民法院关于审理行政协议案件若干问题的规定》（以下简称《解释》）在第1、2条中对此问题进行了解决，此《解释》已于2020年1月1日起正式施行。

笔者采录其中与本文探讨问题关切性最高的三个条款，如下：

第一条 行政机关为了实现行政管理或者公共服务目标，与公民、

---

〔1〕王利明：《论行政协议的范围——兼评〈关于审理行政协议案件若干问题的规定〉第1条、第2条》，载《环球法律评论》2020年第1期。

〔2〕潘军锋：《民事合同与行政合同界分法律问题研究》，南京大学2018年博士学位论文。

〔3〕参见林明锵：《行政契约与私法契约——以全民健保契约关系为例》，载《台湾行政法学会学术研讨会论文集》（2001年）。

法人或者其他组织协商订立的具有行政法上权利义务内容的协议，属于行政诉讼法第十二条第一款第十一项规定的行政协议。

第二条 公民、法人或者其他组织就下列行政协议提起行政诉讼的，人民法院应当依法受理：

（一）政府特许经营协议；

（二）土地、房屋等征收征用补偿协议；

（三）矿业权等国有自然资源使用权出让协议；

（四）政府投资的保障性住房的租赁、买卖等协议；

（五）符合本规定第一条规定的政府与社会资本合作协议；

（六）其他行政协议。

第六条 人民法院受理行政协议案件后，被告就该协议的订立、履行、变更、终止等提起反诉的，人民法院不予准许。

此《解释》看似已将民行界定标准勾勒详尽，但实则并不尽然。主流学界对以上司法解释并未采取全然认可的态度〔4〕，在《解释》出台后，学界重视程度颇高，并由此引发了更为激烈的讨论。但不可否认的是，此司法解释已然具有一定的进步性，注意到了实践之中出现了由于民行界定不清导致的混乱现象，并首次将民行界定作为重点问题来进行剖析。但是问题在于，“民行合同应该如何界定”是一个争议性较大的问题，至今没有学者探讨出可以于实践中完美适用的硬性标准，这也意味着，以上司法解释是做不到尽善尽美的。笔者于此分析其弊端，断断不是为了批评而批评，而是为了此问题的进一步解决。

首先，《解释》的第1条来对行政协议作出了概念限定，最高人民法院审判委员会认为行政协议至少应满足以下四类条件：（1）协议签订方必须有一方是行政机关。（2）协议是与行政机关相对人协商订立的。（3）协议具有行政法上的权利义务内容。（4）签订协议是为了实现行政管理或者公共服务目标。此条司法解释其实是以学界主流观点作为参考而设置

〔4〕 参见王利明：《论行政协议的范围——兼评〈关于审理行政协议案件若干问题的规定〉第1条、第2条》，载《环球法律评论》2020年第1期。

的，民行界定标准在学界通常被分为四个方面：合同主体、合同地位、合同标的、合同目的，此四方面分别对应《解释》第1条中的四类条件。这种看似完美无缺的标准蓝图实则是存在缺漏的，这四类条件中的每一类都需单独进行分析讨论，笔者将在本文第二部分进行详尽谈论。

以合同主体为例，此《解释》设立的主体条件毫无疑问排除了合同订立方都不属于行政机关的情况，那问题在于，行政机关是否具有平等民事主体的身份特征？如果有的话怎么将概括性的行政机关与特殊民事主体相区分？除此之外，是否存在行政机关的派出机构与行政机关相对人签订合同的情况？那么此时，此派出机构是否可以被认定为行政机关？若是的话，其作为行政机关的合法性来源于何处？

以合同地位为例，此《解释》中的协商一致究竟需要达到何种程度才能被界定为协商？此协商是要求二者是平等的吗？行政机关在享有行政优益权的情况下与行政机关相对人签订合同时，双方是否可以被认为是处于平等地位上呢？行政机关在享有监督权与管理权的情况下与行政机关相对人进行签订时双方是否可以被认为是处于平等地位上呢？

以合同标的为例，此《解释》中的标的条件过于宽泛模糊，在实践中合同具有高度复杂性，那么究竟什么样的内容可以被认定为是行政法上的权利与义务？

行使了行政权就一定会被认为是产生了行政法上的权利义务吗？

以合同目的为例，此《解释》中的目的条件同样过于宽泛模糊，公共利益的内涵与外延究竟囊括了哪些内容？实践中行政机关与行政相对人所签订的合同毫无疑问都会涉及公共利益，即使是行政机关的采买合同都会有维持政府机关运行的公共利益目的，那么这种采买合同也应该被界定为行政合同？如此岂不是只要是行政机关签订的合同都可以被视为行政合同？

除此之外，为将《解释》之中的相应条件与实践案例紧密结合，笔者选取了我国司法实践中的两个典型案例对下文的批判分析进行补充说明。笔者将理论化的界定标准适用于具体案件，尽力勾勒出对招商引资协议的民行界定标准的基本框架。

案例 1　香港斯托尔实业（集团）有限公司诉泰州市人民政府等招商引资协议再审案[5]

海陵工业园管委会与斯托尔公司，先后于2013年9月16日、2013年12月15日，签订《海陵工业园区工业项目招商合同书》《补充协议书》（以下统称招商引资协议），斯托尔公司于2014年12月1日完成土地摘牌，以新注册的森托尔机器人有限公司作为受让人，与出让人泰州市国土资源局签订《国有建设用地使用权出让合同》。因认为泰州市政府、海陵区政府、海陵工业园管委会未依照招商引资协议的约定履行义务，斯托尔公司于2015年5月18日提起行政诉讼。

一审法院认为：本案招商引资协议实质上是借款与赠与的民事法律关系，不具有行政法上的权利义务内容，不属于行政诉讼受案范围。因此，裁定驳回斯托尔公司的起诉。

二审法院认为：2015年5月1日起施行的修改后的《行政诉讼法》始将行政协议纳入行政诉讼受案范围。根据法不溯及既往原则，本案招商引资协议纠纷不受修改后的《行政诉讼法》调整，斯托尔公司的起诉不属于行政诉讼受案范围。因此，裁定驳回上诉，维持一审裁定。

再审法院认为：一、二审法院以本案招商引资协议不属于行政诉讼受案范围为由，裁定驳回斯托尔公司的起诉及上诉不当，依法应予撤销。江苏省泰州市中级人民法院应当就本案招商引资协议是否合法继续进行审理。

〔5〕参见最高人民法院（2017）最高法行再99号行政裁定书。

案例2　沭阳县人民政府诉江苏浩宇实业有限公司投资合同纠纷案[6]

2006年，沭阳县政府与浩宇公司签订《投资协议书》，约定浩宇公司投资开发浩宇科技产业园，投资总额2.5亿元。浩宇公司固定资产投资不低于2亿元，分两期投入，2007年5月底投产，首期投入固定资产不低于1亿元，2007年底9月前投入到位，全部投资在2008年6月30日前投资到位。合同签订后沭阳县人民政府给予浩宇公司12年的优惠政策，即前5年国税地方留存部分25%全部奖励给浩宇公司，后7年25%的一半12.5%返还给浩宇公司。电费给予补贴。双方并约定，浩宇公司有义务积极为甲方招商引资，凡由浩宇公司引进并进入浩宇公司园区的企业享受浩宇公司同等优惠政策。后浩宇公司未按约定完成投资，沭阳县政府起诉请求解除双方签订的投资合同。

一审法院认为：《投资协议书》约定了双方的权利义务，沭阳县政府作为合同主体签订招商引资投资协议，其行为属民事行为，沭阳县政府因投资协议的履行而提起的诉讼，仍属民事纠纷。

二审法院认为：本案所涉《投资协议书》，是沭阳县政府与浩宇公司以沭阳县政府鼓励投资的优惠政策为背景，与具有投资意向的浩宇公司签订，主要内容为浩宇公司承诺投资总额2.5亿元，沭阳县政府给予税收、物价等多项优惠政策。此投资协议书的实质是政府与企业因招商引资而签订的框架式书面意见，沭阳县政府将投资协议书作为独立的民事法律关系提起解除协议的本案诉讼，不符合人民法院受理民事诉讼的条件。二审法院改判驳回沭阳县政府的起诉。

笔者之所以挑选以上两则案例作为经典代表有两个方面的原因。一方

〔6〕参见江苏省高级人民法院（2016）苏民终1026号民事判决书。

面，案例 1 与案例 2 都属于一审与二审法院，或一、二审法院与再审法院对招商引资协议的民行界定不相同的情况，具有一定的争议性与复杂性，可以作为民行界定标准分析的典型案例；另一方面，案例 1 与案例 2 是两种相斥的不同情况，案例 1 属于投资人面对政府失信的情况，案例 2 是则属于政府面临投资人失信的情况，所以，二者的维权的主体是具有差异性的，前者是投资人寻求权利救济，后者是政府寻求权利救济。

通过对典型案例与 2019 年公布施行的《解释》的分析，笔者认为，招商引资协议既有被判定为民事合同的合理性，也具有被判定为行政合同的合理性；前者的合理性在于，政府从强制性发布命令的行政模式转向了与民间谋求合作的协商行政模式，这意味着政府也有可能将自己置于平等的经济主体地位与合同相对人进行利益交换；〔7〕后者的合理性在于，政府在签订招商引资协议时，存有促进当地经济发展、基础设施建设等目的，其核心宗旨在于实现社会公共利益，行政机关甚至可能在一定程度上享有行政优益权。由于二者皆具有一定程度的合理性，对招商引资协议的分析界定自然也不能如英美法系中直接将所有合同归类于民事合同那般草率，应结合我国法律体系与实际情况，对涉案合同进行具体分析。

一、招商引资协议的民行界定标准分析

在以往的行政模式下，实践之中是不存在合同的民行界定困难的问题的，因为此时政府大多采取直接命令的方式完成行政任务，即使在签订合同时显示出一定协商意味的方式，也仅是以合同代替行政命令的另一类特殊手段。这也是早期主流学界多数学者始终坚持，只要合同相对人有一方为行政机关，此合同就应该被界定为行政合同的原因。但是随着社会发展变迁，我国社会已然逐步走向平等协商模式，更注重民间资

〔7〕 杨解君、陈咏梅：《中国大陆行政合同的纠纷解决：现状、问题与路径选择》，载《行政法学研究》2014 年第 1 期。

本与市场力量，更注重官民和谐共生，政府可以作为特殊民事主体广泛参与到合同签订中来，并借此与民间资本展开有益的长期合作。如果仅从表层分析，政府看似是抛去了一部分本属于自己的权力，但深入分析后不难发现，这是政府进行取舍的方式，并不意味着政府失去了大量权力，反而，政府因为抛下了这些枷锁可以广泛获得与民间资本合作的机会，有利于借助民间资本完成仅依靠政府力量难以完成的行政任务。

合同模式具有多样性，在经济社会中因发展模式的多变已然涌入大量新生态合同，《解释》第2条中对合同类型采取的也是列举的方式：政府特许经营协议，土地、房屋等征收征用补偿协议，矿业权等国有自然资源使用权出让协议，政府投资的保障性住房的租赁、买卖等协议，符合本规定第一条规定的政府与社会资本合作协议，其他行政协议。合同种类繁复，内容复杂多变，每一类合同类型都具有与众不同之处。这意味着几乎没有任何一位学者可以探讨出普适于任何合同的民行界定方式。这也是笔者选择招商引资协议作为典型代表的原因，只有从具体视角切入，才能使得理论化的民行界定标准具有实践价值。

招商引资协议与一般合同相异的独特之处在于，在合同内容中，政府会对合同相对人作出相应的优惠奖励承诺，如减免税收、给予补贴等。在合同的施行过程中，政府对合同相对人的行为具有相应的管理与监督权。在合同目的方面，此类合同多兼有公共利益目的与追求经济利益目的。招商引资协议因具有行政与民事双重影响因素，导致其合同属性受到了相应的影响，极易陷于模糊不清的混沌境地之中。为了增强对现状的了解，笔者检索了2020年中国裁判文书网有关招商引资合同的案件，最新数据如下：案件总数量为47388件，其中行政案件为7098件，民事案件为28419件。由此不难得出，与招商引资合同相关的争议案件数量是极为庞大的，这也意味着在司法实践中有大量法院面临着民行界定的难题。并且，随着市场经济的活跃程度增强，民间资本与政府合作的案例会呈现出不断攀升的趋势。如果始终让民行界定标准处于模糊状态之中，不仅会使得合同相对人与行政机关因无法寻求法律救济而处于“不敢签订”的状态，还会使得司法实践中出现一、二、再审法院意见不一的情况，拉低司法效率，浪费司法资源。由此可知，统一民行界定标准刻不容缓。

笔者分析了《解释》的相关内容与数个代表性案例，归纳出在司法实践中较为常见的、主流学界大致认可的一套较为完整的判定标准，同时笔者采取了批判性分析的态度，试图在此基础上作出一定的理论突破，以使其具有更高的实践价值。为了将理论化的判定标准运用于司法实践之中，笔者将结合上文所列出的案例 1 和案例 2 具体说明。

此套对招商协议的民行判定标准总共有合同主体、合同地位、合同标的与合同目的四个方面，考虑到实践中案例的复杂性，对以下四点界定标准应该综合判定与整体分析，绝不可以仅抽取其中一个方面作为判定标准。

（一）合同主体

对合同主体的判定，是民行界定标准的决定性因素之一。《解释》第 1 条司法明确指出：“行政机关为了……内容的协议，属于行政诉讼法第十二条第一款第十一项规定的行政协议。”若从立法者的视角来剖析第 1 条，毫无疑问的是立法者在界定行政合同时将合同主体条件划为了界定标准，一概排除了双方合同主体皆不是行政机关的情况。

若从主流学界的视角对合同主体条件进行剖析，传统界定理论中存在“旧主体说”，即认为合同的缔结双方如果有一方是行政机关，无论合同内容、合同地位等其他因素如何，一概认为其属于行政合同；与之相反，如果合同的缔结双方都是民事主体，则认为合同为民事合同。[8] 笔者认为，“旧主体说”具有时代局限性，因为当时的社会不存在行政机关以平等地位来缔结民事合约的可能性。

但是在政府转型的当今社会，政府谋求与社会资本合作的现象层出不穷，如 PPP 模式，政府借助社会资本力量来进行基础设施建设、扩大

〔8〕 崔建远：《行政合同的边界及其确定根据》，载《环球法律评论》2017 年第 4 期。

就业、促进经济发展等已经成为常见的现象。在如此的社会状况下，行政机关的身份不再局限于强制性发布命令的行政主体，可以自由切换为特殊民事主体。举一个很简单的例子，由于行政机关是一类组织机构，要依靠机关工作人员对内部进行“软装”，依靠建筑大楼对外部进行“硬装”。在固定的时间段，政府需要进行软装与硬装的维护，于软装而言，政府需要采买食物、采购办公用品、签订用工合同等，以保证机关工作人员的持续工作；于硬装而言，政府需要对建筑进行定期修缮、定期检查等，以保证硬件设施的安全稳定。在此情况下，政府是不具有任何行政优益权的，此时行政机关作为特殊民事主体参与了合同，以上情况的合同都应被归类为普通的民事合同，严格遵循民事合同的相关规定。所以，笔者认为，在一定情况下，行政机关具有平等民事主体的身份特征。

所以笔者认为“旧主体说”的缺陷之处也在于此，其否认了政府可以选择以平等地位签订民事合同的可能性，除此之外，“旧主体说”完全抛开合同内容、合同目的与合同地位不谈，仅以签订合同的主体划定合同性质，是“一刀切”的过于理想化的不现实做法。再反观《解释》第1条，学界对此的批判声音不在少数，许多学者都进入了“一刀切”的误区，主观性地认为立法者设定的条件是一个“必然条件”，即只要是行政机关签订的合同都应该被归属于行政合同。然而，笔者认为，立法者在《解释》中是将合同主体条件设置为一个“或然条件”，即行政机关签订的合同有可能会被归属于行政合同，而不是必然会被界定为行政合同。如果认识到了合同主体条件仅是一类“或然条件”，那么《解释》第1条对主体的规定其实是有一定合理性的。

结合《解释》设定的“或然条件”进行分析，笔者在此对传统学界的“旧主体说”进行一定程度的改良。一方面，需要肯定的是，缔约双方的主体身份是需要被考虑的，在对招商引资协议进行民行界定时，需要分析是否至少存在一位合同主体是公权力机关，如果没有任何一位合同主体是公权力机关，则此合同必定为民事合同。然而，笔者发现，现实案件往往没有理论化的情况简单，需要判断合同主体是否为公权力机关，需要考虑此机关是否具有“合法性”。许多案件中合同缔约一方属于“派出机构”或者“被授权机构”，其作为公权力机关的“合法性”是需要被界定的。

例如，在案例 1 中，招商引资协议的一方当事人海陵工业园管委会就是海陵区政府的派出机构。再审法院对其作为行政主体的合法性进行了分析，法院认为，海陵工业园管委会属于行政机关，是经江苏省人民政府批准设立，对开发区实行统一领导和管理的行政机构。所以，案例 1 中的合同主体海陵工业园管委会的合法性得到了认可，那么其是满足“至少存在一位合同主体是公权力机关”的条件的。

又如，在案件 2 中，招商引资协议的一方当事人为沭阳县政府，其并非公权力机关的派出机构，而本身就是公权力机关与行政机关，所以对此案件中的合同主体判断较为简单，沭阳县政府显然是具有作为公权力机关的合法性的。那么本案的招商引资协议是满足“至少存在一位合同主体是公权力机关”的条件的。

另一方面，我们要建立起综合界定的框架概念，不能盲从“旧主体说”仅用一个因素就对合同进行民行界定的草率做法。上文讨论的合同主体的条件，仅是满足了一项形式特征，考虑到现实中招商引资协议的复杂程度极高，下文中笔者将对合同的其他三个方面进行仔细衡量。

（二）合同地位

因司法实践中案件情况、合同内容复杂，法院在对合同进行民行界定时通常需要对合同签订主体的地位进行判定。《解释》第 1 条明确指出：“行政机关……与公民、法人或者其他组织协商订立的……属于行政诉讼法第十二条第一款第十一项规定的行政协议。”笔者发现此条在对合同地位进行解释说明时使用了“协商”一词，协商在通常情况下意味着“平起平坐”的对话，意味着行政机关与行政相对人的地位具有平等性。笔者将《解释》相关内容与学界早期相关学说——“从属说”进行比较后得出，《解释》中设定的合同地位条件是对“从属说”的批判性创新。

笔者在此对“从属说”理论进行简要说明，该理论认为，合同的界定以缔约双方地位的衡量为标准，如若衡量缔约双方地位后发现双方主体处于平等地位，则判定为民事合同；与之相对应的，如果合同双方一方处于“控制”地位，另一方处于“被控制”地位，二者之间是“从属”的关系，则界定此合同为行政合同。“从属说”之所以具有一定合理性，是因为该学说来源于公司法区别标准中的“权力说”，即规范上下不平等的权力服从关系的法律为公法，规范平等的权利义务关系的法律为私法。[9]

基于此，笔者认为，民事合同最本质的特征是“平等性”，隐藏在平等性背后的深层价值是对缔约双方自由意志的尊重[10]，只要合同主体处于“平起平坐”的地位，就可以考虑将此合同认定为民事合同。与之相对应的，行政合同往往具有主体地位“不平等性”，即公权力机关处于优势地位，行政机关相对人处于劣势地位。也正是由于双方关系的不平等性，在被界定为行政合同的招商引资协议中，权利义务配置往往会向优势地位一方倾斜。此时作为行政机关相对人的一方是受到较多约束与限制的。所以，如果合同地位具有“不平等性”，则可以考虑将此合同认定为行政合同。

但是，以上只是逻辑化的空中楼阁理论，因为每个国家和地区的实际情况不一、法律体系不一，对我国的招商引资协议的民行界定还需参考我国的实际情况与法律体系。在我国，随着行政管理方式的多样化和行政管理理念从强制性命令向协商、合作的转变，行政机关在法律规定的职权范围内，通过协商一致的方式约定其与行政管理相对人之间的权利义务关系，此种协议也被统称为行政合同。[11]

《解释》第1条规定：“行政机关为了实现行政管理或者公共服务目

---

〔9〕 杨科雄：《试论行政协议的识别标准》，载《中国法律评论》2017年第1期。

〔10〕 潘军锋：《民事合同与行政合同界分法律问题研究》，南京大学2018年博士学位论文。

〔11〕 参见最高人民法院（2017）最高法行再99号行政裁决书。

标，与公民、法人或者其他组织协商订立的具有行政法上权利义务内容的协议，属于行政诉讼法第十二条第一款第十一项规定的行政协议。”此解释是立法者对传统学说“从属说”的否定，我国立法者认为，即使行政机关是通过协商一致的方式约定其与行政管理相对人之间的权利义务关系，合同双方在平等基础上所签订的合同协议，也可以被称为行政协议。

这种认知，在案例 1 的推进过程中已经得到了具体诠释。首先，在被申请人海陵工业园管委会的提交意见中有如下内容：“招商引资协议是由平等主体间经友好协商签订的民事合同，海陵工业园管委会不享有单方面变更或者解除合同的行政优益权，该协议争议依法不属于行政诉讼受案范围。”这份意见的提出明显是依据了传统界定方法“从属说”，因为缔约双方属于平等地位，所以此合同不能被划分为行政合同。

但是，法院根据《解释》与《行政诉讼法》的相关内容，结合实际情况，认为：“行政机关通过协商一致的方式约定其与行政管理相对人之间的权利义务关系，由此达成的协议也被称为行政合同。”由此可知，法院只是将“合同地位”因素当作一个选择性因素而非决定性因素。具体解释为，缔约双方如果处于不平等的地位，则可以考虑将其认定为行政合同；缔约双方如果处于平等地位，也不影响法院根据其他因素如合同内容、合同目的等将其认定为行政合同。

案例 2 中，法院对合同地位是否可以作为影响民行界定的决定性因素意见不一，导致了一审与二审法院意见的相冲突。一审法院未考虑我国实际情况与相关法律规定，认为沭阳县政府与浩宇公司签订招商引资投资协议时，二者的合同地位是平等的，因此将涉案协议认定为民事合同，将沭阳县政府提起的诉讼归属于民事纠纷。二审法院则认为，该协议虽可以被认定为平等主体之间的协议，但根据合同目的、合同内容等其他相关因素，考虑到我国实际情况，结合我国法律，不应将其作为民行界定的决定性因素。二审法院将案例 2 中的招商引资协议判定为行政合同。

对于合同地位，主流学界对《解释》第2条列举的协议类型颇有异议。《解释》第2条规定："公民、法人或者其他组织就下列行政协议提起行政诉讼的，人民法院应当依法受理：（一）政府特许经营协议；（二）土地、房屋等征收征用补偿协议；（三）矿业权等国有自然资源使用权出让协议；（四）政府投资的保障性住房的租赁、买卖等协议；（五）符合本规定第一条规定的政府与社会资本合作协议；（六）其他行政协议。"其中争议性最大的为第3项中的矿业权等国有自然资源使用权出让协议。许多学者认为，在此类合同中，政府虽享有监督权和一定的行政优益权，但这些权利并没有对行政机关与相对人的合同地位产生影响，二者仍处于平等地位上，所以此合同应被界定为民事合同。其中典型代表学者为王利明教授，他认为，在国有土地使用权出让合同中，行政机关一方享有监督权并不影响该合同的民事合同属性。在此类合同中，行政机关一方的身份具有双重性，既代表国家行使国有土地使用权，也与相对人是平等的民事主体。行政机关所签订的国有土地使用权出让合同也是民事合同；同时，行政机关也是国有土地的管理者，其依法所享有的监督权、提前收回土地权等，是其依据国有土地管理者身份所享有的权力，并不影响国有土地使用权出让合同本质上是民事合同的属性。〔12〕

笔者对这一类观点有不同的意见。笔者认为，仅依据合同地位的平等性就直接得出此合同是民事合同的推理过程是存在漏洞的。立足于我国现状，公权力机关选择倾向于亲民平等，民间资本机构选择倾向于借助公权力机关的权威性获得相应的保障。如果沿此倾向性进行后续推导，筛选出最优选择，公私二者将会在与民生挂钩的长期开发项目上达成合作，公的一方需要借助民间资本机构的专业能力、强大资金、技术后盾等，私的一方则需要借助公权力机关提供的优厚政策待遇、保证力等。既然二者各有所需，各有所求，在合同签订的过程中，必定是协商再协

〔12〕王利明：《论行政协议的范围——兼评〈关于审理行政协议案件若干问题的规定〉第1条、第2条》，载《环球法律评论》2020年第1期。

商，研讨再研讨的，不可能出现合同地位明显向一方倾斜的情况，甚至可以说，只要涉及“合同”二字，就必然涉及“协商”二字。立法者在《解释》第1条中也考虑到了我国现实情况，从而给出了与“从属说”相斥的观点，将“合同地位的平等性”作为一个或然选择，这意味着，即使在矿业权等国有自然资源使用权出让协议中，双方主体处于平等地位上，仍不影响法院将其认定为行政合同。笔者也认为，合同地位的平等性不能直接和民事合同画等号，如若如此，其实不可避免地会带来国有资产流失等腐败恶象。与其让此混乱现象丛生，不如在对合同进行民行界定时就杜绝此种可能性。

综上所述，合同地位——“缔约双方平等与否”只能作为民行界定的选择性因素，如果双方当事人处于平等地位，基于自由意志，在招商引资协议中规定了自愿的权利与义务，则可以考虑将此协议认定为民事合同。但是，平等地位并不是直接和民事合同画等号的。即使双方当事人处于平等地位，基于我国实际情况与我国法律法规，双方的平等地位并不会直接使法院将案件协议认定为民事合同，其仍具有被判定为行政合同的可能性，具体界定需要综合考虑合同目的与合同内容等多重因素。

（三）合同标的

合同标的是笔者认为最重要的民行界分因素之一，因为合同标的是真正地将民行界定标准落实到了合同内容上，需对合同内容中权利与义务的配置进行考察，此界定标准具有极强的实践意义，是司法实践中最惯常使用的界定手段之一。《解释》第1条同样将合同标的列为界定标准：“……具有行政法上权利义务内容的协议，属于行政诉讼法第十二条第一款第十一项规定的行政协议。”于此，笔者不得不指出的是，由于合同内容的复杂性，将合同内容作为民行界定标准具有较高的操作难度。

我国台湾地区学者对合同标的学说造诣颇深，认为应当从客观上对合同进行民行界定，而当事人的主观意思不得作为判断合同属性的标准，合同内容如果是设立、变更或消灭公法上的权利义务关系，即认定为行政合同，反之则为民事合同。对于如何判断合同内容是设立、变更或消灭公法上的权利义务关系而属于公法性质的合同标的，则有不同标准。[13]其中较为典型的界定细则有以下四点：（1）行政机关以合同代替行政处分以执行公法法规；（2）行政机关负有作出公权力措施的义务；（3）内容涉及公法上权利义务；（4）约定事项明显偏袒行政主体一方的。[14]以上四点只要满足其中一点，则可以根据合同标的认为合同属于行政协议而非民事协议。

对于以上四点细则界定标准，笔者将基于我国大陆地区的法律背景与现实状况进行具体解释说明，总结出适合我们实际情况的一套以合同标的为民行界定标准的细则。因招商引资协议的普遍内容与“行政处分”差异甚大，几乎丝毫不涉及行政处分的内容，所以上文细则第一点我们暂且舍弃。笔者根据《解释》第1条界定的“具有行政法上权利义务内容”与司法实践情况归纳出了关于招商引资协议有关合同内容的民行界定的两项细则。

1. 公权力机关在招商引资协议中行使的是否是行政职权

招商引资协议的签订意味着缔约双方的法律关系的成立，但是招商引资协议的特殊之处在于，作为合同主体的公权力机关的权利义务并非完全依照合同内容设定的。正是因为公权力机关存在与一般民事机关法人职权的差异性，才使招商引资协议与民事合同相区分开来。[15]

首先，对于招商引资协议而言，并不是所有的行政机关都在此协议中行使了行政职权，如对于资金投入、土地转让等事项的约定，这些事项虽然和行政主体的管理职能相联系，但并非行使行政职权的表现，反而是民事义务与权利的体现。[16]那么，什么样的事项约定才是

---

〔13〕潘军锋：《民事合同与行政合同界分法律问题研究》，南京大学2018年博士学位论文。

〔14〕参见林明锵：《行政契约与私法契约——以全民健保契约关系为例》，载《台湾行政法学会学术研讨会论文集》（2001年）。

〔15〕崔建远：《行政合同之我见》，载《河南省政法管理干部学院学报》2004年第1期。

〔16〕韩宁：《行政协议判断标准之重构——以行政法上权利义务为核心》，载《华东政法大学学报》2017年第1期。

行政机关行使行政职权的表现呢？笔者认为，关于行政审批和行政许可的约定是行政机关行使行政职权的主要表现方式。落实到招商引资协议的内容来看，最普遍的事项约定为：行政机关给予合同相对人行政奖励、行政机关给予合同相对人税收优惠、行政机关规定政府可以行使回购权等。〔17〕

以案例 1 为例，再审法院在对本案招商引资协议进行民行界定时，同样使用了“该行政机关在协议中行使的是否是行政职权”的标准细则。再审法院认为，作为公权力机关的海陵工业园管委会在协议中行使的主要是行政职权。

根据《江苏省经济技术开发区管理条例》，海陵工业园管委会具有“制定开发区的总体规划和发展计划，按规定负责审批或者审核开发区内的投资建设项目，负责开发区内的基础公用设施的建设和管理，对市属各有关部门设在开发区内的分支机构的工作进行监督和协调，依法行使海陵区政府授予的其他职权，代表海陵区政府对开发区实行统一领导和管理”等法定职责。

案例 1 的招商引资协议中约定了以下与行政职权密切相关的事项：给予政策补贴，帮助减免相应税费，对开发、利用土地及未来改变土地用途时的同意并逐级上报审批，对斯托尔公司可能存在的违法用地行为的监督管理和行政处罚等。以上关于权利与义务的规定皆是海陵工业园管委会行使行政管理职权的表现。

以案例 2 为例，此案招商引资协议书主要内容为浩宇公司承诺投资总额 2.5 亿元，相对应的，沭阳县政府在协议中与浩宇公司约定以下事项：“给予相对应的税收优惠、一定程度上物价优惠、积极的政策奖励、有限度的借款减免等。”不可否认的是，本案协议的部分内容具有一些民事因素，但该协议关键内容涉及税收、物价等多项优惠政策，并载明优惠政策依据为沭阳县人民政府沭政发〔2003〕7 号文和〔2004〕84 号文，这

〔17〕 潘军锋：《民事合同与行政合同界分法律问题研究》，南京大学 2018 年博士学位论文。

些具有行政因素且关乎税收、物价等优惠政策的文件内容又触及不同的行政职能管理部门及其权限和权力的行使，是典型的公权力机关行使行政职权的表现。〔18〕

综上所述，笔者认为可以将公权力机关在招商引资协议中行使的是否是行政职权作为界分标准细则，有以下三点原因：首先，此界分细则已具有司法实践意义，为我国法院所认可与采纳，可通过案例1与案例2的具体分析得证。其次，此界分细则具有法律根据，根据《行政诉讼法》第12条第1款第11项规定与《解释》第1条相关规定，行政机关在协议中行使的是否是行政职权是民行界定标准之一。最后，此界分标准是在学界传统理论的观点上提出的，并不是毫无逻辑地凭空产生，具有学术上的依据性与合理性。

2. 招商引资协议中是否以公法上的权利义务为主要内容

对招商引资协议是否以行政权利义务作为主要内容的界分细则是笔者依据《解释》第1条的内容总结得出的。但是不得不承认的是，此界分细则具有操作难度大的弊端。此合同标的条件——“是否以行政权利义务作为主要内容”要求法官在司法实践中，以全面的、整体的态度去界定合同内容的同时，找准合同内容的侧重点、合同内容的重心。除此之外，《解释》第1条设定的“具有行政法上的权利义务”还过于宽泛，在行政机关签订的合同中，不可避免地会有行政法上的权利义务的内容穿插其中，如果仅以“是否有行政法上的权利义务内容”作为界定标准，则会导致行政合同范围的不当扩张。为解决此问题，笔者在设置此细则时采用的是“是否以行政法上的权利义务内容作为主要内容”，需要从整体上对合同内容进行考量，仅拥有行政法上的权利义务并不会必然得出此合同属于行政合同的结论。

在探讨合同内容方面，由于不同类型的合同差异较大，笔者仅在此讨论招商引资合同相关类型。招商引资协议在合同内容上体现民事权利

〔18〕参见江苏省高级人民法院（2016）苏民终1026号民事判决书。

义务的，如招商引资协议的效力、履行、解除、终止、违约等事项，应该被归为民事法律关系的范围[19]。此时行政机关相对人对于公权力机关提出来的优惠政策和与优惠政策相对应的义务，可以选择是否同意，也即行政机关相对人具有“同意选择权”。招商引资协议的最终签订需要的硬性条件是，所有合同主体已然对合同内容中的相关权利义务采取了同意的态度。与之相反的，合同内容主要涉及相关行政审批和行政许可，将合同重心放于行政权利义务的，则属于行政合同法律关系。[20]而在实践中，如何界定合同主要内容是民事权利义务还是行政权利义务，需要对合同内容进行具体分析。

以案例 1 为例，再审法院认为，此招商引资协议将行政法上的权利义务作为约定的主要内容。下面我们来细看此协议约定。

（1）斯托尔公司负担保证所使用土地为拟申报项目的工业用地性质的义务，不擅自改变土地用途，如需改变土地使用用途，应征得海陵工业园管委会同意并报上级有权部门批准，重新签订土地使用权出让合同，调整土地使用权出让金并办理登记等义务；海陵工业园管委会则相应负担对斯托尔公司申请变更土地使用用途进行审核上报的义务。

（2）斯托尔公司待协议生效后，负担及时申请外资企业工商注册登记，办理计划、测量、规划、国土、建设、交通、消防、财政、人防、质监等相关行政审批、缴纳相关配套费用的义务；海陵工业园管委会则相应负担协助斯托尔公司办理完成其申请的行政审批和登记手续，争取政策补贴，帮助减免建设规费等义务。

（3）斯托尔公司需服从海陵工业园管委会及当地政府管理，及时向海陵工业园管委会主管税务机关纳税，以及以土地摘牌之日后 24 个月为起始时间，在连续三年企业入库税收分别达到人民币 10 万元 / 亩、

〔19〕 王克稳:《论行政合同与民事合同的分离》，载《行政法学研究》1997 年第 4 期。

〔20〕 耿宝建、殷勤:《行政协议的判定与协议类行政案件的审理理念》，载《法律适用》2018 年第 17 期。

15万元/亩时，申请相应税费减免奖励等；海陵工业园管委会则需对斯托尔公司依法纳税进行监管，积极争取和利用有关招商引资政策，将斯托尔公司投产后五年内所缴纳国税、地税、基金等税费，视情形对斯托尔公司进行奖励，以及在斯托尔公司设立新企业注册后一个月内配套安排25套住宅房屋，用于斯托尔公司引进高管人才，并帮助解决相关高管人才子女就学问题，帮助协调泰州地区有关职业技术学校与斯托尔公司签订就业安置协议等。[21]

再审法院依据“招商引资协议中是否以公法上的权利义务作为主要内容”为界分标准，认为以上权利义务虽有部分民事权利义务性质，但更多是涉及地方政府不同职能部门的行政职权，分别受多部行政法律规范调整，具有明显的行政法上的权利义务特征。

以案例2为例，江苏浩宇公司与沭阳县人民政府所签订的《投资协议书》约定：（1）江苏浩宇实业有限公司依法按本合同规定享受沭阳县人民政府提供的各种优惠政策。（2）江苏浩宇实业有限公司承诺：房地产项目在取得土地使用权证后一年半时间内按照批准的设计方案全部投资到位并竣工验收。房地产及工业项目不能在约定期限内投资到位，则不享受沭阳县人民政府的优惠政策。（3）沭阳县人民政府以优惠价格提供项目用地共计304亩……商住用房使用证按实缴纳土地出让金总额的比例发放，剩余的由财政垫资办理有效期为2年的土地使用证。待工业项目全部投入到位时予以换证。（4）江苏浩宇实业有限公司在45天内凭沭阳县人民政府出具有用地红线图进行规划设计，总平面和效果图需报沭阳县人民政府审批后开工建设，其中建筑容积率不低于60%。

以上为《投资协议书》主要内容，该协议书是以沭阳县人民政府鼓励投资的优惠政策为背景，与具有投资意向的浩宇公司所签订的。该协议是沭阳县人民政府与浩宇公司就招商引资而经初步协议涉及的投资额度、期限以及税收、物价、用地等诸多问题的反映，虽然以上协议部分

[21] 参见最高人民法院（2017）最高法行再99号行政裁决书。

内容具有一些民事因素，但该协议关键内容涉及税收、物价等多项优惠政策，从整体上分析，合同内容是以行政法上的权利义务作为主要内容的，从侧重方面分析，是将重心置于与行政法权利义务的相关约定事项上的。

（四）合同目的

在司法实践中，因现实状况与案件详情具有复杂性，通过合同内容并不能完全准确地一次界定清楚此合同的本质属性，法院将合同目的作为民行界定标准之一进行考量是十分常见的。合同目的是界定招商引资协议是民事协议还是行政协议的重要考量因素之一。

《解释》第1条明确指出："行政机关为了实现行政管理或者公共服务目标……属于行政诉讼法第十二条第一款第十一项规定的行政协议。"不难看出，立法者在对行政合同进行概念限定时将合同目的囊括其中，并将其明确表述为"为了实现行政管理或者公共服务目标"。笔者认为，此《解释》所提出的合同目的条件看似详细清晰，实则是宽泛模糊的，此条件是在传统学说"合同目的理论"的基础上设定的，因此，与"合同目的理论"具有相同的缺陷。

在此简要概括"合同目的理论"，该理论认为，如果合同目的是实现公共利益，则此合同应该被认定为行政合同；如果合同目的是追求私人利益，则此合同应该被认定为民事合同。[22]但问题在于，公共利益与私人利益是否存在重叠呢？两者的区分既然不是如此泾渭分明，那么在合同既实现了公共利益又追求了私人利益的情况下，应该如何处理呢？笔者认为，《解释》与"合同目的理论"的共同缺陷在于"难以区分公私利益"。

根据汪辉勇的公共价值论，我们可以对公共利益进行一个简要界定，他认为，公共利益是指能够满足一定范围内所有人需要的对象，即具有公共效用的对象，或者说，能够满足一定范围内所有人生存、享受和发

〔22〕 杨科雄：《试论行政协议的识别标准》，载《中国法律评论》2017年第1期。

展的、具有公共效用的资源和条件。[23]笔者就此提出疑问，公共利益的内涵与外延究竟囊括了哪些内容？如果在给出相应概念界定的情况下，我们仍处于对公共利益概念不清的状况之中，那么如何能推断法院在司法实践中能准确界定公共利益呢？以政府的食品采买合同为例，不可否认的是，此合同的签订因为可以使得行政机关工作人员正常工作，而具有“使得行政机关持续稳定运行”的公共利益目的。除此之外，政府签订用工合同、房屋修缮合同等，皆具有上述公共利益目的。我们不难发现，实践中只要是行政机关签订的合同或多或少都会涉及公共利益，如果根据《解释》第1条进行界定，即只要涉及了公共利益的目的都应该被界定为行政合同，会直接导致“只要是行政机关签订的合同都应该被视为行政合同”的后果。但是实践中我们从来不将政府采买合同、政府用工合同、政府房屋修缮合同等视为行政合同，即使它们都追求了公共利益。这类实践情况是与《解释》第1条的规定相悖的，直接证明了《解释》的相关规定存在不合理之处。

首先，从现实层面分析，现实法律体系中出现了“公法私法化”与“私法公法化”的趋势，这导致了私法规范并不是完全和公共利益无关，其也有规范人民整体生活秩序的一面；相应地，公法规范也并不是完全和私人利益无关，公权力机关在行使民事权利时是追求私人利益的体系。[24]

其次，由于公权力机关存在的特殊性，在民行界定时容易对行政机关的目的作扩大化解释，即但凡行政机关签订合同的目的不是百分之百地追求私人利益，即可以将其判断为行政机关签订合同的目的只是实现公共利益。

但在现实情况中，以追求私人利益为主要目的，以实现公共利益为附属目的的情况是存在的。另外，招商引资协议中极少出现只涉及公共

〔23〕汪辉勇：《公共价值论》，合肥工业大学出版社2014年版，第13页。
〔24〕杨欣：《论行政合同与民事合同的区分标准》，载《行政法学研究》2004年第3期。

利益或者只涉及私人利益的情况。如果坚持认为行政机关的存在本身就是为了执行公共行政任务，无论实施任何行为都有实行公共利益的目的，那么行政机关所缔结的合同实际上都会被归类为行政合同，而丝毫无私法合同存在的空间。〔25〕

最后，笔者依然坚持《解释》第1条只是将“合同目的”作为“或然条件”的观点。笔者认为，如果仅仅依靠合同目的这一个界定标准来进行界定，而不考虑合同地位、合同标的、合同主体等相关界定因素，最终会导致合同民行界定出现问题，如一、二审法院意见不一等。合同目的往往呈现出不清晰与模糊的特征，仅以此“含糊不清”的合同目的作为唯一界定标准，是过于理想化的。

综上所述，笔者并不否认合同目的是进行民行界定的重要因素之一，但笔者坚决反对将其作为唯一的界定标准。除此之外，招商引资协议的合同目的往往既涉及公共利益又涉及私人利益，为了弥补上述《解释》中的合同目的条件的缺陷，笔者认为，在分析合同目的时，可以审查合同距离公益性目的和私益性目的的强度〔26〕，距离公益性目的更接近的合同可认定为行政合同，距离私益性目的更接近的合同可认定为民事合同。通过审查与何处更接近的方法，可以在合同既有公共利益目的又有私人利益目的时，对合同的属性进行快速界定。

以案例1为例，再审法院认为，缔约双方签订招商引资协议的目的是实现公共利益。《江苏省经济技术开发区管理条例》第3条第2款规定：“开发区旨在发展对外经济技术合作，引进外资、先进技术、先进设备、人才和科学管理方式，以兴办外商投资、出口创汇、高新技术项目为主，相应发展第三产业，加强与省内外的经济技术合作，促进对外开放和经济技术发展。”〔27〕

---

〔25〕 王利明:《论行政协议的范围——兼评〈关于审理行政协议案件若干问题的规定〉第1条、第2条》，载《环球法律评论》2020年第1期。

〔26〕 潘军锋:《民事合同与行政合同界分法律问题研究》，南京大学2018年博士学位论文。

〔27〕 参见最高人民法院（2017）最高法行再99号行政裁决书。

招商引资协议正是为了实现上述目的，为了实现公共利益需要而签订。协议约定，斯托尔公司将主要从事智能电脑针织机械的生产、制造和销售业务，企业总投资5000万美元，注册资本3000万美元；斯托尔公司将从当地学校招录职业技工300名，解决部分就业问题；经过对以上条约的具体剖析，法院总结得出，协议的如约履行，将相应提高当地经济生产总量，提高政府财税收入，部分解决就业问题，有助于对外开放、经济技术发展和产业结构调整，有利于地方的长远发展。〔28〕这些显然是为了促进社会公共利益，而非海陵工业园管委会以及海陵区政府自身的法人利益。

需要指出的是，再审法院在分析合同目的时，并没有否定此合同目的中包含了对私人利益的追求，而是根据具体协议约定事项总结得出，此协议之中的“主要目的”是实行公共利益，而非追求私人利益。这正是运用了笔者于上文总结得出的方法，即审查合同目的距离公益性目的和私益性目的的强度，距离公益性目的更接近的合同可认定为行政合同，距离私益性目的更接近的合同可认定为民事合同。

以案例2为例，二审法院认为，虽然本案争议的投资协议具有特殊性、广泛性和复杂性的特征，其中部分内容涉及行政因素，部分内容属于意向性约定，但该协议与平等民事主体之间设立债的关系的协议具有显著区别，此协议是以沭阳县政府鼓励投资的优惠政策为背景的前提条件下签订的，目的是促进沭阳县当地经济发展、解决当地就业问题、完善基础设施建设等。所以，二审法院认为，此案中的招商引资协议的目的侧重于强调公共利益而非私人利益。二审法院在对此案协议进行民行界定时审查了合同目的距离公益性目的和私益性目的的强度，认为此案招商引资协议距离公益性目的更近，因此，可以考虑将此案协议认定为行政协议。

综上所述，笔者认为，需要将合同目的作为民行界定的划分标准之一，并与其他划分标准综合适用。

---

〔28〕 参见最高人民法院（2017）最高法行再99号行政裁决书。

二、对《解释》第 1、2、6 条的补充探讨

笔者在上文对合同主体、合同地位、合同标的、合同目的进行论述时，依据我国《行政诉讼法》第 12 条相关规定与《解释》相关规定，探讨了对招商引资协议的民行界定标准。但笔者在分析多个相关民行争议案件后发现，在司法实践中以上法律规范与司法解释的适用是存在一定问题的，在此，笔者对上文分析不到位之处进行一定补充。

笔者认为，《解释》相关规定毫无疑问扩张了行政合同的范围，例如，在第 1 条中将合同地位平等的情况也赋予了被界定为行政合同的可能性；在第 2 条中，采取了列举式的方法将多类合同直接划分为行政合同。不可否认的是，这在更大程度上保证了公权力机关的相对人的权益。但是，在实践中，不乏存在行政机关相对人违反义务，导致行政机关利益受损的情况，例如上文的案例 2。根据《行政诉讼法》第 12 条第 1 款第 11 项的规定，对于行政合同争议案件而言，能提起诉讼的一方仅限于公民、法人和其他组织一方。此时行政机关会面临因行政合同的范围扩张，而无法通过行政诉讼程序对相对人提起诉讼，无法保护自己权益的情况。〔29〕除此之外，《解释》第 6 条规定："人民法院受理行政协议案件后，被告就该协议的订立、履行、变更、终止等提起反诉的，人民法院不予准许。"行政机关根据此司法解释甚至失去了反诉的可能性。笔者认为，这对公权力机关的权益保护是极度不利的，在立法层面体现出了一种向行政机关相对人倾斜的趋势。

以案例 2 为例，沭阳县政府提起民事诉讼，一审法院认为：《投资协议书》约定了双方的权利义务，沭阳县政府作为合同主体签订招商引资投资协议，其行为属民事行为，沭阳县政府因投资协议的履行而提起的诉讼，仍属民事纠纷。此时，沭阳县政府的权益因招商引资协议被界定为民事合同而得到了保护。相对应的，二审法院认为，本案所涉投资协议书是行政

〔29〕王利明：《论行政协议的范围——兼评〈关于审理行政协议案件若干问题的规定〉第 1 条、第 2 条》，载《环球法律评论》2020 年第 1 期。

协议，沭阳县政府将投资协议书作为独立的民事法律关系提起解除协议的本案诉讼，不符合人民法院受理民事诉讼的条件。此时，沭阳县政府的权益则因招商引资协议被界定为行政合同而失去了相应的救济。

由此我们可以看出，对招商引资协议的民行界定会直接导致行政机关能否以原告身份进行起诉，会直接决定行政机关权益受损的情况能否受到法律救济，所以，对《解释》相关规定导致行政合同范围扩张的情况，笔者是持批判性态度的。

三、结论

综上所述，笔者认为对招商引资协议的民行界定应结合《解释》相关内容与司法实践具体问题具体分析，而不能直接采用传统学界的观点，根据合同某一个因素“一刀切”地将合同归类为行政或民事合同，而应该对四项民行界定标准进行综合分析，即对合同主体、合同地位、合同标的、合同目的进行综合判断。

对于招商引资协议而言，如果合同主体至少有一方为公权力机关，并且公权力机关合法行使行政职权、合同地位具有隶属性、合同内容倾向于行政法律关系、合同目的趋向于实现公共利益，则应该将此招商引资协议认定为行政合同。与之相对应的，如果作为合同主体的行政机关行使行政职权缺乏“合法性”或其根本不是在行使行政职权、合同地位具有平等性、合同内容倾向于民事法律关系、合同目的趋向于追求私人利益，则应该将此招商引资协议认定为民事合同。

另外，根据我国《行政诉讼法》第12条相关内容与《解释》第1、2条相关内容，我国对合同地位有区别于域外的特殊性规定：即使在合同中行政机关是通过协商一致的方式与其相对人约定权利义务关系，合同地位具有平等性而非隶属性，也不可以直接否定掉此合同被界定为行政合同的可能性。可以概括说明为，合同地位是否具有平等性，在我国并不直接影响合同的民行界定。

对招商引资协议的民行界定具有重大的实践意义，目前因招商引资涉及的民行界定不清而产生的争议案件数量不在少数，数量呈现出增长趋势。如果法院对民行界定标准不一，会直接导致一、二、再审法院意见不一的现象。除此之外，由于民行界定标准在法律适用、权益保护、程序救济上存在一定差异，对合同的界定标准不一的情况，会直接给招商引资协议中的利益受损者带来负面影响，导致当事人权益无法得到相应的救济。所以，民行界定标准的清晰明了，会大幅度减少争议案件，提高行政效率，保护合同中利益受损者的权益。同时，民行界定标准的统一化能够为政府与社会资本的合作提供保障，解决相关的后顾之忧，有利于提高政府与民事私人主体合作的积极性，有利于政府与社会民事主体共同努力，为人民提供更完善的服务，为健全中国特色社会主义法律体系而竭力奋斗。

PART 3

制度反思

Reflections on The System

pp.191–257

论城市执法领域裁量基准制度建设的广东实践

黄　硕*

摘要：城市管理综合执法属于典型的地方事务，基层实践特色鲜明，无疑是推行裁量基准机制很好的改革试验场域。在广东，制定行政处罚等行政行为的裁量基准是市、区城市管理综合执法机关的法定义务与责任。广东各地在立法上更强调裁量基准的“裁量规范性”，即侧重于要求城市管理的执法人员受到裁量基准拘束，防止执法权恣意滥用。广东的地方立法规定了裁量基准原则上应当对社会公开，城市管理执法的裁量基准因此获得事实上的对外效力。广州、深圳等城市的制度建设实

* 黄硕，法学博士，广东省社会科学院法律与治理现代化研究中心副研究员，中国人民大学比较行政法研究所兼职研究员，广东省地方立法学研究会理事，研究方向为教育行政法、行政诉讼法、法国行政法。

践以及相应的规章规定表明，城市执法的裁量基准主要由市级机关制定，制定程序较为灵活。制定技术上，广东各市在实践中将违法行为情节据以作出分解的“相关因素”，包括违法行为的时间、地点、次数、方式、行为标的物数量、面积（体积）、涉及金额、行为人主观意图（例如是否营利）等。广东各市在完善城市执法裁量基准制度的同时，应当注意多种统制机制相结合，完善城市执法程序，逐步实现裁量过程统制与裁量标准细化相并重。

关键词：城市管理　执法规范化　裁量基准　裁量统制　行政规则

城市管理过程中的执法活动，与人民生活联系密切。执法者对于城市生活中涉嫌违法失序的现象无论作为或不作为，都从微观上塑造着一个城市的公共秩序，对公民的人身权和财产权产生或多或少的直接影响。这是把城市执法活动纳入法规范拘束范围，使其规范化的意义所在。而裁量权是行政权中最具有活性的部分。如果说执法责任制和监督制是要求执法者“不犯错”，那么，如何对裁量权作出统制，除要令执法者在法律羁束的范围内合法合理地作出裁量外，还要求执法者在这种规范化的机制中仍保持行政管理的能动性。在个案中丧失能动性的机械执法同样是不可取的。

裁量统制，可以分为立法统制、司法统制和行政自我规制。基于不告不理的原则，司法统制是一种被动的、有限的机制；如何在机制设计上实现对城市执法裁量权的良好统制，地方立法的立法者和行政机关自身都具有积极作为的空间。因此，从制度建设的角度看，本文主要探讨的是对裁量权的地方立法统制和行政自我规制，并以广东近十年来在城市执法领域重点推进的裁量基准制度建设实践为例展开论述。

一、问题的背景：裁量基准制度建设需要基层实践

在中央政策层面，2014年《中共中央关于全面推进依法治国若干重大问题的决定》在“坚持严格规范公正文明执法”的问题上，已提出

要“建立健全行政裁量权基准制度，细化、量化行政裁量标准，规范裁量范围、种类、幅度”。2015 年《中共中央、国务院关于深入推进城市执法体制改革改进城市管理工作的指导意见》中提出，各地城市管理部门应当健全行政处罚适用规则和裁量基准制度。因此，在城市管理综合执法领域加强执法规范化建设，通过建立健全裁量基准制度实现对执法裁量权的有效统制，是我国城市执法体制改革过程中的一个必然趋势。

在裁量基准的形成机制上，自下而上建构裁量基准运行机制，注重将基层执法实践经验提炼为裁量基准，是我国不少学者所主张的观点。[1] 而城市管理综合执法是以市、区县、街镇为区域实施的行政执法活动，属于典型的地方事务，基层实践特色鲜明，无疑是推行裁量基准机制的很好的改革试验场域。法律、行政法规、部门规章对城市管理综合执法领域的裁量基准机制暂时未作统一规定，地方相应的探索实践具有重要意义。我国行政法学者关于裁量基准的学理探讨在地方实践中亦可提供指引和得到检验。

下文从裁量基准的性质、效力、制定主体、制定程序、制定技术、适用规则、例外条款等方面，阐述和讨论广东在城市管理综合执法领域建立健全裁量基准机制的地方实践。

二、广东各市城市执法（行政处罚）裁量基准的性质与效力

（一）制定裁量基准是广东城市执法机关的责任

城市管理综合执法机关作为行政执法主体，制定行政处罚等行政行为的裁量基准，是广东省级地方性法规和省政府规章赋予市、区城市管理综合执法机关的义务与责任。

根据《广东省行政执法责任制条例》《广东省行政执法监督条例》《广

〔1〕 参见朱新力、骆梅英:《论裁量基准的制约因素及建构路径》，载《法学论坛》2009 年第 4 期；余凌云:《现代行政法上的指南、手册和裁量基准》，载《中国法学》2012 年第 4 期。

东省规范行政处罚自由裁量权规定》的相关规定，[2]行政执法主体应当根据本地区经济社会发展实际，依法细化和量化本单位行政处罚、行政许可、行政强制、行政征收等的裁量标准，制定本执法机关的行政处罚裁量权适用规则。这一制定裁量基准的要求，构成城市管理执法机关建章立制的法定义务。对行政执法责任制落实情况的监督，即包括行政裁量权基准的监督。执法机关未按规定制定行政处罚裁量权适用规则的，上级机关应当责令其纠正；情节严重的，须追究执法机关及相关责任人的行政责任。

（二）广东各地更强调裁量基准的内部规范效力

裁量基准作为行政规则，当然具有内部效力，城市管理执法机关的执法人员原则上应当予以适用（存在例外条款时除外），执法人员无正当理由不予适用的须承担纪律责任。

在广东，裁量基准一般以其他规范性文件的形式表现出来，例如《广州市城市管理综合执法行政处罚自由裁量权量化细化基准表》是《广州市城市管理综合执法规范行政处罚自由裁量权规定》的附件。在法律性质上，这类其他规范性文件首先是行政规则，具有内部效力，用于调整行政内部关系，机关内部的公务员原则上应当遵守。[3]根据《广东省规范行政处罚自由裁量权规定》第10条、第22条，行政处罚实施机关及其工作人员应当按照本单位或本系统的行政处罚自由裁量权适用规则行使行政处罚自由裁量权，否则须承担行政责任。各城市的市、区（县）人民政府法制机构对执法人员适用裁量基准的情况实施监督，并将其作

〔2〕参见《广东省行政执法责任制条例》第17条、《广东省行政执法监督条例》第12条、《广东省规范行政处罚自由裁量权规定》第10条、第22条。

〔3〕参见杨建顺主编：《行政法总论（第二版）》，北京大学出版社2016年版，第167–169页（本章执笔人刘艺）。

为公务员考评的重要内容。[4]

有的城市规定了上级执法机关的裁量基准对下级执法机关的效力。例如，《汕头市规范行政处罚裁量权规定》第7条规定，“上级行政处罚实施机关已经制定行政处罚裁量标准的，下级行政处罚实施机关可以参照执行”。上级执法机关的裁量基准对下级机关之所以仅具有参照效力而没有强制遵守的效力，是由于裁量基准是一种“一般裁量”，当有充分理由表明下级机关及其执法人员在一线执法现场结合本地区具体情况作出的裁量更合理时，在适用上应当更尊重基层实践经验。

在学理上，有学者就认为裁量基准的性质具有双重属性，既具有“裁量规范性”又具有“裁量性”，[5]前一属性要求执法人员原则上遵守裁量基准，后一属性则表明在例外情形中下级机关及执法人员可以根据具体情况而非上级机关的裁量基准作出决定。广东城市执法领域裁量基准适用机制的各地实践反映出，各地在立法上更强调裁量基准的“裁量规范性”，旨在以裁量基准的机制细化地规范执法人员作出处罚决定的行为，追求同案同判，拘束执法权防止其恣意滥用。不过在广东地方立法中，亦不绝对否定裁量基准的“裁量性”即因地制宜的灵活性。[6]

（三）广东的城市执法裁量基准具有事实上的对外效力

广东的地方立法规定了裁量基准原则上应当对社会公开，城市管理

---

〔4〕《广州市规范行政执法自由裁量权规定》第4条规定，“市人民政府法制机构负责本市行政执法主体行使行政执法自由裁量权的监督，组织实施本规定。区、县级市人民政府法制机构负责本区、县级市行政执法主体行使行政执法自由裁量权的监督”。《深圳市规范行政处罚裁量权若干规定》第23条规定，“市、区人民政府法制机构通过行政执法投诉处理、行政执法检查、行政执法案卷评查等形式对行政处罚实施机关实施的行政处罚裁量权情况进行监督检查。政府法制机构应当将行政处罚实施机关执行本规定的情况作为法治政府建设考评的重要内容”。《汕头市规范行政处罚裁量权规定》第27条规定，“市、区（县）人民政府法制部门对本级行政处罚实施机关违反本规定的行为，可以发出《规范行政处罚裁量权通知书》，责令停止执行和自行纠正；被通知机关应当在接到通知后三十日内将处理结果函告发出通知的政府法制部门”。

〔5〕参见王贵松：《行政裁量基准的设定与适用》，载《华东政法大学学报》2016年第3期。

〔6〕前述《广东省规范行政处罚自由裁量权规定》第10条、第22条的条文中强调执法人员适用的是“本单位或本系统”的裁量基准，未明文规定以本系统的裁量基准统一取代系统内部各单位的裁量基准，亦是留有余地。

执法的裁量基准因此获得事实上的对外效力。

根据《广东省行政执法责任制条例》第17条、《广东省规范行政处罚自由裁量权规定》第10条和第22条的规定，行政执法主体制定的行政处罚裁量标准应当向社会公开，未将其公开者由上级机关责令纠正，情节严重者承担行政责任。广东一些城市对裁量基准及裁量结果的公开作出具体规定，例如广州的地方立法规定“自由裁量标准应当向社会公开，自由裁量结果除涉及国家秘密、工作秘密、商业秘密或者个人隐私外，允许社会公众查阅”〔7〕“自由裁量标准应当在执法机关的网站和公告栏公告”〔8〕；深圳、汕头亦有类似的规定〔9〕；中山的地方立法规定行政处罚裁量基准应当在市执法监督电子系统公开，裁量标准适用是中山市网上办案全程实时监督的内容之一〔10〕。上述几个城市的城市管理执法（行政处罚）裁量基准在各自的市城管局官网上可查询。

广东地方立法要求城市管理执法裁量基准的强制、主动公开，这就使得本来仅调整行政内部关系的裁量基准的内部效力外部化。行政相对人通过公开的裁量基准而产生了对平等处罚的信赖预期，这种信赖预期是裁量基准获得事实上的外部效力的基础。在广东，一旦行政相对人与执法机关就处罚结果产生纠纷，执法机关无正当理由不遵守裁量基准的处罚决定将因违反平等原则和信赖利益保护原则而构成违法。

三、广东城市执法裁量基准的制定主体和制定程序

（一）广东的城市执法裁量基准主要由市级执法机关制定

关于城市执法裁量基准的制定主体，应当是省级机关、市级机关还

---

〔7〕《广州市规范行政执法自由裁量权规定》第8条。

〔8〕《广州市城市管理综合执法规范行政处罚自由裁量权规定》第22条。

〔9〕《深圳市规范行政处罚裁量权若干规定》第7条第3款规定：“行政处罚实施机关应当公开行使行政处罚裁量权的依据，并采用适当的形式公开行政处罚的结果。”汕头的规定表述上跟广州的相似，参见《汕头市城市管理行政执法规范行政处罚自由裁量权规定》第24条。

〔10〕参见《中山市行政处罚权力网上运行监督管理暂行办法》第3条、第18条。

是区（县）级机关？根据前述《广东省行政执法责任制条例》第 17 条的规定，既然制定裁量基准是执法机关的责任，且鉴于城市管理综合执法的纵向分工体制的改革趋势是实行区执法模式以及街道执法模式，执法力量往基层下沉，那么，城市管理执法的裁量基准的制定主体，应当是直接承担一线执法任务的区城管局。《广东省规范行政处罚自由裁量权规定》第 10 条规定，“省人民政府或者有条件的地级以上市人民政府所属行政处罚实施机关可以统一本系统行政处罚自由裁量权适用规则”，“可以”表明广东省对于制定省级裁量基准和市级裁量基准是授权和鼓励的态度，而并非是必须履行的职责。

不过，在城市管理执法裁量基准建设的实践中，广州、中山、深圳、汕头等地的市城管局或市城市管理委员会已制定了市级裁量基准，而区级裁量基准的制定并不发达。《深圳市规范行政处罚裁量权若干规定》第 8 条规定，“城市管理综合执法范围内各项行政处罚裁量权实施标准，由市级相关职能部门征求城市管理综合执法机构意见后负责制定”。《汕头市规范行政处罚裁量权规定》第 7 条规定，“市人民政府所属行政处罚实施机关，应当依照本规定，对本机关负责实施的行政处罚裁量权规范进行细化、量化，制定相应的行政处罚裁量标准”，“区（县）人民政府及其所属行政处罚实施机关，可以根据需要制定本机关行政处罚裁量标准”。深圳、汕头的上述地方政府规章，则是赋予了市属城市管理的机关制定裁量基准的职责，而在是否制定区级城市执法裁量基准上，区（县）政府及其所属职能部门具有立制的裁量空间。在应当由级别较高的行政机关还是由基层行政机关制定裁量基准的争论上，广州、深圳等城市的制度建设实践以及制定相应地方政府规章的决策者的态度表明，城市执法的裁量基准主要由市级机关制定。这应当是由城市管理事务的性质决定的，一方面要考虑到各个城市的特点和实际情况，不宜由省级机关主要制定裁量基准；另一方面出于城市规划和管理的统一性考虑，亦没有把制定裁量基准的主要职责交给市辖各区。

（二）广东的城市执法裁量基准制定程序较为灵活

关于城市执法裁量基准的制定程序，广东各市的地方政府规章对此没有严格的程序规定，表明裁量基准的制定可以采取较为灵活的程序。从广州、深圳、汕头等地的规定来看，在制定程序上一般有两个要求，其一是裁量基准应当采取其他规范性文件的形式，其二是报送同级政府法制机构审查或备案。〔11〕像汕头等城市还规定了裁量基准制定后的评估制度，要求城市管理执法机关“对按照行政处罚裁量标准办结的行政处罚案件定期进行分析、总结和评估，建立典型案例制度和效果评估制度”。〔12〕

四、广东城市执法裁量基准的制定技术和适用规则

（一）广东城市执法裁量基准的制定技术

周佑勇教授认为，裁量基准主要运用了情节细化和效果格化这两种技术〔13〕。笔者的理解是，这两种技术，亦即将法律规定的某种违法行为按照某些相关因素将其分解为严重、一般、轻微等若干情节，同时将法定的处罚幅度也细分为几个档次，在该幅度内再根据上述不同情节分别处以不同档次的处罚。广东省住房和城乡建设厅制定的《关于住房和城乡建设系统行政处罚自由裁量权的基准》及广州、中山、深圳、汕头等市城市管理执法的裁量基准，从体例来看，都是按照这一技术制定的。

上述将违法行为情节据以作出分解的“相关因素”，根据《广东省规范行政处罚自由裁量权规定》第8条，“行使行政处罚自由裁量权，应当以事实为依据，与违法行为的事实、性质、情节、社会危害程度相当，与违法行为发生地的经济发展水平相适应”；在广东各地的实践中，这些

〔11〕《广州市规范行政执法自由裁量权规定》第9条规定，“市行政执法主体应当以行政规范性文件的形式对行政执法自由裁量权的标准、条件、种类、幅度、方式、时限予以合理细化、量化，报送市人民政府法制机构审查后公布实施”。《深圳市规范行政处罚裁量权若干规定》第25条规定，“行政处罚实施机关应当在本规定实施之日起6个月内制定行使行政处罚裁量权实施标准，并报市政府法制机构备案；已经制定的，可以根据本规定进行调整并报市政府法制机构备案”。《汕头市规范行政处罚裁量权规定》第9条规定，“行政处罚实施机关制定行政处罚裁量标准，应当遵守市人民政府有关行政机关规范性文件的制定程序和要求，并报同级人民政府法制部门备案或者法律审查”。

〔12〕 参见《汕头市规范行政处罚裁量权规定》第10条，《汕头市城市管理行政执法规范行政处罚自由裁量权规定》第6条。

〔13〕 周佑勇：《裁量基准的制度定位——以行政自制为视角》，载《法学家》2011年第4期。

“相关因素”可以是违法行为的时间、地点、次数、方式、行为标的物数量、面积（体积）、涉及金额、行为人主观意图（例如是否营利）等。

试以违法倾倒垃圾（或类似的违法处理）行为的行政处罚裁量基准为例，[14] 例举违法情节和后果细化的相关因素。

1. 行为标的物（垃圾）面积或体积。广东省住房和城乡建设厅《关于住房和城乡建设系统行政处罚自由裁量权的基准》依据《城市生活垃圾管理办法》第 16 条规定的情形和第 42 条规定的罚则，以倾倒、抛洒、堆放城市生活垃圾的面积或体积为细分因素，倾倒、抛洒、堆放城市生活垃圾 1 平方米（或 0.5 立方米）以下的为情节轻微，对单位处以 5000 元以上 2 万元以下的罚款，对个人处以 50 元以下的罚款；1 平方米（或 0.5 立方米）以上 5 平方米（或 2.5 立方米）以下的为情节一般，对单位处以 2 万元以上 3.5 万元以下的罚款，对个人处以 50 元以上 150 元以下的罚款；5 平方米（或 2.5 立方米）以上的为情节严重，对单位处以 3.5 万元以上 5 万元以下的罚款，对个人处以 150 元以上 200 元以下的罚款。

2. 行为标的物（垃圾）数量。《汕头市城市管理行政执法行政处罚自由裁量权量化细化基准表》依据《汕头市城市市容环境卫生管理条例》第 33 条，以乱扔瓜果皮核、纸屑、烟蒂、饮料罐、口香糖等废弃物的件数为细分因素，乱扔废弃物 1 件的为情节轻微，可处 50—185 元罚款；2 件的为情节一般，处 185—365 元罚款；3 件以上的为情节严重，处 365—500 元罚款。

3. 行为方式。《深圳市城市管理综合执法行政处罚自由裁量权实施标准》依据《深圳经济特区市容和环境卫生管理条例》第 48 条，以违法处理垃圾的行为方式（放置 / 倾倒 / 焚烧）为细分因素，细分为 3 种情况[15]，在非指定场所放置垃圾或者其他废弃物者，处 1000 元罚款；倾倒

---

〔14〕 该行为违反《城市生活垃圾管理办法》第 16 条、《广东省城市市容和环境卫生管理规定》第 39 条以及一些城市专门制定的市级地方性法规或地方政府规章。

〔15〕 跟广东省住建厅、广州、汕头等的裁量基准基本上将违法情节分为严重、一般、轻微的“三分法”不同，深圳的裁量基准将不同法律规范的违法情节分为两种至若干种，并无定数。

者，处3000元罚款；焚烧者，处5000元罚款。

4. 行为人主观意图。《中山市城市管理行政执法局行政处罚自由裁量量化标准》依据《广东省城市市容和环境卫生管理规定》第39条，以倾倒粪便者是否以营利为目的作出区分，以营利为目的者在处罚幅度内作出顶格处罚，每次处以500元罚款。

5. 行为地点。《广州市城市管理综合执法行政处罚自由裁量权量化细化基准表》依据《固体废物污染环境防治法》第74条、《广州市市容环境卫生管理规定》第59条（优先适用本条）和《广州市生活垃圾分类管理规定》第56条，综合考虑行为地点、垃圾体积（或污染面积）、垃圾数量等几种细分因素，处罚分别如表1所示。

表1　广州市对违法倾倒垃圾行为的行政处罚裁量基准

违法行为	裁量情节			裁量标准
乱倒垃圾、污水、粪便、乱扔动物尸体等废弃物	严重	乱倒垃圾1立方米以上、污染面积1平方米以上或者乱扔动物尸体禽类3只以上、畜类1只以上	主要道路、重点地区	乱倒垃圾、污水和粪便：罚款200元；乱扔动物尸体的：每头（只）处以200元的罚款
	一般	乱倒垃圾0.5立方米以上1立方米以下、污染面积0.5平方米以上1平方米以下或者乱扔动物尸体禽类2只	次干道	乱倒垃圾、污水和粪便：150元；乱扔动物尸体：每头（只）处以100元的罚款
	轻微	乱倒垃圾0.5立方米以下、污染面积0.5平方米以下或者乱扔动物尸体禽类1只	其他地区	乱倒垃圾、污水和粪便：100元；乱扔动物尸体：每头（只）处以50元的罚款

除了违法倾倒垃圾（或类似的违法处理）行为，再以其他违法行为为例：

——行为持续时间。《广州市城市管理综合执法行政处罚自由裁量权量化细化基准表》依据《广州市市容环境卫生管理规定》第23条规定的情形和第58条规定的罚则，对在建设或者活动结束后未及时拆除、清理临时设置的设施和产生的废弃物的行为，综合考虑行为持续时间、占地面积（或废弃物体积）、违法行为地点等几种细分因素，处罚分别如表 2 所示。

表 2　广州市对在建设或者活动结束后未及时作出拆除清理行为的行政处罚裁量基准

违法行为	裁量情节				裁量标准
因建设或者举办节庆、文化、体育等活动，经批准临时占用道路两侧和公共场所，在建设或者活动结束后未及时拆除、清理临时设置的设施和产生的废弃物	严重	在建设或者活动结束后未及时拆除、清理临时设置的设施和产生的废弃物时间在 72 小时以上	在建设或者活动结束后未及时拆除、清理临时设置的设施 30 平方米以上或者产生的废弃物 5 立方米以上	主要道路重点地区	责令限期拆除、清理；逾期未拆除、清理的，依据《城乡规划法》的规定采取强制拆除等措施，并可罚款 1600—2000 元
	一般	在建设或者活动结束后未及时拆除、清理临时设置的设施和产生的废弃物时间在 48 小时以上	在建设或者活动结束后未及时拆除、清理临时设置的设施 10 平方米以上 30 平方米以下或者产生的废弃物 2 立方米以上 5 立方米以下	次干道	责令限期拆除、清理；逾期未拆除、清理的，依据《城乡规划法》的规定采取强制拆除等措施，并可罚款 1000—1600 元
	轻微	在建设或者活动结束后未及时拆除、清理临时设置的设施和产生的废弃物时间在 24 小时以上	在建设或者活动结束后未及时拆除、清理临时设置的设施 10 平方米以上或者产生的废弃物 2 立方米以下	其他地区	责令限期拆除、清理；逾期未拆除、清理的，依据《城乡规划法》的规定采取强制拆除等措施，并可罚款 500—1000 元

——行为次数。《深圳市城市管理综合执法行政处罚自由裁量权实施标准》依据《深圳经济特区市容和环境卫生管理条例》第 52 条，对建筑施工单位在施工时将未经处理的泥浆水直接排入城市雨水或者污水管道

的行为，以行为次数（频率）为细分因素，细分为3种情况，一年内发生1次的，处2000元罚款；一年内发生2次的，处4000元罚款；一年内发生3次以上的，处5000元罚款。

——涉及金额。《深圳市城市管理综合执法行政处罚自由裁量权实施标准》依据《深圳经济特区市容和环境卫生管理条例》第20条，对非法销售城市道路上设置的各种井盖、沟盖、交通指示牌及其他市政设施的行为，以销售金额为细分因素，细分为3种情况，个人销售额2000元或以下的，处2000元罚款；2000元以上5000元以下的，处3000元罚款；5000元以上的，处5000元罚款。

——此外还有被损害设施完好率、偏离规划百分比等其他细分因素。

当然，有些规定中细分因素的设计是否合理，值得斟酌。比较而言，广州的裁量基准综合考虑多种细分因素而作出情节细化和效果格化，在设计上更具参考意义。

（二）广东城市执法裁量基准的适用规则

关于规范城市管理综合执法的裁量权行使的规定中，通常规定了裁量基准的适用规则，这些适用规则可以视为裁量基准的“总则”。笔者将这些适用规则的特点归纳为以下四点：

第一，从轻、从重、减轻、不予处罚的情形须跟裁量基准共同适用。笔者将裁量基准的适用规则通常按照各种行政处罚的法律法规的体例，规定了从轻、从重、减轻、不予处罚的具体情形。[16]在适用上，这些从轻等情节需要跟裁量基准结合适用，以在法定幅度内确定更为具体的裁量幅度。例如，《广州市城市管理综合执法规范行政处罚自由裁量权规定》第16条规定，“本规定第十二条规定有减轻行政处罚自由裁量情形的……有法定罚款幅度的，在违法行为对应基准表规定的处罚档次给予降档处罚；无法定处罚幅度或者违法行为符合基准表规定的轻微档次的，在法

〔16〕参见《广州市城市管理综合执法规范行政处罚自由裁量权规定》第11条至第14条，《汕头市城市管理行政执法规范行政处罚自由裁量权规定》第12条至第14条。

定罚款固定值或者法定罚款金额下限以下给予处罚”。同理，应当从轻处罚的，按照裁量基准表中情节轻微档次进行裁量；应当从重处罚的，按照裁量基准表中情节严重档次进行裁量。

第二，在综合执法所依据的法律冲突的情况下，适用规则及裁量基准表中规定或列明应当优先适用的法规范。由于综合执法是将多个行政主管部门原有的执法权集中授予综合执法部门的制度，那么综合执法部门在执法中经常遇到的难题是法律冲突问题，包括不同部门立法之间的冲突、部门规章与地方立法的冲突、特别法和一般法的冲突。法律冲突的解决，在遵循《立法法》法律适用的规则的基础上，裁量基准的适用规则及基准表中规定或列明应当优先适用的法规范，便于执法人员的操作。例如，《广州市城市管理综合执法规范行政处罚自由裁量权规定》第10条第1款规定，“对同一违法行为，可以适用多部法律、法规、规章实施行政处罚的，应当遵循上位法优于下位法的原则；当事人同一违法行为同时违反同一机关制订的效力相同的法律规范，应当遵循新法优于旧法、特别法优于一般法的原则，并依据基准表的具体规定执行”。在广州城管执法对应的基准表中，若执法依据包括两部以上法规范文件，“备注”一栏通常列明优先适用的法规范。

第二，适用规则规定单处或并处行政处罚的规则。例如，《深圳市规范行政处罚裁量权若干规定》第15条规定，“法律、法规、规章规定可以实施单处处罚也可以并处处罚的，对轻微违法行为实施单处处罚；对一般违法行为实施单处或者并处处罚；对严重违法行为实施并处处罚”。《广州市城市管理综合执法规范行政处罚自由裁量权规定》亦有类似规定。

第四，适用规则规定不同违法情节下的罚款计算公式。通过计算公式对不同违法情节下应采取的罚款幅度作出细分，是形式较新的一种规定。例如，《广州市城市管理综合执法规范行政处罚自由裁量权规定》第9条和《汕头市城市管理行政执法规范行政处罚自由裁量权规定》第10条皆采用了如下的计算公式：

“城市管理综合执法机关对违法行为作出罚款的处罚决定，有法定罚款幅度，裁量结果为严重、一般、轻微档次的，分别按下列公式计算：

严重档次处罚：[（X–Y）×70%+Y] 以上至法定最高罚款金额；

一般档次处罚：[（X–Y）×30%+Y] 以上，[（X–Y）×70%+Y] 以下（不含本数）；

轻微档次处罚：[（X–Y）×30%+Y] 以下至法定最低罚款金额。

上述公式中 X 为法定最高罚款金额，Y 为法定最低罚款金额。按上述公式确定的罚款金额不得超过法律、法规、规章规定的限度。”

《深圳市规范行政处罚裁量权若干规定》第 16 条、第 17 条则作出规定，“法律、法规、规章设定的罚款数额有一定幅度的，在幅度范围内视情节划分为从重处罚、一般处罚、从轻处罚。罚款原则上应当实行定额、定量处罚”。“除法律、法规、规章另有规定外，罚款处罚的数额按照以下标准确定：（一）罚款为一定金额的倍数的，从重处罚不得低于中间倍数；从轻处罚应当低于中间倍数；一般处罚按中间倍数处罚；（二）罚款为一定幅度的数额的，从重处罚不得低于最高罚款数额与最低罚款数额的平均值；从轻处罚应当低于平均值，一般处罚按平均金额处罚；（三）只规定最高罚款数额没有规定最低罚款数额的，从轻处罚一般按最高罚款数额的 20% 确定，一般处罚按最高罚款数额的 50% 确定；只规定最低罚款数额没有规定最高罚款数额的，从重处罚一般按最低罚款数额的 5 倍确定；一般处罚按最低罚款数额的 2 倍确定。”

五、裁量基准不应完全排斥个别裁量

裁量基准是一种为规范个别裁量行为而统一规定的“一般裁量”，但在一些极其特殊的情形下，统一适用“一般裁量”未必比面对具体个案的执法人员所作出的“个别裁量”更符合实际情况、更具有合理性。一般裁量与个别裁量之间确实会存在一定的紧张，如何赋予在特殊情形下、不遵循裁量基准的原则而作出例外的裁量决定的合法性，学者们注意到了“例外条款”或称为“裁量基准的逃逸”的意义。例如，章志远教授概括出，集体决策、理由说明、过错追究等手段已成为实践中合法脱离裁量基准的“保障措施”；下级行政执法机关脱离上级机关制定的裁量基准的，实行从宽说理原则，着重就地域差异性进行说明；本级行政机关脱离自身所定裁量基准的，实行从严说理原则，着重就个案特殊性、新颖性进行说明。〔17〕

在广东城市执法裁量基准的适用规则中，地方立法更强调的是执法人员应当适用裁量基准，强调不适用裁量基准应当承担行政责任，而对于何种情况下不适用裁量基准仍具有合法性则没有明确规定。《广东省规范行政处罚自由裁量权规定》第18条规定，“行政处罚实施机关应当根据法律、法规、规章的变化或者执法工作的实际，及时修订行政处罚自由裁量权适用规则”。广州、中山、深圳亦有类似规定。这是通过不断总结经验、对基准的实施效果定期作出评估、增加基准的修订频率，努力使裁量基准更符合实践情况的变化。这种修订机制固然具有积极意义，但它与例外条款的作用还是有区别的，不能完全解决基准之外的个别裁量的合法性问题。

在笔者看来，一定程度具有例外条款意义的，目前见于中山市的规定。《中山市行政处罚权力网上运行监督管理暂行办法》第12条规定，办理案件过程中，出现处罚不符合裁量标准等异常情况的，执法人员必须在市执法监督系统中如实详细说明理由或原因。由上述规定可以推导出，只要经过如实详细说明理由的程序，在裁量基准以外作出处罚决定的行为，是法规范所允许的例外情形。

虽然广东的地方立法实践中，就城市执法裁量基准的合法例外情形几乎缺乏明确的规定，不过，从广东现行关于裁量权正当行使原则的规定中，尚可推导出基准之外的个别裁量具有合法性的空间。其一，可以依据裁量适当性原则。根据《广东省规范行政处罚自由裁量权规定》应

〔17〕 章志远:《行政裁量基准的兴起与现实课题》，载《当代法学》2010年第1期。

当必要、适当行使裁量权的规定[18]，如果在某一个案中适用裁量基准会导致显失公平、过罚明显不相当的结果，执法人员援引关于裁量适当性原则的规定，在法定范围内作出个别裁量的决定，并充分说明的，应当认为是合法的。其二，可以依据裁量权行使的保障监督的规定。例如，广州、汕头等市规定，城市管理执法机关应当定期对本机关作出的行政处罚案件进行复查，上级城市管理执法机关应当对下级城市管理执法机关行使裁量权的情况进行监督检查，发现裁量权行使不当的，应当予以纠正或责令纠正。[19]据此，如果负责监督检查的机关发现裁量行为虽然符合裁量基准但仍然导致结果的明显不当，应当认为，监督检查的机关予以纠正后作出的裁量行为，即使脱离裁量基准之外仍具有合法性。其三，正如前文章志远教授所述，集体决策可以成为合法脱离裁量基准的措施，在广东的例子有《汕头市规范行政处罚裁量权规定》第22条规定的“行政处罚实施机关应当建立复杂、重大行政处罚案件行政机关负责人集体讨论决定制度”。可以认为，只要案件具有复杂重大性，且裁量决定经过集体讨论后作出，则该决定不能单凭不符裁量基准而否定其合法性。或者说，案件的重大复杂性已表明不能简单机械地套用裁量基准了。

六、结语

综述全文，广东城市执法裁量基准制度建设的地方实践情况，可概括为以下几点：（1）根据广东省地方立法的要求，城市管理综合执法机关制定行政处罚等行政行为的裁量基准是市、区城市管理综合执法机关的法定义务与责任。（2）广东各地在立法上更强调裁量基准的“裁量规

---

〔18〕《广东省规范行政处罚自由裁量权规定》第6条规定，“行使行政处罚自由裁量权应当符合法律目的，排除不相关因素的干扰，所采取的措施和手段应当必要、适当”。第8条规定，“行使行政处罚自由裁量权，应当以事实为依据，与违法行为的事实、性质、情节、社会危害程度相当，与违法行为发生地的经济发展水平相适应”。

〔19〕参见《广州市城市管理综合执法规范行政处罚自由裁量权规定》第29条，《汕头市城市管理行政执法规范行政处罚自由裁量权规定》第26条。

范性”，即侧重于要求城市管理的执法人员应当受到裁量基准拘束，防止执法权恣意滥用。（3）广东的地方立法规定了裁量基准原则上应当对社会公开，城市管理执法的裁量基准因此获得事实上的对外效力。（4）在制定主体上，广州、深圳等城市的制度建设实践以及相应的规章规定表明，城市执法的裁量基准主要由市级机关制定，区级裁量基准的制定在实践中并不多见。（5）广东各地城市管理执法的裁量基准制定，主要运用了情节细化和效果格化这两种技术。将违法行为情节据以作出分解的“相关因素”，实践中包括违法行为的时间、地点、次数、方式、行为标的物数量、面积（体积）、涉及金额、行为人主观意图（例如是否营利）等。（6）在广东城市执法裁量基准的适用规则中，对于例外条款，即何种情况下不适用裁量基准作出个别裁量仍具有合法性，则没有明确规定。不过，从广东现行关于裁量权正当行使原则的规定中，尚可推导出基准之外的个别裁量具有合法性的空间。

广州、中山、深圳、汕头等市的城市执法裁量基准经过几次修订，制定技术更为完善，裁量标准得到细化、量化。通过建立健全行政裁量基准制度，城市执法机关对其裁量权限进行了较为严格的自我规制。

另外，在裁量统制的机制上，广东各市在按照中央政策继续推行和完善城市执法裁量基准制度的同时，应当注意多种统制机制相结合。在裁量统制的问题上，同样要逐步改变“重实体、轻程序”的观念。与广东毗邻的澳门特别行政区，已制定《行政程序法典》和据此采取程序性裁量统制的机制，值得广东各市在制度规范化建设中参考。各市的地方立法应完善城市执法程序，逐步实现裁量过程统制与裁量标准细化相并重。

规制设置中的耻感*

Nathan Harris　著　刁颖嘉　译**

导读：

本文作者对重新整合性羞耻（以下简称“重整性耻感”）与污名化等概念进行区分后，将重整性耻感视为一种规制工具，在此基础上讨论了在规制语境中耻感究竟扮演了什么角色。作者提出，耻感会构成对个人身份、个人意识的威胁，由此耻感对个人既可能带来积极的影响，也可能产生消极的后果，由此引出了对耻感管理的研究。

——译者

* 本文原收录在澳大利亚国立大学出版社于2017年出版的《规制理论：基础与应用》一书中。

** Nathan Harris，澳大利亚国立大学访问学者；刁颖嘉，中山大学法学院行政法学硕士研究生。

一、引言

当人们触犯法律时，他们会有怎样的感受？如果他们的行为同时也违背了自己的价值观，这种感受是否会有所不同？这种感觉又会怎样影响他们对规制行为的反应？由于这些问题，在犯罪学、社会学和心理学等学科中，道德感及其对规制系统的影响受到了越来越多关注。特别是约翰·布瑞思怀特[1]（John Braithwaite）的“羞耻感重新整合理论”（以下简称“耻感理论”），使耻感重新引起了人们的关注。这一理论起源于社会学和犯罪学理论，它指出，社会否定评价的一个重要心理效应就是耻感，并且这种对社会否定评价的情绪反应，对解释规制行为对后续遵守的影响至关重要。针对越来越多的人意识到道德感的重要性，两组问题浮现出来。第一组问题是，社会否定或“耻感”是否应该被运用于规制语境中，以及应该如何运用于规制语境？恢复性司法领域是使用了耻感理论，但它也对耻感理论已出现的危险表示忧虑。第二组问题涉及耻感本身的性质。这种情绪是对害怕被拒绝的反应吗？是对认为自己失败的反应吗？还是违背自己价值观的结果？这种情绪对个人的道德参与在规制实践中有何启示？

二、规制语境下的耻感

约翰·布瑞思怀特1989年出版的《犯罪、耻感与重新整合》（Crime, Shame and Reintegration）一书，重新唤起了人们对耻感的兴趣。在这本书中，他认为刑事司法系统低估了社会否定评价在预防犯罪方面的重要性。要想理解犯罪率，我们需要超越官方机制，如刑事司法系统施加的惩罚，来研究社会对犯罪的不认可程度。布瑞思怀特分析的核心概念是耻感，他将其定义为：

---

〔1〕 Braithwaite, J 1989. Crime, Shame and Reintegration. Cambridge: Cambridge University Press. Ahmed, E, Harris, N, Braithwaite, J and Braithwaite, V 2001. Shame Management through Reintegration. Melbourne: Cambridge University Press.

表达社会否定评价的所有社会过程，其目的或效果是唤起被羞辱者的懊悔或者是受到意识到这种耻感的其他人的谴责。[2]

这个定义的一个重要特征是，它并不局限于贬损性或羞辱性形式的否定评价，而是力求涵盖可能表达否定评价的所有方式。

这一理论对污名化（stigmatisation）和重新整合性耻感作了一个必要的区分。当不认可个人的冒犯行为的同时又否认其个体本身时，当一个人不受尊重时，当没有任何一个正式仪式来"取消"个体的偏差身份（deviant status）和当偏差被允许成为一种主身份特征时，污名化就出现了[3]。与标签理论一样，对罪犯的污名化会导致更严重的再犯罪。一个人被指控犯罪，在法庭上被判有罪，然后受到制裁，这会给罪犯强加一个离经叛道的偏差身份，因为这通过一个正式的仪式改变了他在社会中的地位，并且会给他带来重要的社会影响，如减少就业机会。对刑事司法的批评称，偏差身份一旦被强加于个人，它就会成为自我验证的预言：边缘化会减少个人获得合法机会的途径并且会使之受到更多不公平的看法和增加支持性亚文化对他的吸引力（the attractiveness of supportive subcultures）。

耻感理论与标签理论的传统不同，它不接受污名化是社会否定评价的必然产物这一观点。当耻感对人留有尊重，对事不对人，以宽恕或取消对偏差身份的认证作为结束，不允许个人背负消极的主身份特征，那么就会出现重新整合性耻感，而不是污名化。这种情况经常发生在家庭生活和管教儿童方面。研究表明，权威的方法比放任或专制更有效。

虽然耻感理论的一个重要内容是关于污名化的失败，但该理论的独特贡献在于其解释了为什么重整性耻感能够减少犯罪。在这里，这个理论花了很重的笔墨强调了耻感在良知的发展和参与中的重要作用。正如

〔2〕 Braithwaite, Ibid., p.100.

〔3〕 Makkai, T and Braithwaite, J 1994. Reintegrative shaming and compliance with regulatory standards, Criminology 32: 361–85.

布瑞思怀特提出的，重整性耻感：

> 被视为一种工具，用于诱导和说服公民注意刑法的道德要求，用于诱导和安抚公民遵守刑法的行为，用于对行为的危害性进行解释和规劝。[4]

耻感之所以重要，是因为它具有教育价值，可以培养和加强人们对错误的信念。羞辱作为一种非正式的制裁措施，可以产生威慑作用，会威慑到你所重视的人对你的尊重。然而，在耻感理论中，其道德教化的性质是次要的。与污名化相比，重整性耻感具有明显的优势，因为它能够将对行为的关切有效地传达给犯罪者。对个人的肯定和包容使得对行为的道德教化和谴责能够以一种邀请犯罪者承认其有罪并表示悔恨的方式进行，因为他知道自己不会被排斥，并且会得到宽恕或得以取消其离经叛道的身份状态。污名化关注的是个人地位而不是他造成的伤害，而且更有可能破坏违法者与其他守法者之间的关系。

耻感理论相当重视道德教化改造罪犯个体的能力。然而，这种对个人层面的道德教化的信任源于一个更广泛的社会前提，即来自控制理论的前提——个人不犯罪是因为他们受到共同的道德规范和社会制度的约束。有人认为，惩罚对大多数人来说是无关紧要的，因为犯下严重的罪行对他们来说是不可想象的。家庭和学校对儿童进行道德规范的社会化教育，导致人们对什么行为构成犯罪达成了广泛共识。虽然存在支持另类文化价值的亚文化，但对刑法的支持要大得多。事实上，布瑞思怀特指出，只有当人们一致认为某些行为应该被禁止时，耻感理论才是有效的。

（一）耻感理论在恢复性司法中的应用

耻感对规制干预的重要性在多个领域均有所体现，包括校园欺凌[5]、

〔4〕 Braithwaite, above note 383, p.9.

〔5〕 Ahmed, E and Braithwaite, V 2006. Forgiveness, reconciliation, and shame: Three key variables in reducing school bullying, Journal of Social Issues 62(2): 347–70. Morrison, B 2006. School bullying and restorative justice: Toward a theoretical understanding of the role of respect, pride and shame, Journal of Social Issues 62(2): 371–92.

职场欺凌[6]、性侵犯者[7]、逃税[8]、养老院规制[9]和市场规制[10]。然而，应用最广泛的是恢复性司法项目的发展，其规模在20世纪90年代迅速扩大，目前在世界许多地区的刑事司法、儿童保护、学校和监狱系统中都能够发现其踪迹。恢复性司法是刑事司法系统的另一种选择，它重新定义了司法的目的及其执行方式。恢复性司法的一项确定性原则是犯罪为罪犯创造了一种弥补其所造成损害的义务[11]。与传统司法的原则不同，传统司法强调惩罚的一致性和比例性，恢复性司法的目的是授权给参与者以及赔偿和调解。这些广泛的目标包括罪犯的重新融入社会，因为其重点是修复对罪犯及其社会关系和受害者的伤害。

恢复性司法干预措施介入的动态——如家庭小组会议、受害者——罪犯调解或者愈合圈——也为所提倡的各类重新整合性耻感提供了丰富的内容[12]。例如，家庭小组会议涉及罪犯、与他们关系密切的人、受害者及其支持者之间的半正式会议。会议的重点是查明所发生的事情和事

〔6〕 Ahmed, E and Braithwaite, J 2011. Shame, pride and workplace bullying, in S Karstedt, I Loader and H Strang (eds), Emotions, Crime and Justice. Oxford: Hart Publishing, pp. 55–79. Braithwaite, V, Ahmed, E and Braithwaite, J 2008. Workplace bullying and victimization: The influence of organizational context, shame and pride, International Journal of Organisational Behaviour 13(2): 71–94.Shin, HH 2005. Institutional safe space and shame management in workplace bullying, PhD thesis, The Australian National University, Canberra. Available at: digitalcollections.anu.edu.au/ handle/1885/48189.

〔7〕 McAlinden, AM 2005. The use of shame with sexual offenders, British Journal of Criminology 45: 373–94.

〔8〕 Braithwaite, V 2009. Defiance in Taxation and Governance: Resisting and Dismissing Authority in a Democracy. Cheltenham, UK: Edward Elgar.Murphy, K and Harris, N 2007. Shaming, shame and recidivism: A test of reintegrative shaming theory in the white-collar crime context, British Journal of Criminology 47(6): 900–17.

〔9〕 Braithwaite, J, Makkai, T and Braithwaite, V 2007. Regulating Aged Care: Ritualism and the New Pyramid. Cheltenham, UK: Edward Elgar.

〔10〕 Braithwaite, J and Drahos, P 2002. Zero tolerance, naming and shaming: Is there a case for it with crimes of the powerful?, Australian and New Zealand Journal of Criminology 35(3): 269–88.

〔11〕 Zehr, H 1990. Changing Lenses: A New Focus for Criminal Justice. Scottsdale, PA: Herald Press.

〔12〕 Harris, N, Walgrave, L and Braithwaite, J 2004. Emotional dynamics in restorative conferences, Theoretical Criminology 8(2): 191–210.

件对所有各方的影响，并就需要采取哪些措施来弥补已查明的伤害达成协议。因此，这些会议让社区参与到有关犯罪将要承受的消极后果的对话中，布瑞斯怀特认为这种对话对培养个人的良知和对法律的承诺至关重要。经验性的观察表明，家庭小组会议被认为比法庭案件更具有重整性[13]，而且运行良好的方案可能有利于解决在会议过程中出现的与耻感相关的情绪[14]。

（二）对耻感的担忧

尽管人们对耻感的认识有所提高，但对明确使用耻感来控制或应对犯罪的担忧也有所增加。法院明确使用耻感的做法也导致了与上文讨论的恢复性司法完全相反的“羞辱”做法的出现。最近发生了一些例子，特别是在美国的刑事司法中，法院系统使用耻感作为对被定罪的罪犯的威慑或惩罚。违法者被要求完成与其所犯罪行相关的“耻感判决”，而不是在监狱里服刑。盗窃商店的人被命令站在商店门口，手举着写有“我是小偷”的牌子，酒驾司机被命令在他们的汽车上贴上“酒后驾车”的标签，而那些被判定为引诱性行为的人则被命令清扫街道。

马萨若[15]（Massaro）认为，这种“现代”的耻感方式在某种程度上将社会的某些群体排斥在外，既不能保护个人，还损害了整个社会的尊严。除了反对这种方式的体面性，她还认为，耻感情感的复杂性使得法院不具备使用耻感的条件，并且难以预测耻感对罪犯的影响。玛莎·纳斯鲍姆[16]（Martha Nussbsum）在文献中指出了反对使用耻感惩罚的五个观点：耻感

〔13〕 Harris, N 2006. Reintegrative shaming, shame and criminal justice, Journal of Social Issues 62(2): 327–46.

〔14〕 Retzinger, SM and Scheff, TJ 1996. Strategy for community conferences: Emotions and social bonds, in B Galaway and J Hudson (eds), Restorative Justice: International Perspectives. New York: Criminal Justice Press, pp. 315–36.

〔15〕 Massaro, TM 1997. The meanings of shame: Implications for legal reform, Psychology, Public Policy, and Law 3(4): 645–704.

〔16〕 Nussbaum, MC 2004. Hiding from Humanity: Disgust, Shame, and the Law. Princeton, NJ: Princeton University Press.

性惩罚是对人类尊严的践踏，是一种暴民正义，是不可靠的，不具备应有的潜在威慑力，并且存在隐性的法网扩张。

虽然公开形式的羞辱引起人们的关注并不奇怪，但是在如恢复性司法等更具重整性的形式中，耻感的恰当性也同样受到质疑。马克斯韦尔（Maxwell）和莫里斯（Morris）[17]等人认为，公开否定评价不应该成为恢复性司法实践的目的，相反的，恢复性实践的方向应该是探讨犯罪行为对受害者造成的影响，目的是引起同情。他们认为，在恢复性司法中，“耻感”是一个危险的主张，因为即使是出于最好的意图，罪犯也有可能把耻感理解为污名化。羞辱青少年罪犯可能会使问题更加严重，而不是防止重新犯罪，特别是如果罪犯是由于缺少感情支持或过去的困难经历引发的自卑而走上犯罪之路。

对耻感理论的批判，部分是基于这样一种疑虑——耻感是否属于罪犯所能感受到的一种积极情绪。许多学者认为，恢复性司法中更重要的机制是引起悔恨，这是罪犯开始明白其行为对受害者所造成的影响的结果。另外，对罪犯而言，耻感是一种危险的情绪，因为它对他们的自我价值观是一种威胁，并具有潜在的破坏性。这些问题反映了一场关于耻感作为一种情感的用处的广泛讨论，在这些讨论中，对耻感所起的作用持悲观态度的人和持较乐观态度的人之间存在着明显的分歧。

三、耻感在规制语境中扮演着怎样的角色?

如上所述，关于耻感的各种观点——无论是积极的还是消极的——通常都建立在一种隐含的假设之上，即关于耻感所引起的情感本质的假设。这里产生了一连串问题：耻感是什么？它什么时候出现？它有什么特征？回答这些问题对于理解耻感在规制语境中扮演怎样的角色至关重

〔17〕 Maxwell, G and Morris, A 2002. The role of shame, guilt, and remorse in restorative justice processes for young people, in E Weitekamp and HJ Kerner (eds), Restorative Justice: Theoretical Foundations. Cullompton, UK: Willan Publishing, pp. 267–84.

要，并且这些是最近研究的焦点，下文将对此进行讨论。两个概念主导了关于耻感的思考。

（一）社会威胁造成的耻感

第一个概念将耻感描述为对社会威胁的一种反应，这种反应由个体感知到他们在某种程度上被拒绝或不被认可而引起。这种耻感的概念在早期人类学的观点中是显而易见的，它将耻感描述为那些依赖于个体对他人负面看法的敏感度来进行社会控制的文化，而不是通过良知的发展[18]。这一观点已在当代研究中得到详尽的阐述。虽然这些方法对"人们为什么对社会评价敏感"的解释各不相同，但它们都强调被他人接受的需要——或是因为对牢固的个人关系的需求是人类的本能，或是因为有维持地位的进化需求，或是因为耻感与个人对自我价值的个人认知有关[19]。这一概念的一个重要特征是它将耻感描述为个人对社会压力的一种反应，而这种社会压力是外在于个人且具有制约性的。个人产生耻感是他人拒绝的结果。如果他人面对同样的行为时没有表示拒绝，那么就不会产生耻感。

耻感或对耻感的恐惧，被描述为个人持续地控制和改善个人关系并在更广泛的层面上使自己满足社会期望的强大动力。学者们基于对耻感的这种理解，认为非正式的社会制裁是一种重要的威慑手段[20]。将耻感置于理性选择视角的大量实证研究表明，对耻感的关注与较低的自我报告的犯罪预测有关，并且在某些情况下，其效果与官方制裁相当，甚至比

〔18〕 Benedict, R 1946. The Chrysanthemum and the Sword: Patterns of Japanese Culture. Boston: Houghton Mifflin.

〔19〕 Gilbert, P 1997. The evolution of social attractiveness and its role in shame, humiliation, guilt and therapy, British Journal of Medical Psychology 70(2): 113–47.Leary, MR 2000. Affect, cognition, and the social emotions: A theory of relational devaluation, in JP Forgas (ed.), Feeling and Thinking: The Role of Affect in Social Cognition. Cambridge: Cambridge University Press, pp. 331–56.Scheff, TJ and Retzinger, SM 1991. Emotions and Violence: Shame and Rage in Destructive Conflicts. Lanham, Md: Lexington Books/DC Heath & Company.

〔20〕 eg Grasmick, HG and Bursik, RJ 1990. Conscience, significant others, and rational choice: Extending the deterrence model, Law and Society Review 24(3): 837–61.

官方制裁效果还显著[21]。虽然研究表明，对耻感的期望可以阻止犯罪，但它难以为将耻感概念化为对社会威胁的直接反应提供有力的支持。研究表明，在没有外界否定评价的情况下也会出现耻感，个体对批判的敏感性是一种调节因素，同时，个体自身的道德判断也很重要[22]。

（二）个人失败造成的耻感

文献中描述耻感的第二种方式是将耻感作为对个人失败认知的反应。这基于这样一个命题，即当一个人意识到自己未能达到自己所坚持的理想或标准时，结果就是感觉"整个"自我都是失败的，此时就会产生耻感[23]。这一命题已经可以用许多理论框架进行解释，包括精神分析理论、归因理论和情感理论。耻感与内疚感相比，内疚感被描述为对自我的某一行为或更短暂的特征存在缺陷性认知的反应，而不是整个自我。与上述社会威胁的概念不同，在这里，对失败的感知不一定是由否定评价引起的，而是可以孤立地发生，并与个人理想有关。

琼·唐尼（June Tangney）的团队认为，与内疚相比，耻感不具有适应性，因为耻感包含了对自我的压倒性的负面评价，这阻碍了个体作出积极的反应[24]。一项研究表明，有耻感的人更容易感到愤怒和产生敌意，比较难以对他人产生同情，而且更可能患上精神病。这项研究的意义是，如果规制系统激起了罪犯的内疚感而不是耻感，那么就会使罪犯

〔21〕 Grasmick, HG and Bursik, RJ, ibid.Paternoster, R and Iovanni, L 1986. The deterrent effect of perceived severity: A reexamination, Social Forces 64(3): 751–77.Svensson, R, Weerman, FM, Pauwels, LJR, Bruinsma, GJN and Bernasco, W 2013. Moral emotions and offending: Do feelings of anticipated shame and guilt mediate the effect of socialization on offending?, European Journal of Criminology 10(1): 22–39.

〔22〕 Gausel, N, Leach, CW, Vignoles, VL and Brown, R 2012. Defend or repair? Explaining responses to in-group moral failure by disentangling feelings of shame, rejection, and inferiority, Journal of Personality and Social Psychology 102(5): 941–60.Liss, M, Schiffrin, HH and Rizzo, KM 2013. Maternal guilt and shame: The role of self-discrepancy and fear of negative evaluation, Journal of Child and Family Studies 22(8): 1112–19.Smith, RH, Webster, JM, Parrott, WG and Yere, HL 2002. The role of public exposure in moral and nonmoral shame and guilt, Journal of Personality and Social Psychology 83(1): 138–59.

〔23〕 Lewis, HB 1971. Shame and Guilt in Neurosis. New York: International Universities Press.Lewis, M 1992. Shame: The Exposed Self. New York: Free Press.

〔24〕 See Tangney, JP and Dearing, RL 2002. Shame and Guilt. New York: The Guilford Press.

产生更多的适应性反应。然而，最近对犯罪人群的研究并没有显示出耻感反应与再犯罪之间的直接联系，尽管耻感反应确实可以预示责备的外化，然后反过来又可以预测再犯罪〔25〕。

一个对耻感的社会威胁说和个人失败说的批评指出，它们都未能充分解释个人与耻感发生的社会情境之间的复杂关系，要么将耻感概念化为对个人外在价值的响应（社会威胁说），要么对社会情境根本无从谈起。这两个概念都不能充分说明反复观察到的耻感既与身份密切相关，又与对他人否定评价的敏感度密切相关。理解社会情境对个人感受和他们如何反应的影响，对理解耻感与规制情境的相关性至关重要。

四、耻感对伦理身份的威胁

为了更好地解释耻感发生的社会情境，有人提出了耻感的伦理身份概念。〔26〕有人认为，当人们认为自己的行为曾经或正在与自己的伦理身份不一致时，就会产生耻感。与社会威胁说不同的是，这里认为耻感的发生与个人自身的价值观有关。对个体而言，一个核心问题是他们是否做错了事或在某种程度上存在缺陷。至少对于一些耻感体验来说，这个问题是不容易解决的。

这并不意味着耻感的体验可以不受外界否定评价的影响。社会心理

〔25〕 Tangney, JP, Stuewig, J and Martinez, AG 2014. Two faces of shame: The roles of shame and guilt in predicting recidivism, Psychological Science 25(3): 799–805.

〔26〕 Harris, N 2001. Part II. Shaming and shame: Regulating drink driving, in E Ahmed, N Harris, J Braithwaite and V Braithwaite (eds), Shame Management through Reintegration. Melbourne: Cambridge University Press, pp. 71–207.Harris, N 2011. ‘Shame, ethical identity and justice interventions: Lessons from research on the psychology of influence, in S Karstedt, I Loader and H Strang (eds), Emotions, Crime and Justice. Oxford: Hart Publishing, pp. 193–209.This understanding of shame has a much longer history in moral philosophy. Bernard Williams (1993), in particular, argues that the precondition for feeling shame is the perception that a respected “other”, defined in ethical terms, would think badly of us. In this view, people are seen as neither morally autonomous nor responsive to the disapproval of anyone. Instead, Williams presents an argument for understanding shame as an emotion that is intimately connected with individuals’ sense of their own ethical identity.

学研究表明，他人的影响不一定是由于害怕社会的否定评价。人们对他人的意见很敏感（至少是那些我们尊重的意见），因为它们有助于我们解释自己的行为。长期的心理学研究表明，个人所持有的价值观、态度和信念是受他人影响的〔27〕。我们期望与那些我们认为与自己相似、具有相同社会身份的人达成一致，否则就会感到不安。社会的否定评价会导致耻感，因为它要么证实了一个人的信念——某一特定行为是可耻的，要么挑战了对其不可耻的解释。

耻感的核心体验是对个人身份的威胁。如果我们意识到自己违反了我们认为重要的价值观，这就会破坏我们对自己身份的认识。持有某些价值观是个人或社会身份的核心，因为身份在很大程度上是由一个人的信念及其相关行为来定义的。例如，养育和保护可能被视为母亲或父亲的重要特征。因此，当我们意识到自己的行为违背了自己的价值观，我们的身份就会受到质疑。与耻感相关的自我意识的痛苦感受、对自己的愤怒和困惑之所以会发生，是因为我们的价值观和行为之间的矛盾是不容易被消除与调和的。

除了对身份的威胁，耻感还促使个人解决其身份与行为之间的矛盾。我们会体验到一种不和谐的感觉，这种感觉使人不舒服，它促使我们去理解所发生的事情。作为一个个体，我们可以通过各种方式来解决不协调感，这取决于社会背景等一系列因素。这意味着耻感的体验可以是异质的。例如，一个人可能通过把这个行为视为一种异常行为，或是通过道歉，或是通过试图弥补其造成的伤害，从而试图减少他们的行为带来的影响。一种截然不同的反应是认定自己的行为有令人信服的理由，从而使其行为合理化。正如下文将讨论的那样，从许多理论角度出发的学者也观察到，个人在某些情况下努力解决耻感，往往会带来消极后果。

---

〔27〕 Turner, JC, Hogg, MA, Oakes, PJ, Reicher, SD and Wetherell, MS 1987. Rediscovering the Social Group: A Self-categorization Theory. New York: Basil Blackwell.

五、耻感管理：耻感的不同形式

有证据表明，耻感的体验是不一样的，它既可以产生积极的后果，也可以产生消极的后果，这使人们开始关注为什么耻感在某些情况下是一种有意义的情绪，而在其他情况下却会产生反作用。为什么我们希望一些人对自己的所作所为感到耻感，却对在刑事司法中强加耻感的想法感到不安？长期以来，关于耻感情绪的传统研究探讨了个体如何体验这种情绪的差异，这与当代更多的倾向性研究一样，产生了耻感管理的这个概念〔28〕。

这一理论观点表明，当面对为自己的行为感到耻感时，个人可以以不同的方式管理或应对这种情绪。这对刑事司法机构具有重要意义。

精神病学家海伦·布洛克·刘易斯〔29〕的开创性工作中首次捕捉到了耻感体验差异的证据。在她对病人的研究中，刘易斯确定了三种不同形式的耻感。第一种是“承认的耻感”（acknowledged shame），包括承认自己感到耻感，并对相关的感觉有认识。第二种是“过分不明的耻感”（overt-unidentified shame），描述了感觉到与耻感相关的负面情绪的体验，但没有认识到它是耻感，从而错误地将其归类。第三种是“被忽略的耻感”（bypassed shame），是指意识到一个事件可能是可耻的，并怀疑别人如何看待自己，但这种情绪是被忽略的，留给人的是不会被解决的“一个无法解决的、令人困扰的内疚思想”〔30〕。

了解耻感的含义这项工作的重要发现之一是：不被承认的耻感形式与愤怒和敌视他人的感觉有关。舍夫（Scheff）和瑞星杰（Retzinger）〔31〕扩展了刘易斯的分析，认为耻感是一个信号，表明个人与他人之间的联系受到了威胁。当一个人不承认与被拒绝相关的伤害感受时，如未被承

〔28〕 Ahmed, E, Harris, N, Braithwaite, J and Braithwaite, V 2001. Shame Management through Reintegration. Melbourne: Cambridge University Press.

〔29〕 Lewis, HB, above note 401.

〔30〕 Lewis, HB, above note 401. p.134.

〔31〕 Scheff, TJ and Retzinger, SM, above note 397.

认的耻感形式（被忽略的耻感和过度—不承认的耻感），这种情绪就会被重新定位为对自我和他人的愤怒。根据舍夫和瑞星杰[32]的观点，这是羞辱性愤怒的原因，不仅有助于解释个人的愤怒，而且有助于解释经历共同耻感的群体的行为。其含义是，个人不承认或没有解决的耻感会表现为不健康的反应。

伊莉莎·艾哈迈德[33]的团队通过耻感管理的概念描述了耻感的各种表现形式。这就抓住了这样一个概念，即当面对引起耻感的情况时，个人可以在个人特征和社会环境的影响下，通过各种方式管理负面情绪。当个人承认自己有责任时，就会出现承认的耻感。当这种情况发生时，这个人更有可能做出补偿，减少对他人的愤怒，并更有可能释放负面情绪。与此相反，未被承认的耻感，即艾哈迈德所描述的流离失所的耻感（displaced shame），发生在个人不接受他们有责任的时候。由于他人的不认同与这种否认责任的紧张关系，而未能解决这种情绪，就会导致耻感转化为对他人的愤怒。

越来越多的经验证据表明，耻感管理可以预测欺凌行为和犯罪行为。艾哈迈德自己在澳大利亚和孟加拉国的研究表明，与没有被欺凌的儿童相比，被欺凌的儿童更有可能消除耻感，而没有被欺负的儿童则更有可能承认耻感[34]。图菲（Ttofi）和弗林顿（Farrington）[35]的一项研究支持并更进一步发展了这些研究结果，该研究表明，污名化预示着儿童的耻感管理较差，其特征是耻感转移，而这预示着欺凌的发生率更高。积极的耻感管理，即以耻感的承认为特征，预示着欺凌行为的发生率较低。墨

〔32〕 Ibid.

〔33〕 Ahmed, E, Harris, N, Braithwaite, J and Braithwaite, V, above note 411.

〔34〕 Ahmed, E and Braithwaite, V 2006. Forgiveness, reconciliation, and shame: Three key variables in reducing school bullying, Journal of Social Issues 62(2): 347–70.Ahmed, E, Harris, N, Braithwaite, J and Braithwaite, V 2001. Shame Management through Reintegration. Melbourne: Cambridge University Press.

〔35〕 Ttofi, MM and Farrington, DP 2008. Reintegrative shaming theory, moral emotions and bullying, Aggressive Behavior 34(4): 352–68.

菲（Murphy）和哈里斯（Harris）[36]在白领犯罪方面也发现了类似的结果。在这项研究中，未被承认的耻感（或耻感转移）预示着累犯，而承认耻感与累犯之间的关系是通过自责感来调节的。

关于耻感管理的研究对耻感理论有重大影响，并促使对该理论进行了修订[37]。虽然这一修订并没有改变该理论的说法，即重新整合的羞辱会增加遵纪守法（而污名化耻感会增加违法行为），但它确实澄清了为什么会这样，以及耻感所起的作用。这个理论最初的构想暗含着重整性耻感的优点是它会导致更强烈的耻感。然而，耻感管理的含义在于，一方面，重整性耻感可以使人们对否定评价及其对道德身份的威胁有更大的道德参与，因为它为个人提供了更多的机会，使他们能够参与他人对其行为的解释，并作出积极的反应。因此，人们更有可能承认和化解耻感。另一方面，污名化则更有可能导致犯罪者转移耻感，并对他人产生愤怒。因此，具有讽刺意味的是，重整性耻感的好处似乎是让犯罪者能够化解和减少他们的耻感。

六、结论

在一些规制领域，人们对情绪的作用越来越感兴趣[38]。耻感具有极其重要的意义，因为大多数规制干预措施都隐含或明确地传达了否定的态度。在某些情况下必须非常小心，要避免这种否定评价成为污名化，例如对青少年的恢复性司法。在另一些情况下，例如对有权势的公司进行规制，如果要让人们听到否定的声音，就必须大声地表达出来[39]。在所有这些情况下，否定的表达都有可能引起耻感。虽然关于耻感惩罚和“点名羞辱”策略的讨论往往集中在这些策略的社会影响上，如丢脸或羞

〔36〕 Murphy, K and Harris, N 2007. Shaming, shame and recidivism: A test of reintegrative shaming theory in the white-collar crime context, British Journal of Criminology 47(6): 900–17.

〔37〕 Ahmed, E, Harris, N, Braithwaite, J and Braithwaite, V, above note 411.

〔38〕 Karstedt, S 2002. Emotions and criminal justice, Theoretical Criminology 6: 299–318.

〔39〕 Braithwaite, J and Drahos, P, above note 392.

辱，但本章强调的研究表明，耻感的作用要复杂得多。当个人质疑自己是否违背了自己的价值观时，就会产生耻感，当体验到耻感时，就会对个人的自我意识构成威胁。这表明，当个体在道德参与时，耻感就会被唤起。对于那些寻求改变或规范行为的人来说，关键是如何让个人参与到这种讨论中来。恢复性司法的做法是，在重新整合的过程中，让犯罪者和对他们重要的人一起探讨对受害者造成的后果。老年护理条例（the regulation of aged care）中也提出了类似的方法〔40〕。耻感管理的理论表明，个人管理耻感体验的方式与他们是否体验到这种情绪同样重要。事实上，未化解或未被承认的耻感可能看起来很像没有耻感，有证据表明，这种形式的耻感有可能是一种与愤怒和反抗相关的破坏性情绪。另外，被承认的耻感似乎会促进同情、悔恨和赔偿。这些动态对规制干预措施的效力具有重要影响，而人们对这些影响的认识才刚刚开始。

〔40〕 Braithwaite, J, Makkai, T and Braithwaite, V, above note 391.

论我国规范性文件的司法审查强度

张　莹*

摘要：司法能动与司法谦抑作为规范性文件司法审查强度的两种模式，反映了司法权与行政权的张力，关切规范性文件附带审查制度目的的实现。为平衡司法与行政的权力边界，促进制度预设功能的成就，本文在重新定义审查强度的基础上，以2018年最高人民法院发布的九例规范性文件附带审查典型案例为考察对象，梳理总结法院在启动条件、审理标准和后续处理等方面审查强度的偏好，指出单一的谦抑模式引起的实践问题。结合制度特点和实践需求，本文提出建立司法审查强度向司法能动迈进的完善框架，在横向干预宽度与纵向审查深度中实现能动和谦抑的共治，从而进一步推动司法对行政的有效监督。

关键词：规范性文件　附带审查　审查强度　司法能动　司法谦抑

---

* 张莹，中山大学法学院宪法学与行政法学专业2020级硕士研究生。

一、问题的提出

在现代法治国家中，权力制衡和权利救济是长久的命题。2014年，修订后的《行政诉讼法》以立法形式确定了行政规范性文件附带审查制度，将被诉具体行政行为所依据的规范性文件纳入司法审查范围。这一制度的设立，欲为行政相对人针对抽象行政行为寻求救济补充最后的渠道，并意图通过司法审查方式对乱发文、发文繁杂、文件“奇葩”等规范性文件乱象进行监督，有效回应行政诉讼法的立法目的。

但制度的落地效果依赖于制度的实践适用过程。事实上，以法院为中心，司法能动与司法谦抑的模式偏好指引着法院在实践中适用不同的审查强度，导致审理效果的差异。基于此认识，本文试图厘清的问题是：在规范性文件附带审查制度之下，法院在实践进路和审判过程中应当采用哪种强度模式，才能真正落实制度设计目的？具体而言，法院是否应当退守司法谦抑线，防止司法专制和过度干预？还是应当发挥司法能动主义，实现法律效果与社会效果的最大效益？可以说，如不破解这一难题和统一法院审理思路，规范性文件附带审查制度则将变成空中楼阁，司法将难以担负起对行政规范性文件的监督功能，更无法从源头处促进政府依法行政，保障行政相对人的权利。

2018年，最高人民法院发布了第一批行政诉讼附带审查规范性文件典型案例，共有9起，反映了目前我国法院在规范性文件附带审查实践中的审理路径和审查强度偏好。本文以此为考察对象，将审查强度作为切入点，落脚于法官审理思路，整理提炼制度现状和困局，延展回应审查强度模式的改善方向，以期平衡司法审查中司法与行政的关系，完善司法在行政规范性文件争议解决中的效用。

二、能动与谦抑：规范性文件司法审查强度的两种模式

（一）审查强度的复合性含义

从行政行为司法审查的制度设立到规范性文件附带审查的制度运行研究，无法绕开的是关于“审查强度”的讨论，因为其往往蕴含司法审

查的本质，也就是司法权与行政权的博弈。在过往的学术研究中，行政行为的审查强度多指法院在多大的纵深程度以内对行政行为进行审查，即从纵向角度进行考察，与受案范围的横向思路区分开来。〔1〕以此为理论基础，对规范性文件进行考察，则会限于法院针对规范性文件“合法性”的实体审查领域，无法涵盖制度运作的整个过程，即审查启动初期、实体审理、后续建议，忽视了首尾两阶段中司法与行政的紧张关系。

因此本文提出，应根据规范性文件附带审查制度的阶段性特点，重新调整审查强度在规范性文件不同审查阶段的含义和表现形式，包含横向和纵向两个考察视野。

横向上，司法审查强度是指司法干预行政的宽度，主要见于制度运行的开始和结束两阶段。在审查初期，审查强度表现为法院需决定是否启动对被诉规范性文件的实体审查，针对原告是否在正确时间内提出审查、被诉行为是否归于法院的受案范围以及审查的对象范围等展开论证。而在审查的最后，审查强度则体现了司法审查结果对行政机关的影响程度，即法院是否强烈干预行政机关对违法规范性文件的处理。通俗来说，这两阶段的审查强度表现为“司法机关的手能伸多远”。

纵向上，则保留传统的审查强度定义，见于中间实体审查阶段。表现为法院对规范性文件“合法性”审查的深入与否，又或者说尊重行政机关裁量或判断的强弱。

简言之，本文语境下的司法审查强度的含义，具有纵横角度上的复合性。从横向角度，为司法干预行政界限的远近、程度的大小；从纵向角度，为法院对规范性文件的审查深度。

（二）司法能动及其表现形式

所谓司法能动，即司法积极与审查主动，是积极主义的表现。美国学者克里斯托弗·沃尔夫在谈及司法能动时说：“法官应该审判案件，而不是回避案件，并且要广泛地利用他们的权力，尤其是通过扩大平等和

〔1〕 参见王名扬：《美国行政法（下）》（第2版），中国法制出版社2005年版，第668页；杨伟东：《行政行为司法审查强度研究——行政审判权纵向范围分析》，中国人民大学出版社2003年版，第6-9页。

个人自由的手段去促进公平——即保护人的尊严。"[2]规范性文件司法审查下的司法能动，是指法院在审查规范性文件时增强主动性和权威性，为保障公民权益的救济而深化司法介入限度，扩张审查的范围，对行政机关制定的规范性文件进行严格审查，以法院的判断取代行政机关的判断，使行政机关服从于法院的释法说理，并积极敦促行政机关纠正不适当的规范性文件对行政相对人的不利影响。

（三）司法谦抑及其表现形式

与司法能动相对应的是司法谦抑，它以司法消极主义为价值导向，"是指法院在裁判案件的过程中，在司法自由裁量权的范围内，基于各种原因对立法机关和行政机关的谦让与自我克制"。[3]当法院秉持司法谦抑的审查强度模式时，往往不会轻易踏入行政机关的领域范围启动对规范性文件的审查，即使进入实体审查阶段，也作宽松审查，较大程度地尊重行政机关的判断和意见，尽量避免对行政机关所作的决定或制定的规范性文件进行否定评价和结果干预。

总之，在规范性文件附带审查制度的框架内，法院选择适用的审查强度可分为司法能动与司法谦抑两种模式，往往呈现相反的审查径向和表现形式。二者总是此消彼长但又共治共存，贯穿制度运行的全过程、审查的各方面，体现了司法权与行政权的界限斗争，影响权力制衡和权利救济的实现。

三、坚守司法谦抑：规范性文件司法审查强度的现状

（一）案例的实证分析

第一批行政诉讼附带审查规范性文件典型案例反映了最高人民法院所选择适用的审查强度模式，以此为研究范本归纳法院在附带审查过程中的态度倾向，具有现实意义。（如表1所示）

---

〔2〕［美］克里斯托弗·沃尔夫：《司法能动主义——自由的保障还是安全的威胁？》，黄金荣译，中国政法大学出版社2004年版，第3页。

〔3〕黄先雄：《司法谦抑论：以美国司法审查为视角》，法律出版社2008年版，第7页。

表 1　行政诉讼附带审查规范性文件典型案例一览

序号	案件	案号	被诉具体行政行为	一并审查的规范性文件
1	徐云英案[4]	（2016）鲁 11 行终 9 号	五莲县社会医疗保险事业处作出《五莲县社会医疗保险事业处关于对申请人徐云英合作医疗报销申请的书面答复》	莲卫字〔2014〕2 号《五莲县新型农村合作医疗管理工作实施办法》
2	方才女案[5]	（2015）浙杭行终字第 254 号	淳安县公安局作出淳公行罚决字〔2015〕第 1-0001 号《行政处罚决定书》	《消防安全要求》《消防执法问题批复》《消防安全法律适用意见》
3	袁西北案[6]	（2016）赣行终 245 号	于都县自来水公司受于都县政府委托，征收了袁西北户从 2010 年 2 月 1 日至 2015 年 11 月的污水处理费	《于都县城市污水处理费征收工作实施方案》
4	大昌三昶公司案[7]	（2015）丰行初字第 443 号	丰台食药局对华堂丰北路店作出《行政处罚决定书》	GB28050-2011《食品安全国家标准预包装食品营养标签通则》
5	郑晓琴案[8]	（2015）浙台行终字第 186 号	温岭市政府对郑福兴的个人建房用地申请的审批同意行为	《温岭市个人建房用地管理办法》《温岭市工业城二期用地范围房屋迁建补偿安置办法》

〔4〕 徐云英诉山东省五莲县社会医疗保险事业处不予报销医疗费用案，载《人民法院报》2018 年 10 月 31 日，第 3 版。

〔5〕 方才女诉浙江省淳安县公安局治安管理行政处罚一案，载《人民法院报》2018 年 10 月 31 日，第 3 版。

〔6〕 袁西北诉江西省于都县人民政府物价行政征收一案，载《人民法院报》2018 年 10 月 31 日，第 3 版。

〔7〕 大昌三昶（上海）商贸有限公司诉北京市丰台区食品药品监督管理局行政处罚案，载《人民法院报》2018 年 10 月 31 日，第 3 版。

〔8〕 郑晓琴诉浙江省温岭市人民政府土地行政批准案，载《人民法院报》2018 年 10 月 31 日，第 3 版。

续表

序号	案件	案号	被诉具体行政行为	一并审查的规范性文件
6	苏华公司案[9]	（2015）黄浦行初字第503号	1.上海市原房管局因苏华公司的申请不符合有关规定而作出不予批准决定；2.住建部对苏华公司的复议申请作出行政复议决定	沪房地资物〔2007〕69号《新设立物业资质通知》
7	孙桂花案[10]	（2015）浙杭西行初字第291号	浙江省环境保护厅根据《环保检验合格标志判定方法》规定，对浙A×××××号牌汽车核发黄色环保检测合格标志	环发〔2009〕87号《机动车环保检验合格标志管理规定》
8	金牌天使公司案[11]	（2015）高新行初字第294号	成都市科技局认为金牌天使公司的申报中缺少相关材料而作出退回修改的决定	/
9	毛爱梅案[12]	（2016）浙0802行初19号	贺村镇政府因毛爱梅夫妇不停止生猪养殖的行为，而对其名下的养猪场建筑组织了强制拆除行为	/

1.启动程序

在这一阶段，法院对规范性文件附带审查的启动保持相当的严谨与

〔9〕上海苏华物业管理有限公司诉上海市住房和城乡建设管理委员会物业服务资质行政许可案，载《人民法院报》2018年10月31日，第3版。

〔10〕孙桂花诉原浙江省环境保护厅环保行政许可案，载《人民法院报》2018年10月31日，第4版。

〔11〕成都金牌天使医疗科技有限责任公司诉四川省成都市科学技术局科技项目资助行政许可案，载《人民法院报》2018年10月31日，第4版。

〔12〕毛爱梅、祝洪兴诉浙江省江山市贺村镇人民政府行政强制及行政赔偿案，载《人民法院报》2018年10月31日，第4版。

克制。可见于规范性文件的司法审查遵循“不告不理”的原则，一般来说，法院不会主动对抽象行政行为展开审查。此外，依据《最高人民法院关于适用〈中华人民共和国行政诉讼法〉的解释》（以下简称《行诉法解释》）的相关规定，自行政相对人依据《行政诉讼法》第53条向法院提出规范性文件一并审查的诉讼请求，到法院进入规范性文件的实体审理阶段，需要经过层层条件的筛查（如下文图1所示），分别是：

（1）请求的时间。原告应当在一审开庭前提出审查规范性文件的诉求，例外情况下，可在法庭调查中提出。

（2）须存在被诉具体行政行为，且该具体行政行为应当在法院受案范围内。如果被诉具体行政行为是行政指导、内部行为、过程性行为等不属于法院受案范围的行为，则附带审查规范性文件的诉讼请求也不会得到法院的审理。在“金牌天使公司案”中，法院首先将被告成都科技局退回申报的具体行政行为定性为程序性行政行为，不属于法院行政诉讼受案范围，因此判定“相关规范性文件违法的诉请也不属于人民法院行政诉讼的受案范围”。

（3）规范性文件须属于原告有权请求审查的抽象行政行为范围，即规范性文件的制定主体须为国务院部门、地方人民政府及部门，效力层级须为规章以下。

（4）附带审查的规范性文件与被诉行为之间具有关联，通常是行政机关作出被诉行为的依据。“毛爱梅案”中，法院便以请求审查的江政办发〔2014〕29号《通知》“与本案的审查对象无关联”为理由不予审查。

2. 审查范围

规范性文件的审查范围，是指法院对被请求审查的规范性文件的全文进行全面审查，或者仅对具体条款的合法性进行审查，这与法院所适用的审查强度模式关系密切，前者可推导为法院适用能动的审查强度模式，后者则可视为采用司法谦抑。

首先，从法律规定进行考察，《行诉法解释》第148条第1款补充指引了法院可从“作出行政行为所依据的条款以及相关条款”进行审查，明示了“条款审”的范围要求。在实务领域，法院的态度也是如此，最高人民法院的梁凤云法官对这一规定的解释为，该审查一般不是全面的审查。[13]这点也在典型案例的释法中得到了验证。在本次考察的7例进入实体审查的典型案例中，法院均在裁判文书中明确了审查范围，对具体条款进行了指明。以“方才女案”为例，法院在收到行政相对人诉请后，在征求双方当事人意见的基础上，率先明确了需要审查的规范性文件及具体条款，并指出了其中内容重复的规定，为审查圈定了一个范围。

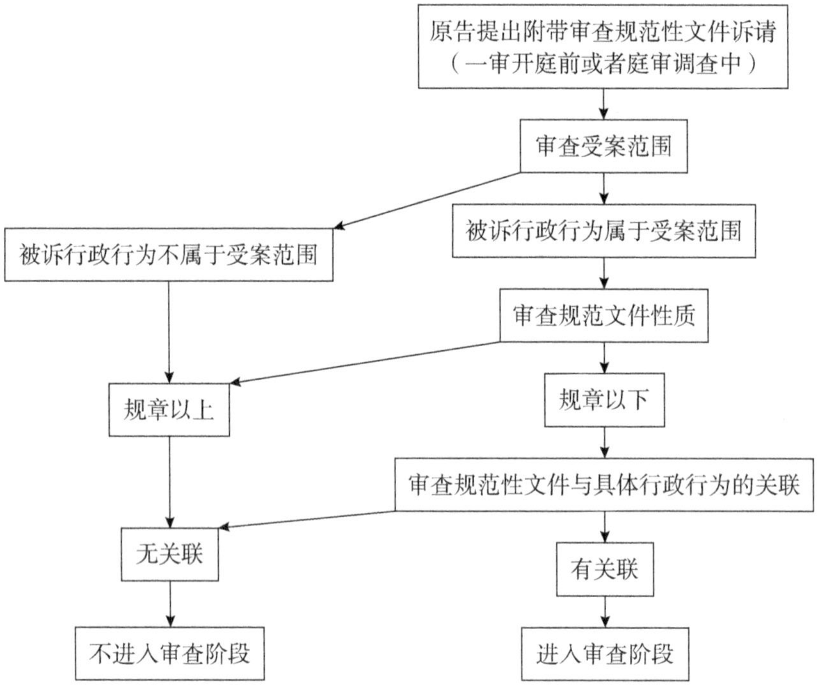

图1　典型案例中规范性文件审理的启动过程

“条款审”这一特点对应的是法院有限的审查强度，反映了司法机关对于自己审查权力的严格限制和谦抑态度。

〔13〕梁凤云：《〈行诉解释〉重点条文理解与适用》，载《法律适用》2018年第11期。

3. 审查标准

依据《行诉法解释》第 148 条的规定，结合典型案例中法院释法说理的内容，本文通过流程图形式（如下文图 2 所示）梳理出现行法律框架下规范性文件合法性的考量维度：

（1）审查规范性文件的制定主体及其权限，进一步说，便是制定机关在制定规范性文件时是否具有法律、行政法规或规章的授权，以及案涉规范性文件所规范的内容是否归入制定机关的职权范围内。法院在“大昌三昶公司诉案”中对《通则》的制定主体——原中华人民共和国卫生部的制发依据进行了回溯，确定作为上位法依据的《食品安全法》规定了相关职权，保证了制定主体的适格。

（2）当审查的具体条款具有上位法依据时，法院应当审查该条款是否与上位法抵触或冲突，常用的审查角度有：是否与上位法的条文规定相符？是否改变了上位法规定的行政相对人的权利义务范围？是否违背了上位法的精神原则？在“袁西北案”中，附带审查的《实施方案》的上位法为省级规范性文件——赣发改收费字〔2010〕135 号《通知》和市级规范性文件赣市价费字〔2010〕15 号《批复》，法院对三者进行了条文内容上的比对，得出结论：被告于都县政府所规定的污水处理费征收范围与后两者确定的征收范围不一致，使得当事人多缴纳了污水处理费，承担了原本不必要的负担，因此不将其作为具体行政行为合法的依据。而法院在“郑晓琴案”中认为涉案的相关条款不合法的理由为，其不符合《妇女权益保障法》等上位法对“外嫁女”群体合法权益的保护精神。

（3）法院应当对“减损公民权利和增设公民义务”的规定格外敏感，尤其是当上位法没有相关规定时。“徐云英案”中，法院便是对案涉文件规定限缩了利益相关者的权利进行了论证。

（4）通常，法院鲜少论证规范性文件的程序合法性，或将其放在合法性评价的最后的次序，在确定规范性文件内容合法的基础上才审查文件制定、批准或公布等重要程序并在判决书中论证文件的整体合法性。如“方才女案”中，法院对《消防安全要求》的法定批准程序进行了审查。

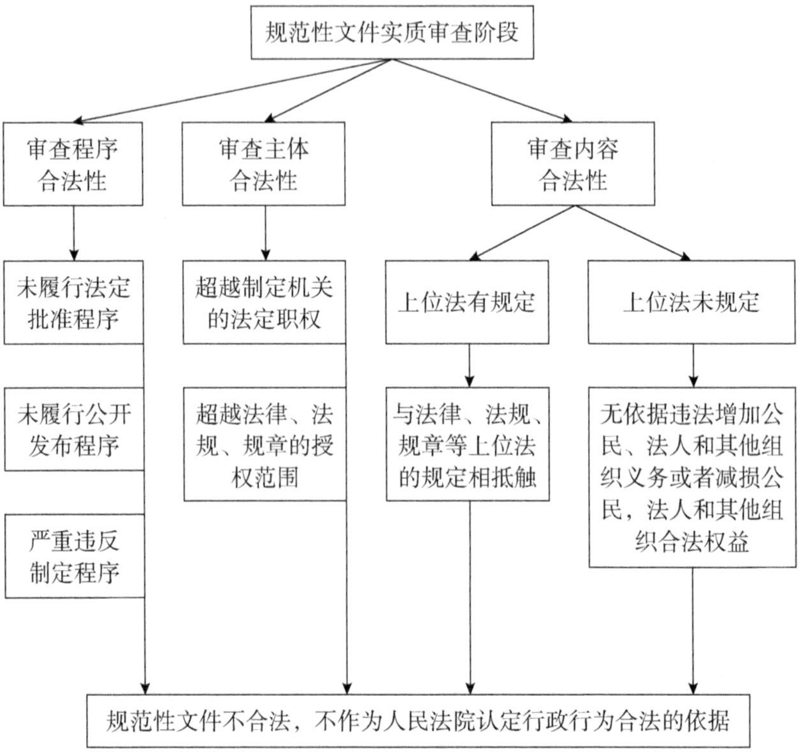

图 2　规范性文件“合法性”审理标准

从上述分析可看出，我国对规范性文件的审查围绕主体、内容和程序三个维度进行“形式合法性”〔14〕的判断，但对合理性要件的判断少有触及，缺少对规范性文件的制定目的是否正当、实施结果是否明显不合理、是否反复无常等因素的深度考察，这意味着法院在释法时虽然恪守职责，客观评判，但审查强度较浅，浮于表层，偏好谦抑模式。

4. 处理建议

依据《行政诉讼法》第 64 条和《行诉法解释》第 149 条的规定，就目前而言，法院对规范性文件的审理意见主要用于个案的欲决判断，对

〔14〕 形式合法性认为只能对规范性文件的合法性进行审查，不包含合理性审查。参见于洋:《论规范性文件合法性审查标准的内涵与维度》，载《行政法学研究》2020 年第 1 期。

合法的规范性文件进行“选择适用”，对不合法的规范性文件“不予适用”并在审后提出司法建议，[15]相关文件的现实存续与否依然取决于行政机关的决定。但从结果来看，“处理建议”的实施效果不佳。譬如，2016年在“袁西北案”中被审查认定为“不合法”的《实施方案》依然可在于都县人民政府官网检索查询，且其中被认为违反上位法的污水处理费征收范围仍未被修改。[16]

在实践中，法院往往出于对行政专业领域的较强尊重，牢牢坚守在自己的“三分地”内。个案适用的效果、无明显拘束力的司法建议、追踪落实制度的缺失以及行政机关对法院权威的不重视，综合因素之下，司法机关对规范性文件的监督效果显然不达预期。

从上述案例分析可发现，在规范性文件附带审查制度之下，法院在审理裁判规范性文件的每一个阶段，都有着对司法审查强度模式的选择，涉及司法与行政的权力对立统一。目前，法院总体上坚守司法谦抑，对行政专业领域的干预范围较小，对规范性文件的附带审查保持克制，审查深度较为肤浅、粗糙，在较大程度上对行政机关表示尊重。

（二）现存的实践困局

规范性文件附带审查制度的设立，除了实现行政诉讼的主客观诉讼功能，还承载着从源头纠正和减少违法规范性文件的预设目标。但就如典型案例所揭示的情况，法院在审查的不同阶段固守司法克制的态度。单调绝对的司法谦抑模式带来不少问题，无法满足制度设立的理想功能和目的。

1.“合理性”审查标准的缺位

以审查标准为例，目前实践中，法院主要采用“形式合法性”的审查标准，意味着审查强度的谦抑性，不利于案件的公正裁判，具体可展述为三个方面：

〔15〕参见马得华：《我国行政诉讼规范性文件附带审查的模式与效力难题》，载《政治与法律》2017年第8期。

〔16〕参见《关于印发于都县城市污水处理费征收工作实施方案的通知》，载于都政府信息公开网，http://xxgk.yudu.gov.cn/c100259/201004/9246a915f4b740669669e13e7c0bc2bc.shtml，最后访问时间：2020年4月18日。

第一是关于司法态度的反复。最高人民法院曾提出“法院可以在裁判文书中对规范性文件是否合法、有效、合理或适当进行评述”，明确指示了对“合理”“适当”要件的适用，不再限于狭隘意义上的合法性的评述，〔17〕但目前的实践忽视了合理性标准，法院不轻易触碰需要利益衡量的争议点，这使得部分规范性文件未能得到恰当的审查。

第二是与具体行政行为的审查强度不一致。2014年修订后的《行政诉讼法》第70条新增了关于具体行政行为的“明显不当”审查要件，属于合理性的审查标准。这意味着“合法性”本身的内涵发生了巨大改变，即由机械的形式合法性转向了灵活的实质合法性。〔18〕相对应形成审理思路的矛盾：一方面，规范性文件的司法审查对具体行政行为具有依附性，法院重视二者的关联性；但另一方面，法院对规范性文件的审查依然采用狭义合法性标准，使得二者审查标准和审查强度未平行同步。在实践中，对规范性文件合理性的回避审查进而可能造成对具体行政行为的误判，有损司法审查的公正性。

第三则是无法满足实践的需要。客观来说，面对立法空白或滞后领域，出于行政管理和社会治理的需要，行政机关常常依赖规范性文件来规范和调节社会活动，这意味着有些规范性文件没有上位法的详细指引。如果法院在审查时，不作深层次的考察，不对其立法目的是否正当、利益次序是否恰当、比例原则有无应用等进行判断，则无法正确评估该规范性文件对行政相对人权益的实际影响。

2. 程序要件的尴尬地位

在过往，有关规章以下的规范性文件制发程序并没有完全统一的法律法规规定，培育了文件乱象的温床。也正因为此，法院对“程序合法性”的审查标准没有统一的评判尺度，也即是对于哪些程序的缺失必然构成程序违法，哪些程序的缺失仅构成程序瑕疵并无定论。于是，束手无策

---

〔17〕《最高人民法院关于印发〈关于审理行政案件适用法律规范问题的座谈会纪要〉的通知》（法〔2004〕96号）。

〔18〕参见应松年主编：《〈中华人民共和国行政诉讼法〉修改条文释义与点评》，人民法院出版社2015年版，第226页。

的法院常常对程序审查保持谦抑的审查强度，采取最低限度的审查标准，甚至可能会回避审查。法院“不敢审”的消极态度最终形成了程序要件的尴尬处境，忽略了程序对规范性文件合法性的重要影响。

3. 司法建议监督功能的不足

此外，关于不合法规范性文件的后续处理困局，也同不恰当的司法尊让有关。前文提及的不合法规范性文件的存续并非实践中的个例。有学者通过收集法院有关司法建议工作开展情况的调研报告，发现目前法院的司法建议效果存在被建议方“漠然”回应、法官“吃力不讨好”的尴尬情况。[19]

造成这一窘境的主要原因便是法院在规范性文件审查过程中对自己的功能定位不清晰，一味谦让，采用较低程度的审查强度和干预程度，并连带产生了以下不良结果：其一，双方权力界限的现有划分不合理，行政机关未培养起对司法机关应有的尊重态度；其二，司法建议效力畸弱，对行政机关而言没有强制约束力；其三，没有后续的追踪落实制度和责任追究制度，形成了司法机关事不关己、制定机关无动于衷的僵持局面。无法落实的监督效果，就像已经历了八十难的唐僧师徒在护送经书的返程上落于水中，功亏一篑，在实践效果上存有遗憾。最终，行政机关未能及时纠正违法的规范性文件，并以此为依据作出具体行政行为，很可能再次引起行政争议，“形成一个恶性循环，不利于规范性文件附带审查制度的良性发展”[20]。

四、迈向司法能动：规范性文件司法审查强度的一种可能

将目光聚焦于我国规范性文件的实践进路，可发现明显的阶段性、层次性。基于前文诉讼典型案例样本的分析，可明确消极态度的持续不利于制度的运行。本文认为，不同阶段不同内容的审查，蕴含着司法和行政权力边界不同的走线要求，法院应当游走于司法审查的“能动”与

〔19〕 参见魏培培：《司法建议制度的现状、定位与完善——以人民法院参与社会治理创新实践为视角》，载《山东法官培训学院学报（山东审判）》2016年第4期。

〔20〕 王春业：《论规范性文件附带审查的后续处理》，载《法学论坛》2019年第5期。

“谦抑”之间，并尝试构建规范性文件司法审查强度的规则化和类型化，以实现司法与行政在横向干预和纵向审查上的平衡。

总体而言，从横向干预范围来看，规范性文件附带审查制度的启动与善后直接体现了司法权在博弈中是否干预行政领域以及干预的程度，法院应谨慎启动，积极善后。从审查内容的纵向深度看，对于减损公民权利增加公民义务、法律适用以及对整体合法性有重要影响的内容，法院应当持积极能动的司法态度，独立判断，严格审查，用自己的意见取代行政机关的决定。而对于对行政相对人权利义务影响不大、行政专业事务或授意性的行为等，法院应当采取谦抑克制的审查强度，尊重行政机关的决定和命令。

具体而言，法院对规范性文件的审查层次可分为三个阶段（如图3所示）。

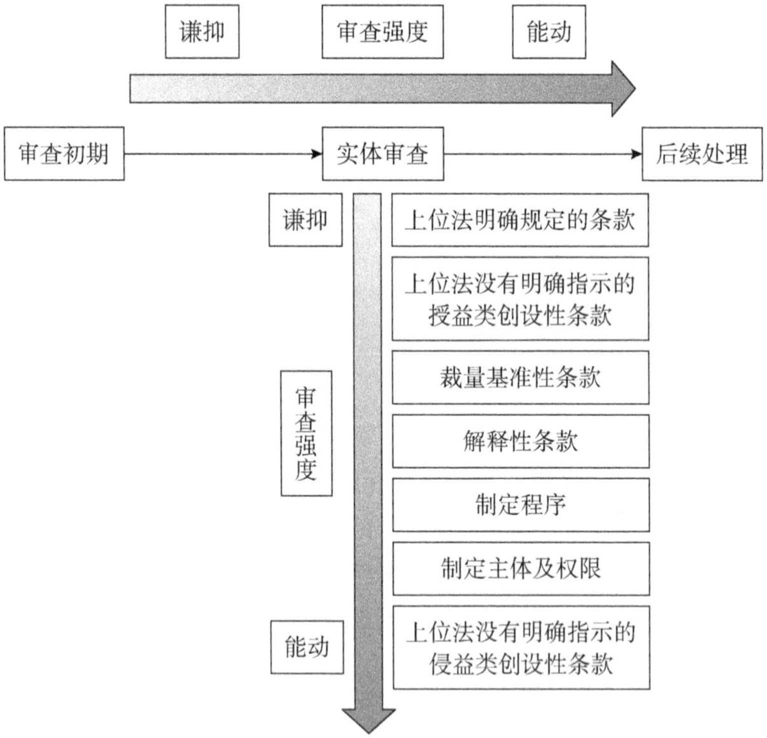

图3　规范性文件司法审查强度的阶段层次框架

（一）审查启动阶段

法院是否要将被诉的抽象行政行为纳入司法审查的范围，属于司法机关是否要在横向宽度上延伸司法权力的问题。对此，法院应当围绕原告诉讼请求提出的时间、法院的受案范围和审理范围，坚持谨慎克制的态度，通过设置规范性文件附带审查启动条件的多重限制，垒筑规范性文件司法审查“进门的高墙”，稳固司法审查的终局性。原因如下：

首先，从法理角度出发，行政权力的专业性和司法资源的有限性决定了司法审查启动的谦抑态度。一方面，规范性文件的发布正是基于行政机关对某一专业领域的管辖职权和管理必要，如果法院肆意对其进行司法审查，则会构成对行政权力的僭越。另一方面，司法审查的效率受约束于司法机关有限的人力资源和审查能力，必然会与现实中无限的权利诉求产生矛盾，将某些案件拒之门外或留给其他国家机关处理是明智的选择。〔21〕

其次，美国司法审查关于受理条件的限制提供了经验借鉴。在满足合格的当事人和可受理行政行为的受理要件后，美国司法机关介入审查行政行为还需满足“穷尽行政救济原则”“成熟原则”和“首先管辖权”的先决条件，〔22〕体现了司法谦抑的精神和态度。

最后，应当切实考虑我国规范性文件司法审查的“附带性”特点。在现有法律规定框架之下，抽象行政行为的一并审查范围依赖于具体行政行为，法院应当担好“守门员”职责，重视两者的关联性，只对具有审查必要性和可行性的规范性文件放行。

综上，在司法与行政的第一次交锋中，法院应当保持司法谦抑。

（二）实体审理阶段

进入实体审理阶段，法院应当根据审查内容的特性进行衡量判断，对不同维度的审查要件适用不同的审查强度，形成纵向深度的层次化。

〔21〕黄先雄：《司法谦抑论：以美国司法审查为视角》，法律出版社2008年版，第142页。

〔22〕应松年主编：《四国行政法》，中国政法大学出版社2005年版，第140-144页。

一般来说，当涉及的内容是基于行政机关的专业知识、行政经验作出，没有突破行政机关的自由裁量范围时，法院一般给予宽松的审查强度，尊重行政机关对于现实复杂问题的决定；与此相反的是，法院在法律适用等专业领域、对利害关系人有重大影响的内容方面进行严格的审查，独立作出判断意见。大体框架及理由如下。

1. 对制定主体职权和授权范围的审查

在审查规范性文件制定主体授权和法定职权的有无时，法院应当积极主动地深入审查制定主体的合法性，以及制定权力是否越权。这是因为法院在对这一问题的审查上主要依据法律、法规径直进行，多涉及法律适用的问题，没有超出其专业优势的范围，更有利于发挥法院的能动性。更值得考虑的是，主体合法性作为规范性文件合法性的判断基石，往往“牵一发而动全身”，对案件的判决结果影响重大。美国司法审查实践中便是把行政机关管辖权限放在合法性评价的首位，进行较为严格的审查。〔23〕

2. 对条款内容的审查

在现存的法律和司法解释框架之下，法院在审查具体条款内容的合法性时，可以分为两个步骤：

（1）当上位法对规范性文件有明确规定时，法院应当对照上位法依据进行判断，采用形式合法性的标准，一般只考虑相关条款与上位法是否有直接或间接的抵触。

（2）当规范性文件缺乏上位法的指示时，即上位法没有明确行政相对人权利义务范围，或者因现实需要行政机关在管辖权范围内对新兴领域进行规范时，法院应当细致审查，提高审查强度，必要时采用合理性的审查标准。对此，从便利应用的角度，本文借鉴陈良刚法官提出的条款分类框架，将审查的规范性文件主要分为创设性、解释性和裁量基准

〔23〕 参见王名扬:《美国行政法（下）》（第2版），中国法制出版社2005年版，第711-712页。

性三类，[24]适用于第二步骤的类型化审查。

首先，因创设性条款对外部相对人权益影响的不同，可进行审查强度的再区分。其中，对于侵益类的规范内容，即限制利害关系人权利或者增设其义务的规定，法院应当给予弱尊重，进行利益衡量，严格考察规定中运用手段和制定目的合理性和必要性。如相关内容违反了便利当事人、公平公正以及比例原则，司法机关应当基于主观诉讼功能的承担，保护人民群众的合法权益，认为其不合法。行政机关也可能制定授益类的条款，对此法院一般表示强尊重。

其次，关于解释性条款，主要是行政主体对不确定的法律概念、规则、原则等作的说明和解释。本文赞同王名扬先生在阐述美国司法实证经验时的观点："在法律的解释上法院是最后的权威"。[25]因为解释性条款涉及法律适用问题，例如前文提及的"方才女"案中，法院对"其他供社会公众活动的场所"的解释，属于法院的优势范围。当然，法院发挥审查能动性并不意味着完全不考虑行政机关的意见，政府部门出于对执法规定的熟悉、行政经验的丰富以及具体领域的技术之长所作出的法律解释不容被忽视。依据《行诉法解释》第147条关于听取制定机关意见的规定，法院可在独立深入审查后最终决定是否代替行政机关的意见，达成重视行政机关解释意见和稳握决策权力的统一，本质来说，也是行政权和司法权的和谐。

最后，有关行政主体制定的裁量基准内的内容，法院一般对行政机关给予较大程度尊重，保持谦抑的态度。但如果该规定明显超出了行政机关过往的裁量范围，或根据该裁量基准法院作出了明显不合理的具体决定，这表明相关制定主体在制定基准时没有充分依靠自己的专业技术，也没有利用经验考察现实条件，从而作出有失水准的规定，对此，法院

〔24〕 陈良刚：《规范性文件一并审查的范围、标准与强度》载《法律适用·司法案例》2017年第16期。

〔25〕 王名扬：《美国行政法（下）》（第2版），中国法制出版社2005年版，第716页。

应当兢兢业业地引入合理性标准进行严格判断，发挥能动性。

3. 对制定程序的审查

对程序合法性的评价往往既涉及法律问题又涉及事实情况，无法将此剥离判断，学界在程序标准问题上也众说纷纭。对此，本文提出，法院应当在程序要件的司法审查中适当从谦抑向能动的审查强度靠近，原因有三：

一是从宏观角度考察，重视程序要件的审查是促进法治政府建设的关键手段。“现代行政法治的重要标志之一就是完善的行政程序制度。”〔26〕法院对制定程序的审查有利于倒逼政府严格规范文件制发过程，依法履行职能，提升政府形象。

二是从微观角度看，程序合法性对规范性文件的整体合法性和行政相对人的权利义务有密切影响。“一个合理的程序可以保证实质问题的结论的正确性。”〔27〕“奇葩”规范性文件频频引起舆情笑谈的原因之一便是行政机关在制定、发布规范性文件之前并未经过合理的实情调研、草案公开、征求公众意见等程序，常见于“拍脑袋决策”“不接地气”，不被公众接受。

三是法院评判程序合法性标准的相对具体化。之前，法院消极审查的主要原因在于没有统一的程序规定，但2018年，国务院对规范性文件的制发程序提出了认真评估论证、广泛征求意见、合法性审核、坚持集体审议、向社会公开发布等程序要求，〔28〕为法院审查规范性文件的程序要件提供了有力依据。〔29〕

因此，法院不应当放松对程序方面的审查，结合《行诉法解释》第

---

〔26〕 江必新：《行政程序正当性的司法审查》，载《中国社会科学》2012年第7期。

〔27〕 王名扬：《美国行政法（下）》（第2版），中国法制出版社2005年版，第636-646页。

〔28〕《国务院办公厅关于加强行政规范性文件制定和监督管理工作的通知》（国办发〔2018〕37号）。

〔29〕 最高院认为合法有效的规范性文件可作为裁判说理的依据。参见《最高人民法院关于裁判文书引用法律、法规等规范性法律文件的规定》（法释〔2009〕14号）第6条。

148条第2款第4项的规定，当法律、法规或规章对案涉文件的制定程序有特别规定时，应当审查是否符合法定程序；当没有法定的程序要求时，法院可严格对照上述国务院强调程序标准，对涉及公众参与、知情权等重要利益的程序进行较为深度的审查。

（三）后续处理阶段

针对后续处理，结合当前实践出现的问题，法院应当增强能动性。司法谦抑与能动的表现不只存在于审查强度的深浅，还体现于审查之后法院对不合法规范性文件或修改或废止的监督力度。不同于启动程序、审理范围对被诉具体行政行为的强依赖性和个案限制，法院对规范性文件的后续司法建议更具有普适性，涉及更广泛的利益，应当明确规范性文件附带审查制度特设目的在于从源头上减少违法行政规范性文件的出现，并以此为出发点思考改善措施。

总的来说，司法机关应当坚持能动的干预强度，尽可能地将手伸长，促进行政机关对于司法建议的落实。进一步来说，首先，明确司法建议的效力，提高司法权威。在这一阶段，应当允许法院通过司法建议适当干预行政机关的专业领域，敦促行政机关尽快对违法规范性文件作出处理。其次，设立责任追究或利益挂钩机制。一方面，与行政机关规范性文件清理工作制度相链接，纳入行政机关的内部考核体系；另一方面，可尝试设立双重责任负责制，当不合法规范性文件在一定期限内未能得到合理纠正或废止并损害了利害关系人的权益时，应当对提出司法建议但没有及时跟踪落实的法官和收到司法建议但却不理不睬的制定机关负责人进行关于失职的责任追究，反推两方的积极性。最后，可通过信息化手段，实现人民法院和人民政府备案、联通、反馈电子一体化，搭建起法院与行政机关关于前期建议送达、中期持续沟通和后续结果追踪的共享平台，互联互通规范性文件事后审查的双向工作。如此，法院与处理结果之间构成强联结，更加积极主动地促进司法建议的落实，才能达成行政规范性文件附带审查的圆满完结。

五、结语

司法与行政的合理分野一向是学者关注的问题，规范性文件附带审查制度的设立恰恰蕴含着司法监督行政权、救济群众利益的现实意义。如何优化不同的审查强度在规范性文件附带审查制度中的应用，从而形成行政与司法的良性互动正是本文的“心之所向”。

目前，法院总体上偏好司法谦抑的审查强度，持自我克制的态度。但实践中暴露的问题告诉我们，规范性文件附带审查中的权力边界，并非如直线平行前进，而更像在临海的海岸线，弯弯曲曲，有深有浅。法院应当在不同的程序阶段，采用不同的司法态度，协调司法的权威性和行政的专业性。因此，本文提出规范性文件司法审查强度应用的另一种可能，从单一的司法谦抑模式迈向司法能动模式：基于规范性文件效力的广泛性和审查的依附性，法院在启动审查初期和结束审查后处理时分别选择司法谦抑和司法能动的审查模式，形成横向干预的平衡；而在中间审理阶段，法院需要针对审查内容的不同，考虑政策或法律应用的专业优势、对利害关系人的影响大小、法律问题与事实问题的区分前提等要素，分别采用不同的审查深度和对行政机关的尊重程度，形成纵向层次的共治共存，最终实现司法谦抑和能动在横向干预程度和纵向审查深度的兼容并存、协调运作，促进主客观诉讼目的的有力实现。

提高设区的市立法质量之路径探索

廖军权*

摘要：在依法治国和全面深化改革之时制定出较高质量的法律法规，是当前各级立法机关，尤其是省级立法机关和设区的市立法机关面临的重大课题。2015年，修正后的《立法法》正式赋予了全国所有设区的市立法权。立法主体扩大后的地方性法规立法质量能否与时俱进提高？2016年，广东省人大常委会为促进提高设区的市的立法质量，创造性地开展了“立法点评”，2018年又制定了《广东省设区的市法规审查指导工作规范》，如此对设区的市的立法工作开展“规范指导”。本文将对这两个工作创新进行研究，剖析其法理基础，提出相关制度完善的建议和对策。

关键词：设区的市　立法点评　规范指导

---

* 廖军权，广东省人大常委会选联工委联络处一级调研员。

一、以立法点评为抓手解决质量问题

（一）为何需要开展立法点评

2015年，广东省设区的市先后拥有了地方立法权。《立法法》第72条第2款对设区的市的地方性法规须报请省人大常委会进行合法性审查后才能批准施行作出了明确规定。从法律层面来说，省人大常委会跟市人大常委会的关系是指导关系，没有领导和被领导的关系，但是，广东省人大常委会在立法层面要承担起对设区的市报请批准的地方性法规进行合法性审查，同宪法、法律、行政法规和本省、自治区的地方性法规不抵触的才能批准的责任，同时还要担负起指导设区的市开展立法工作的责任。之后，在各设区的市立法机构尚未健全、人员尚未到位、程序尚未完备，但立法热情高涨的情况下，各市就开始了立法工作，并于同年底陆续向省里报送了法规。此时，如何保证设区的市的立法质量成了广东省人大常委会的重要议题。广东省人大常委会以《立法法》赋予设区的市地方立法权范围限制在“城乡建设管理”“环境保护”“历史文化保护”三个方面，如法律无另行规定，超出这个范围就属于越权立法〔1〕为标尺，把如何依法立法、如何保证立法质量当作工作的最为主要的抓手。经讨论研究认为：立法点评是开放式、课堂式地对设区的市的法规进行现场解剖评估，对于没有经验和实践体会的各市从事立法的工作人员，是一场生动的立法知识、技能的灌输和普及；通过共同专注地对法规进行解读评估，更有利于各设区的市参与立法的同志与专家学者形成共识，减少矛盾和分歧发生，更有利于他们在较短时间内获得提高立法质量的经验和技能。因此，就把立法点评作为指导设区的市立法工作的试点，作为先期开展把关设区的市立法的工作主要手段。

---

〔1〕《立法法》第72条第2款规定：“设区的市的人民代表大会及其常务委员会根据本市的具体情况和实际需要，在不同宪法、法律、行政法规和本省、自治区的地方性法规相抵触的前提下，可以对城乡建设与管理、环境保护、历史文化保护等方面的事项制定地方性法规，法律对设区的市制定地方性法规的事项另有规定的，从其规定。”第73条第3款规定：“设区的市、自治州根据本条第一款、第二款制定地方性法规，限于本法第七十二条第二款规定的事项。”

（二）通过立法点评发现问题

2016年，广东省人大常委会用一年的时间，对肇庆、韶关、中山、惠州、江门、汕尾、茂名、河源、清远、湛江、云浮、佛山12个设区的市先后制定的法规进行了6场立法点评会，分别涉及城乡建设管理方面法规：《肇庆市城区市容和环境卫生管理条例》《韶关市烟花爆竹燃放安全管理条例》，环境保护方面法规：《中山市水环境保护条例》《惠州市西枝江水系水质保护条例》《江门市谭江流域水质保护条例》《汕尾市水环境保护条例》《茂名市高州水库水质保护条例》《清远市饮用水水源水质保护条例》《河源市恐龙地质遗迹保护条例》《湛江市湖光岩景区保护管理条例》《云浮市农村生活垃圾管理条例》，历史文化保护方面法规：《佛山市历史文化街区和历史建筑保护条例》〔2〕。通过省地方立法研究评估与咨询服务基地的有关专家学者的认真评审，对上述12部设区的市的法规的合法性、合理性、立法程序等进行了点评，指出了法规内容的优点与不足，提出进一步改进的意见。

通过6次立法点评发现的设区的市法规存在主要质量问题有：（1）立项合法性问题。主要有把握不准立项合法性与合理性问题，范畴上区分运用“城乡建设管理”“环境保护”“历史文化保护”三个方面不清晰。（2）立项合理性问题。主要是地方特色不充分，囿于眼前具体问题缺乏长远规划。（3）缺少地方特色问题。12部法规都缺少地方特色、少有本地的特殊性，基本是大而全的综合性立法。专家学者据此问题提出建议：一是把握好权力与责任、权利与义务问题。二是不能把上位法照抄照搬过来。三是依托本地实际有针对性地细化上位法的有关条款。四要严谨设计确保立法质量。（4）制度设计问题。主要有解决重点条款中存在的权责利失衡现象问题、内容重复问题、法规操作性问题、法律责任不明确问题、权力与责任不均衡问题。（5）立法技术问题。主要体

〔2〕 具体详见廖军权、黄泷一：《提升设区的市立法质量的创新机制：立法点评》，载《地方立法研究》2017年第2期。

现在立法体例、结构、语言等方面，立法体例上大而全，照套上位法，可操作性差，条例适用范围与具体内容不符，行为规范与法律责任设定不匹配，有的设定了法律责任而没有禁止性或强行性的法律责任，法规用语表述不严谨。

（三）如何改进存在的问题

依据上述问题，广东省人大常委会以问题为导向，以法律为依据，根据《立法法》和有关法律规定及时调整了工作思路和对策。第一，要解决法规照抄照搬法律的问题。地方性法规是“在不同宪法、法律、行政法规相抵触的前提下”制定的，“抄袭”上位法以保证于法有据的现象在所难免，“据从事立法工作的人估测，地方立法重复中央立法者，约占地方立法的70%—90%”。〔3〕这些与上位法重复的内容在征求公民意见时，并不会因为遭受到社会的反对或支持受到影响，导致制定地方性法规所应遵循的正当法律程序特别是公民参与因素的欠缺。“在《立法法》框架下，地方性法规的制定程序也大部分照抄、照搬中央立法的程序。”〔4〕这与立法衔接能力不彰有密切的联系。通过点评是解决问题的其中一个办法，但每开一次点评会，要请若干专家学者，要请有关的市的人员都来参加会议，成本较高。唯有提高人员素质，定好规矩，真正依法立法才是根本。第二，分批次、较大量地选定设区的市立法机构工作人员到省人大常委会立法机关跟班学习，通过跟班学习，直接提高立法工作人员的动手技能和能力；输血不如造血，唯有设区的市立法工作人员的素质真正提高了才能解决存在的实际问题。第三，将全省立法机关的所有工作人员有计划分批次地安排立法专业理论培训，让设区的市立法机构工作人员静心汲取立法知识，现场进行交流讨论，真正提高其立法基础理论水平。第四，派出立法专家到设区的市，进行分片区的有针对性的立法实务指导，面对面解决立法实务问题，理论指导不一定马上接受，专

〔3〕李林：《走向宪政的立法》，法律出版社2003年版，第221页。

〔4〕乔晓阳：《中华人民共和国立法法导读与释义》，中国民主法制出版社2015年版，第245页。

家的现场指导更起作用。第五，建立立法人才专家库，同时选调立法专业人才，充实到设区的市立法工作队伍。第六，完善机构配置，充实人员。队伍建设是一切工作的基础。通过省委发文的形式协调核定，要求各设区的市立法机构配备不少于 8 人的工作班子。通过这一系列的有针对性的措施和调整充实，各设区的市立法机构已经逐渐走上了正轨，立法工作质量正逐步提高。

二、以工作规范作为衡量立法质量的准则

理论指导实践，实践又不断丰富理论。立法点评作为指导设区的市立法工作的实践创新，是提高设区的市立法质量重要的工作手段之一。由于该手段成本较高，难于持续进行下去。唯有选择制度性的理论指导才是长期的工作依靠。因此，通过深入总结 2016 年 6 场立法点评的经验教训，进一步梳理制定指导设区的市立法工作的思路，力争尽快制定出台相关的指导规范就成了紧迫任务。省人大常委会立法工作机构组织有关人员，在充分积累经验的基础上，经过反复酝酿，反复修改，反复论证，于 2018 年制定出台了《广东省设区的市法规审查指导工作规范》（以下简称《规范》)。《规范》以立法法授权为依据，以追求设区的市立法质量为目标，坚持设区的市制定的法规要在立项等各个环节科学合理而又不与上位法相抵触；强调要不断完善审查指导机制、全程介入指导的方法，突出在立项、论证、征求意见、统一审议环节上对各设区的市的法规进行指导把关。

（一）立项指导

立项指导是对设区的市立法工作指导的首篇。如何进行科学制定立法规划和立法计划，能否对各方面提出的立法项目进行通盘考虑、总体设计、科学选择，坚持立改废释并举，能否科学配置立法资源、提高地方立法效率，增强法规的及时性、系统性、针对性，是我们指导设区的市立法工作的指针。各市在法规立项开始，我们就派员直接参与并加以指导。各市在编制立法规划、计划时，就着手指导他们解决好下列问题：

（1）有没有与《立法法》第8条规定国家专属立法权相悖之处？（2）有没有越过《立法法》规定的赋予设区的市立法的立法界限？（3）与上位法有没有重复之处？主要是为避免浪费立法资源，增强地方法规的可操作性。（4）有没有对立法项目的必要性、可行性进行论证？（5）有没有区分轻重缓急立项、选题是否过大？我们根据各市的立法能力和工作实际，建议各市年度立法计划项目控制在两件以内。

（二）论证指导

做好法规论证工作，是围绕科学立法、民主立法，提高立法质量，不断创新完善立法制度机制的重要一环，也是为了更进一步做好设区的市立法工作的重要一环。我们依据地方立法条例，建议各市都要实行三审制。法规案经一审后进入市人大的审议修改阶段再不断加以修改完善。省人大常委会在市法规案一审后二审前安排组织省里专家对市的法规，在制度设计是否必要、是否合法、是否可行等，进行可行性评价论证。重点解决：（1）有没有与上位法相衔接？有没有与上位法相抵触？（2）法规确定的体制管理，政府部门与相关单位的职责定位是否合理准确？（3）法规规定的制度中设计的权利义务、权力责任是否对称？（4）法规涉及的主要制度是否科学可行？（5）需要论证的其他事项。通过论证环节的指导把关，提前解决各市法规在制度设计、合法性、制度性等方面存在的突出问题。论证指导环节做好了，法规质量就基本有了保证。

（三）征求意见指导

法规征求意见实际上也是我们调查研究做好工作的一种工作方式。习近平总书记提出："调查研究是谋事之基、成事之道。没有调查，就没有发言权，更没有决策权。"[5]为使法规符合地方的实际情况，保证要通过的法规符合宪法精神、反映人民意愿、得到人民拥护，必须深入实际搞好调研，了解人民群众的需求，提高调研论证的实效。法规主要的问

〔5〕《调查研究是做好工作的基本功 没有调查就没有发言权》，载中国网，http://news.china.com.cn/2018-01/04/content_50189829.htm。

题已经在法规表决通过之前解决，法规基本制度也已确定，这个时候，指导的重点是把好法规条文内容的合法性问题。省人大常委会立法工作机构会在法规案二审后三审前，将相关法规文本送省人大有关专门委员会及委员、一府两院、有关行业协会等单位，有关立法咨询专家等征求意见。同时，也尽量安排人员到相关单位进行深入的调研。再根据反馈的意见作深入研究，着重分析论证环节，尤其是合法性方面的问题是否得到解决：（1）有否突破《立法法》第8条所规定的全国人大及其常委会专属立法权的内容问题？（2）在行政处罚方面有否突破？是否新设不当处罚？是否有作出新的权利义务方面的规定等。（3）是否新设行政许可？是否合法？新设的行政许可是否有完备的听证、论证程序？（4）有没有越过行政强制法设定新的行政强制措施和行政强制执行？（5）有没有违反上位法规定作出减损公民、法人和其他组织权利或者增加其义务？（6）有没有设置不合法的行政收费条款？（7）其他合法性方面是否存在问题？同时，还认真核对跟踪原来提出的合法性意见被采纳情况，努力在市法规表决通过前把合法性问题都协调解决好。

（四）统一审议指导

统一审议是省人大法制委员会的主要工作职能，是对设区的市的法规进行的一种综合性、全面性的审议，肩负着维护国家法制统一、遏制不当部门利益的双重使命。统一审议决定了法制委员会有权对其他专门委员会的初审意见进行评价取舍，有权决定设区的市的法规是否交付省人大常委会会议进行审议批准。收到设区的市人大常委会报请批准法规的报告后，立法机构工作部门根据情况及时提出初步审查意见和审查要点。依据相关上位法进行分析，提出法规依据和需审查的主要方面两部分，对法规中规定的管理职责、管理机制、主要管理制度在审查的主要方面中重点提出，再逐项说明有关经费保障、资金支持、人力物力保障，行政许可、行政强制、行政收费，禁止性规定，法律责任等方面是否有合法性问题。先报经法制工作委员会委务会研究，再提交法制委员会全体会议统一审议。会议会对前期解决有关的合法性问题进行过问，对之前提出的有关合法性意见采纳、重点难点问题解决情况再次审查、把关，对仍存在的合法性问题，在提请常委会会议审议时要附议定意见，或批准前再请相关市人大常委会作自行修改后重报。

在审查指导四个环节的工作中，分别针对各有关市人大常委会普遍性存在的、较突出问题和困难加以指导，努力做到既不与上位法相抵触，又有自己的法规特色，力争在立法的科学性、民主性方面有较大的进展，不断增强地方立法的规范性、程序性。

三、完善提高设区的市人大立法质量之路径

加强和改进立法工作，提高质量是关键。依法治国，不仅要有法可依，更重要的是法律还要得到公众广泛的认同，要有良法可依，依良法治国。而法律能否得到公众认同，在很大程度上取决于立法质量。提高立法质量，使立法更加符合客观规律，更好地保障人民群众的利益，更好地规范和引导人民的行为，是适应新形势下加强和改进立法工作的必然要求，也是新形势下加强和改进立法工作的主题和主要任务。不论是“立法点评”还是“规范指导”，都是省人大常委会对各设区的市地方立法工作的帮助、指导的工作路径，是贯彻落实宪法和立法法赋予省级人大及其常委会职权的具体措施，是维护国家法制统一在地方的具体实践。在新时代要有历史使命感，以紧紧扭住提高地方立法质量这个牛鼻子，进一步做好设区的市的立法工作。设区的市人大要通过四年来立法工作实践总结，深刻认识自身的不足和优势，以问题为导向，不断完善地方立法机制，提高立法能力。笔者认为提高设区的市立法质量必须坚持遵循以下几个路径。

（一）坚定维护法制统一

国家法制统一是绝对的，无条件的。习近平总书记提出，要加强宪法和法律实施，维护社会主义法制的统一、尊严、权威。地方立法工作中，必须准确把握地方立法权限，切实遵循不抵触原则，严格履行法定程序，做到不越权、不抵触、依程序。要注重把握宪法和法律精神，在

立项、起草、审议等各个环节加强合法性审查，对行政许可、行政收费、行政强制、行政处罚等制度设定严格把关。“党领导立法的领域一般涉及国家政治、经济、社会生活的重要事项，对改革开放有重要影响的领域，其他事项的立法完全可以由立法机关根据形势自己决定。”[6]法制统一是国家赋予地方立法权的基本要求，是我们做好地方立法工作必须把握的最终红线。法制统一必须体现在设区的市的整个立法过程中，在有所为有所为不为方面，要坚持做到不能越权、不能抵触、不能重复，实现设区的市立法有为有效。

1. 不能越权。立法法明确规定设区的市立法权限“城乡建设与管理、环境保护、历史文化保护”等三个方面的事项。按照《立法法》第 96 条的规定，设区的市地方性法规须报省人大常委会对其合法性进行严格审查以后才能批准施行，省人大常委会对设区的市立法有超越权限的事项要作出改变或者撤销。在报送地方性法规时，设区的市人大常委会务必按照批准程序和备案审查程序规定进行，这个法定程序必须严格遵循。未经省人大常委会批准施行是不能擅自逾越权限公开发布地方性法规的，这也从法定终端程序上保证了地方性法规出台的合法性和有效性。我们有一个市，在刚开展立法工作时就想突破立法法所规定的权限，想在城市综合管理这一块搞综合立法，在行政许可、行政处罚上想有所突破，后经上下联动反复做工作才改变思路，改在城乡建设与管理这块起步立法。这个实例就要求我们一定要明白：越权就是踩红线！

2. 不能抵触。宪法、法律、行政法规和本省、自治区的地方性法规是设区的市立法的上位法，不能与之相抵触。宪法权威和国家法制统一必须坚决维护，制定设区的市地方性法规要经得住合宪性、合法性审查。地方性立法是对社会主义法律体系的补充、增添、延伸、完善。制定设区的市地方性法规必须在立法法规定的范围内开展。立法法授权省级人大对设区的市的法规进行合法性审查的目的也就在这里，上例我们的做

〔6〕 李克杰:《“人大主导立法”原则下的立法体制机制重塑》，载《北方法学》2017 年第 1 期。

法就是把其抵触方面控制在开展立法之前，避免了开始制定后浪费人力物力和造成不良的社会后果。

3. 不能重复。“……在地方立法中防止两种片面性，既不要照抄照搬上位法，也不要把超越立法权限擅自突破当作地方特色”。〔7〕上位法已经作了明确规定的，设区的市地方性法规尽量避免重复性规定，避免照搬照抄，突出地方特色。只要上位法已经制定法律法规的前提下，从补充和细化的角度立法是设区的市人大常委会必然选项，也是制定本地区有特色地方性法规的前提。这个问题从一开始开展立法工作就一直存在且较突出。本届以来广东省人大常委会法制工作部门依据《规范》，本着从实从细提前的原则，尽量把这个问题消化在法规报请批准之前，有效地避免重复问题。

（二）依法立法突出特色

“有特色始终是地方立法保持活力的要素，是衡量地方立法质量的重要标准，也是检验地方立法能力水平的试金石。”〔8〕《立法法》规定设区的市制定地方法规，必须在“城乡建设与管理、环境保护、历史文化保护”三个大层面中选项。一是选对项目。设区的市要以本地区独特现状为依托，实事求是，在法规选项上以本地区的改革与发展相适应。二是具体操作性。要通过发挥立法的规范调整功能解决问题，所以，设区的市立法必须具有可操作性，要制定出有自己特色的法规规范，根据当地实际创制一些前瞻性的、有自己特色的条款。尽量避免号召性、宣示性的政策性法规，这样很难为执法者提供具体的操作程序，也会释放过于宽松的自由裁量权，无法使纸面上的法变成行动中的法，无法达到人民群众对立法的热切期盼，也会无法将权力关进笼子里，实现务实管用的良法善治目的。回顾四年来，广东的设区的市地方立法，从特色这个角度来

〔7〕 阮荣祥等主编：《地方立法的理论与实践》，社会科学文献出版社 2011 年版，第 1 页序一。

〔8〕 李适时：《扎实推进设区的市地方立法工作为“四个全面”战略布局提供坚实法治支撑》，载《地方立法研究》2016 年第 1 期。

看，佛山市制定的历史文化保护方面的法规《佛山市历史文化街区和历史建筑保护条例》在这方面是做得比较好的。

设区的市人大立法可以缓解由于缺乏具有针对性的法治手段而无法摆脱的困苦现状。针对解决地方问题的方式方法，将有效性放在首位，要求所立之法必须是针对解决本地问题的，需全面体现出地方的不同之处，充分克服国家立法中未涉及或难以解决的现实问题；需要尽可能的清晰、客观、细化，具备较强的易操作性、易执行性，确保能够从根本上解决地方存在的突出问题；不要求泛泛而谈，能做到稳扎稳打，充分细化，具备可行性。在这方面，《云浮市农村生活垃圾管理条例》就具有较突出的自己的特色。

设区的市地方性法规只要不抵触上位法，对不属于国家专属立法权，以及国家还未制定法律法规的事项都可进行先行先试。一旦国家新制定了法律法规，已制定设区的市的地方性法规与国家的法律法规相抵触部分规定则自然失效，设区的市立法机关应予及时修正报备。因此，设区的市地方立法要把握好立法空间。从立法的选题到内容，皆需侧重地方差异性及可行性。尽可能解决国家及省级层面无法解决但地方能通过自己的立法空间解决迫切需求的问题，从根本出发真正为地方建设及治理、环境保护、历史文化遗产保护提供切实可行的法治手段，促进地方治理现代化。

（三）完善机制质量优先

《中共中央关于全面推进依法治国若干重大问题的决定》指出："深入推进科学立法、民主立法。加强人大对立法工作的组织协调，健全立法起草、论证、协调、审议机制，健全向下级人大征询立法意见机制，建立基层立法联系点制度，推进立法精细化。健全法律法规规章起草征求人大代表意见制度，增加人大代表列席人大常委会会议人数，更多发挥人大代表参与起草和修改法律作用。"设区的市立法是离人民群众最贴近、离基层实际最接地气的立法，立法质量紧抓不放松是目的。坚持科学立法就是以法律体系的内在规律和立法工作规律为遵循，在立法程序、立法技术、立法过程上科学化。坚持民主立法就是设区的市立法要汇集民意、汇聚民智，以人民诉求为出发点和落脚点。开门立法是指公众看得见立法程序、立法步骤、立法进度，通过如此方式使人民了解公开征求意见、立法论证、听证的时间、要求等，及时采纳公众意见的机制。追求立法质量是地方立法的终极目标，立法的生命力在于立法质量。江门市制定的《江门市谭江流域水质保护条例》，从始至终都广泛地、反复地征求群众意见，反复进行修改论证完善，几年下来社会反馈法规施行效果较好，这也是开门立法方面做得细、做得实的突出例子。

（四）人大主导立法

《中共中央关于全面推进依法治国若干重大问题的决定》明确指出：健全有立法权的人大主导立法工作的体制机制，发挥人大及其常委会在立法工作中的主导地位。《中共中央关于坚持和完善中国特色社会主义制度、推进国家治理体系和治理能力现代化若干重大问题的决定》也进一步强调了人大主导立法作用。“人大主导立法是指在我国立法过程中，应由人大把握立法方向，决定并引导立法项目、立法节奏、立法进程和立法内容、原则与基本价值取向。它是一项立法原则，同时也指立法体制和机制。”〔9〕地方性法规制定牵涉方方面面的利益，触动许多个职能部门的职权划分。从立项开始起草到审议、修改，人大务必要担负起主导作用。主要表现在：一是立法决策主导，从立法项目设定、修改到深入的科学论证，人大常委会务必从此始终主导。因为立法资源有限，需形成科学合力完善立法规划与计划，特别是涉及广泛公共利益和具有重大迫切性的法规案，要对党负责，对人民的利益高度负责，立足全局，及时提出针对性强的决策与方案。二是要强化人大对法规案起草、修改工作的主导。在全面依法治国的前提下，设区的市人大常委会要有敢于改革的担当精神，要培植一支敬业、专业的工作队伍，尽快积累经验，以扎实的底气和专业的自信主导地方法规案的起草、修改工作。对于特定专业和利益调整复杂的法规案，应该采取

〔9〕李克杰：《“人大主导立法”原则下的立法体制机制重塑》，载《北方法学》2017年第1期。

“立法回避”制度，委托相对中立的第三方起草法规案。省人大常委会立法工作机构应当加强对设区的市人大有关委员会的工作指导，把相关工作经验、如何理顺各有关方面关系的做法，解决各方诉求及分歧体会，多传授给设区的市人大有关工作部门，设区的市人大有关工作部门应当加强实践，尽快积累经验。三是要充分发挥常委会组成人员和人大代表的作用。注重发挥他们在立法工作中的优势和作用，研究落实好人大代表提出的有关立法建议议案，多征求、听取人大代表在整个立法过程中的意见，充分调动人大代表参与立法工作的积极性，为人大代表参加立法工作提供便利。四是要积极举办各种立法业务培训，可以继续选送设区的市立法机构工作人员到省级人大立法机关跟班学习，不断提高设区的市立法工作机构人员的实操能力和工作技能。这几年，广东省人大常委会在立法方面一直坚持在党委的领导下，人大主导立法工作，不管是立法计划、立法规划的制定，还是具体的立法项目的落实，都义不容辞地担负起主导的责任，也取得了不俗的成绩，为广东的改革开放事业作出了应有的贡献。

五、结语

四年来，广东省人大常委会在提高设区的市立法质量探索方面，做足了功夫，下足了成本。通过初始时的立法点评式的总结检讨，到现在的依规有序指导，已逐步探索出符合广东设区的市实际的立法路径。本着既以提高立法质量为抓手，又把提高立法质量作为追求和目标，善始善终，善作善成，从未松懈。而今也已看到可喜的变化：各设区的市立法机构基本完善，人员基本充实，立法能力正逐步提高，各市的立法思路已从开始的照抄照搬转向现在的因地制宜突出特色，立法技能从生疏转向熟练，立法效果正成为推动当地深化改革、依法治市的巨大动力。

《立法评论》注释体例

一、一般规定

1. 本刊采用页底脚注的形式，编号连排，注释序号以阿拉伯数字上标；标题及作者简介信息注以星号上标。

2. 引用文献的必备要素及一般格式为“[国籍]责任者与责任方式：《文献标题》（版本与卷册），出版者出版时间，起止页码”。

3. 所引文献若为撰著，不必说明责任方式，否则，应注明“编”“主编”“编著”“整理”“编译”“译”“校注”等责任方式。

4. 非引用原文者，注释前应以“参见”引领；非引自原始资料，应先注明原始作品相关信息，再以“转引自”引领注明转引文献详细信息。

5. 引证信札、访谈、演讲、电影、电视、广播、录音、馆藏资料、未刊稿等文献资料，应尽可能明确详尽，注明其形成、存在或出品的时间、地点、机构等能显示其独立存在的特征。

6. 外文文献遵循该语种通常注释习惯。

二、注释范例

1. 著作

黄建武：《法律调整——法社会学的一个专题讨论》，中国人民大学出版社 2015 年版，第 115 页。

参见王名扬：《美国行政法》，北京大学出版社 2007 年版，第 2 页。

2. 论文

王利明：《惩罚性赔偿》，载《中国社会科学》2000 年第 4 期。

3. 集刊

王保树：《股份有限公司机关构造中的董事和董事会》，载梁慧星主编：《民商法论丛》第 1 卷，法律出版社 1994 年版，第 110 页。

4. 文集

陈光中：《中国刑事诉讼法的特点》，载陈光中：《陈光中法学文集》，中国法制出版社 2000 年版，第 258 页。

5. 教材

江平主编：《民法学》（第二版），中国政法大学出版社 2011 年版，第 96 页。

6. 译作

［美］贝勒斯：《法律的原则——一个规范的分析》，张文显等译，中国大百科全书出版社 2002 年版，第 156 页。

7. 报纸

徐忠明：《学术训练与大学时光——2011 届新生开学典礼致辞》，载《中山大学法学院院报》2011 年 9 月 25 日，第 8 版。

8. 古籍

沈家本：《沈寄簃先生遗书》（甲编），中国书店 1985 年版（据民国刊刷印本）第 43 卷，第 45 页。

9. 学位论文

吴洪淇：《证据法的运行环境与内部结构》，中国政法大学博士学位论文，第 26 页。

10. 会议论文

黄瑶："military intervention under the doctrine of the Responsibility To Protect (R2P)"，发表于"亚洲国际法学会第三届双年会"，北京，2011 年 8 月 27~28 日。

11. 学术报告

陈弘毅:《香港特别行政区与台湾地区的法治和民主：比较与反思》，发表于中山大学法学院"方圆大视野"系列高端公益论坛第十九期，广州，2013 年 1 月 8 日。

12. 研究报告

丁利:《理性、进化与均衡：博弈论解概念及其基础》，中国社会科学院经济研究所博士后工作报告，北京，2002 年 9 月。

13. 网络文献

《中国法学会国际经济法学研究会 2011 年年会在中山大学隆重召开》，载 http：//ielaw.uibe.edu.cn/html/yanjiuhuizhichuang/20111120/17079.html，最后访问时间：2011 年 12 月 21 日。

14. 外文文献

期刊文章：D. James Greiner，Cassandra Wolos Pattanayak and Jonathan Hennessy，*The Limits of Unbundled Legal Assistance: A Randomized Study in a Massachusetts District Court and Prospects for the Future*，126 Harvard Law Review 901 (2013)，p.905–907.

著作：Tai-Heng Cheng，*When International Law Works*，New York：Oxford University Press，2012，p.151.